:: 中華文化促進會主持編纂

:: 國家"十一五"~"十四五"重點圖書出版規劃項目

:: 中國社會科學院哲學社會科學創新工程學術出版資助項目

———— 出品人 王石 段先念

今注本二十四史

遼史

元　脱脱等　撰

李錫厚　劉鳳翥　主持校注

中國社會科學出版社

九

傳〔三〕

遼史　卷九一

列傳第二十一

耶律韓八　耶律唐古　蕭尤哲　藥師奴　耶律玦
耶律僕里篤[1]

[1]“耶律韓八”至“耶律僕里篤”：【劉校】原本、明抄本、南監本無，據北監本和殿本補。

耶律韓八字嘲隱，倜儻有大志，北院詳穩古之五世孫。[1]

[1]詳穩：遼朝軍官名。元帥府下設大詳穩司。本書卷一一六《國語解》：“詳穩，諸官府監治長官。”“詳穩”即漢語“將軍”的轉譯。【劉注】“詳穩”即漢語“將軍”的轉譯的説法似有值得商榷之處。在契丹小字中，“詳穩”作，“將軍”作，或、；在契丹大字中，“詳穩”作，“將軍”作。“詳穩”不是漢語“將軍”的轉譯，而是音譯的契丹語，契丹語中“將軍”是漢語借詞。

太平中游京師，[1]寓行宮側，[2]惟囊衣匹馬而已。帝微服出獵，見而問之曰："汝爲何人？"韓八初不識，漫應曰："我北院部人韓八，[3]來覓官耳。"帝與語，知有長才，陰識之。會北院奏南京疑獄久不決，[4]帝召韓八馳驛審錄，舉朝皆驚。韓八量情處理，人無冤者。上嘉之。籍群牧馬闕其二，[5]同事者考尋不已，韓八略不加詰，即先馳奏，帝益信任。

[1]太平：遼聖宗耶律隆緒年號（1021—1031）。

[2]行宮：亦稱行帳，即遼代皇帝轉徙隨行的車帳組成的朝廷，契丹語稱"捺鉢"，遼中葉逐漸形成"四時捺鉢"制度。此處"京師"即指"捺鉢"。

[3]北院部：即五院部。

[4]南京：遼五京之一。故址在今北京市。

[5]群牧：契丹有專門機構管理畜群，這類機構稱"群牧"。諸路設群牧使司，下設某群太保、某群侍中、某群敞史；朝廷設總典群牧使司，有總典群牧部籍使、群牧都林牙。以"群"爲單位設某群牧司，設群牧使、群牧副使。此外，還有僅管理馬及牛群的機構。遼亡之後金稱契丹群牧爲"烏魯古"。

景福元年爲左夷离畢，[1]徙北面林牙，[2]眷遇優異。重熙六年改北院大王，[3]政務寬仁，復爲左夷离畢。十二年再爲北院大王。[4]入朝，帝從容謂曰："卿守邊任重，當實府庫、振貧乏以報朕。"既受詔，愈竭忠謹，知無不言，便益爲多。[5]卒，年五十五。上聞悼惜。死之日篋無舊蓄，椸無新衣，[6]遣使弔祭，給葬具。韓八平居不屑細務，喜慍不形。嘗失所乘馬，家僮以同色者代之，數月不覺。

[1]景福：遼興宗耶律宗真年號（1031—1032）。本爲唐昭宗年號（892—893）。 夷离畢：契丹官名。爲執政官，相當於副宰相參知政事。後來官分南、北，北面官有夷离畢院，主要掌刑政。

[2]林牙：契丹官名。掌文翰，相當於翰林學士。

[3]重熙：遼興宗耶律宗真年號（1032—1055）。

[4]十二年再爲北院大王：【劉校】據中華點校本校勘記，"按《紀》重熙十二年五月作南院大王，又十七年十月南院大王耶律韓八薨。與此歧互"。

[5]便益爲多：應是"便宜爲多"。韓八守邊，許多事不及奏報而相機行事。《史記》卷八一《廉頗藺相如列傳》："李牧者，趙之北邊良將也。常居代雁門備匈奴，以便宜置吏。"《史記》卷五三《蕭相國世家》："漢二年，漢王與諸侯擊楚，何守關中，侍太子，治櫟陽。爲法令約束，立宗廟社稷宮室縣邑，輒奏上，可，許以從事；即不及奏上，輒以便宜施行，上來以聞。"《集解》引應劭曰："上來還，乃以所爲聞之。"

[6]椸（yí）無新衣：衣架上沒有新衣服。椸，晾衣服的竹竿，也指衣架。

　　耶律唐古字敵隱，于越屋質之庶子。[1]廉謹善屬文。

[1]于越：契丹語音譯詞。官名。爲契丹貴官，非有大功德者不授。位在北、南大王之上。 屋質（916—973）：即耶律屋質，遼宗室。會同間爲惕隱。世宗初立，屋質調解太后與世宗的矛盾，得以避免大規模內戰。天祿二年（948）助世宗挫敗天德、蕭翰等謀反。三年又表列泰寧王察割陰謀事，世宗不聽。後平定察割之亂及立穆宗，皆有功。本書卷七七有傳。

統和二十四年述屋質安民治盜之法以進，[1]補小將軍。遷西南面巡檢，歷豪州刺史、唐古部詳穩。[2]嚴立科條，禁姦民鬻馬於宋、夏界。因陳"弭私販安邊境之要"。太后嘉之，詔邊郡遵行，著爲令。

[1]統和：遼聖宗耶律隆緒年號（983—1012）。

[2]豪州：【劉校】據中華點校本校勘記，"《紀》開泰二年四月、保大三年正月同"，本書卷三六《兵衛志下》、卷三七《地理志一》並作"壕州"。　唐古部：當係遼朝西南部的吐蕃部族。聖宗時有匿訖唐古部、北唐古部、南唐古部、鶴剌唐古部等。大石西行所歷諸部中也有唐古部。詳本書卷三三《營衛志下·部族下》。

朝議欲廣西南封域，黑山之西綿亙數千里。[1]唐古言："戍壘太遠，卒有警急赴援不及，非良策也。"從之。西蕃來侵，[2]詔議守禦計，命唐古勸督耕稼以給西軍，田于臚朐河側，[3]是歲大熟。明年移屯鎮州，[4]凡十四稔，積粟數十萬斛，斗米數錢。

[1]黑山：本書卷三二《營衛志中》載，"黑山在慶州北十三里，上有池，池中有金蓮"。黑山近慶陵，故"道宗每歲先幸黑山，拜聖宗、興宗陵，賞金蓮，乃幸子河避暑"。另據本書卷三七《地理志一·慶州》，"在州西二十里。有黑山、赤山、太保山、老翁嶺、饅頭山、興國湖、轄失灤、黑河"。慶州州城遺址在今内蒙古自治區巴林右旗索博日嘎鎮。

[2]西蕃：指西部的吐蕃部族。

[3]臚朐河：據清人齊召南《水道提綱》卷五，"克魯倫河即臚朐河，源出肯忒山東南百餘里支峰西南麓"。

[4]鎮州：本古可敦城。故址在今蒙古國布爾干省青托羅蓋古城。遼置建安軍。陳得芝《耶律大石北行史地雜考》（《歷史地理》第二輯）説，遼朝統治漠北屬部的最高軍政機構是西北路招討司（又稱西北路都招討司）。遼聖宗統和十二年（994），因西北"阻卜"諸部作亂，以蕭撻凛爲西北路招討使，命隨皇太妃（齊王妃）出征，"屯西鄙臚駒兒河，西捍韃靼，盡降之"。蕭撻凛鑒於達旦諸部叛服不常，上表乞建三城以鎮之。統和二十二年三城完工，設置鎮、防、維三州。

重熙間改隗衍党項部節度使。[1]先是，築可敦城以鎮西域。[2]諸部縱民畜牧，反招寇掠。重熙四年上疏曰："自建可敦城已來西蕃數爲邊患，每煩遠戍。歲月既久國力耗竭，不若復守故疆，省罷戍役。"不報。是年致仕。乞勒其父屋質功于石，帝命耶律庶成製文，勒石上京崇孝寺。[3]卒，年七十八。

[1]隗衍党項部：遼朝境内的党項部族。

[2]可敦城：即鎮州。州城故址在今蒙古國布爾干省青托羅蓋古城。

[3]上京：遼五京之一。前期都城，稱臨潢府，故址在今内蒙古自治區巴林左旗林東鎮波羅城。

蕭尤哲字石魯隱，[1]孝穆弟高九之子。[2]以戚屬加監門衛上將軍。

[1]蕭尤哲字石魯隱（1019—1069）：【劉注】契丹小字《梁國王墓誌銘》就是蕭尤哲的墓誌銘。該墓誌銘第二行説 **ᠵ火**（國）**杰**

（王）▨（名）▨（术者）▨（第二個名）▨（石魯隱）。漢字文獻一般把"第二個名"處理爲"字"。蕭尤哲還有漢名叫蕭知微，他是耶律仁先的妹夫，還是天祚帝的外祖父。墓誌銘對其生平的介紹遠比《遼史》本傳詳細得多。

[2]孝穆：即蕭孝穆（？—1043）。小字胡獨堇，淳欽皇后弟阿古只五世孫。統和二十八年（1010），累遷西北路招討都監。開泰元年（1012）冬進軍可敦城，敗阻卜結五群牧長謀叛，拜北府宰相。太平九年（1029）平定大延琳謀反，改東京留守。本書卷八七有傳。　高九：【劉注】"高九"是契丹語名▨▨的音譯，其第二個名是▨（六溫）。據漢字《晉國夫人墓誌銘》，高九還有漢名"孝誠"，爲蕭孝穆三弟，亦是大國舅、蘭陵郡王。父諱諧里，贈魏王。母齊國太妃。

重熙十三年將衛兵討李元昊有功，[1]遷興聖宮使。[2]蒲奴里部長陶得里叛，[3]术哲爲統軍都監，從都統耶律義先擊之，[4]擒陶得里。术哲與義先不恊，誣義先罪，免官。稍遷西南面招討都監，[5]坐事下獄，以太后言杖而釋之。

[1]李元昊（1003—1048）：小字嵬理，後更名曩霄，李德明長子。公元1031年，李德明死後嗣位，宋授爲定難軍節度、夏銀綏宥靜等州觀察處置押蕃落使、西平王。遼封他爲夏國王。宋寶元元年（1038）十月，他更名曩霄，建國號大夏，年號天授禮法延祚，自稱皇帝。進表宋朝，要求承認建國稱帝的既成事實，雙方隨即發生戰爭。七年後，雙方重新講和。西夏國主稱臣，宋朝同意每年給予銀、絹、茶、綵共二十五萬五千兩、匹、斤。夏宋講和之後，夏遼矛盾隨之激化。西夏景宗與遼興平公主婚後失和，再加上這時遼

境内的党項部落多叛附西夏，糾紛益形擴大。遼興宗親征西夏，遭遇失敗。從此夏、宋、遼三方鼎峙的局勢形成。死後謚武烈皇帝，廟號景宗，陵號泰陵。

[2]興聖宮使：契丹官名。興聖宮長官。興聖宮，宮帳名。屬遼聖宗宮衛。詳見本書卷三一《營衛志上》。

[3]蒲奴里：遼東北部族名。與越里篤、剖阿里、奧里米和越里吉統稱五國部。

[4]都統：官名。唐乾元中，始以都統爲官名，總諸道征伐。後若調諸道兵馬會戰，多置此職，爲臨時軍事長官，不賜旌節，事解即罷。遼設諸路兵馬都統署司，下有諸路兵馬都統署，都統爲其長官。　耶律義先（1010—1052）：于越仁先之二弟。重熙十六年（1047）爲殿前都點檢，討蒲奴里多所招降，獲其酋長陶得里以歸，以功改南京統軍使。本書卷九〇有傳。

[5]西南面招討都監：負責監督西南面招討司的官員。西南面招討司亦稱西南路招討司，契丹軍事機構名。設招討使一人，駐西京大同（今山西省大同市），負責對西夏的防務。

清寧初，[1]爲國舅詳穩、西北路招討使，[2]私取官粟三百斛，及代，留畜産令主者鬻之以償。後族弟胡覩到部發其事，[3]帝怒，決以大杖，免官。尋起爲昭德軍節度使，[4]徵爲北院宣徽使。[5]九年上以术哲先爲招討，威行諸部，復爲西北路招討使。訓士卒、增器械、省追呼、嚴號令，人不敢犯，邊境晏然。十年入朝，封柳城郡王。

[1]清寧：遼道宗耶律洪基年號（1055—1064）。

[2]西北路招討使：遼朝官名。西北路招討司主官。西北路招討（又稱西北路都招討司）是遼朝統治漠北屬部的最高軍政

機構。

[3]胡覩：即蕭胡覩（？—1063）。字乙辛，遼外戚。重熙中尚秦國長公主，授駙馬都尉，以不諧離婚，復尚齊國公主，爲北面林牙。清寧中歷北、南院樞密副使，清寧九年（1063）七月參與重元叛亂，失敗投水死。五子，同日誅之。本書卷一一四有傳。

[4]昭德軍：遼代軍號。治瀋州（今遼寧省瀋陽市）。《武經總要》前集卷一六下《戎狄舊地》："瀋州，德光所建，仍曰昭德軍，契丹舊地也，東至大遼水。水東即女真界。西南至東京一百三十里，北至雙州八十里。"

[5]宣徽使：遼朝官名。遼設北、南宣徽，分隸北、南樞密院之下。宣徽北院使常執行軍事使命。此外，宣徽使還掌領朝會、宴饗、禮儀、祭祀及御前祗應之事。

咸雍二年拜北府宰相，[1]爲北院樞密使耶律乙辛所忌，[2]誣术哲與護衛蕭忽古等謀害乙辛。[3]詔獄無狀，罷相，出鎮順義軍。[4]卒，追王晉、宋、梁三國。姪藥師奴。

[1]咸雍：遼道宗耶律洪基年號（1065—1074）。 北府宰相：契丹部族官名。契丹可汗之下有北、南二府，各部族則分屬二府，故北宰相亦稱北府宰相，南宰相亦稱南府宰相。

[2]耶律乙辛（？—1083）：五院部人。字胡覩袞。重熙中爲文班吏。道宗清寧五年（1059）爲南院樞密使，改知北院，封趙王。九年重元亂平，拜北院樞密使，進封魏王。咸雍五年（1069）加守太師。詔四方有軍旅，許以便宜從事，勢震中外。大康元年（1075）誣皇后蕭觀音致死，三年又害死太子耶律濬。七年冬坐以禁物鬻入外國，幽於來州。九年謀奔宋及私藏兵甲事發伏誅。本書卷一一〇有傳。

[3]蕭忽古（？—1077）：道宗護衛，後爲乙辛所害。本書卷九九有傳。

[4]順義軍：遼代軍號。治朔州（今屬山西省）。

藥師奴幼穎悟，謹禮法，補祗候郎君。大康中爲興聖宮使，[1]累遷同知殿前點檢司事。[2]上嘉其宿衛嚴肅，遷右夷离畢。夏王李乾順爲宋所攻，[3]求解，帝命藥師奴持節使宋，請罷兵通好，宋從之。拜南面林牙，改漢人行宮副部署。[4]乾統初出爲安東軍節度使，[5]卒。

[1]興聖宮：【劉校】“聖”原本誤作“勝”，《初校》謂：“‘聖’，《百》作‘勝’，非。”明抄本、南監本、北監本和殿本均作“聖”。中華點校本、修訂本和補注本徑改。今從改。

[2]殿前點檢司：遼南面官名。後周世宗設置殿前司，以都點檢、副都點檢爲正副長官，位在都指揮使之上，爲禁軍統帥。宋初廢。遼設殿前都點檢，爲南面軍官，當係模倣後周制。

[3]李乾順（1083—1139）：即夏崇宗，西夏第四代皇帝。三歲即位，母梁氏與弟乙逋擅政。永安元年（1098）梁太后死，乾順親政，謹事遼朝，但與宋交惡。遼以宗室女封公主下嫁。遼亡前夕他曾出兵援遼，後臣於金。

[4]漢人行宮副部署：漢人行宮都部署的副職。遼在北南面官系統中，分別設契丹行宮都部署和漢人行宮都部署，其上則有諸行宮都部署。行宮都部署完全是倣中原王朝官制設置的，它不同於專管斡魯朵事務的某宮都部署的宮官。宋朝皇帝巡幸亦有行宮，且亦有行宮都部署之設。後避英宗趙曙名諱，改稱行宮都總管。詳本書卷四七《百官志三》。

[5]乾統：遼天祚帝耶律延禧年號（1101—1110）。 安東軍：遼代軍號。治咸州（今遼寧省開原市東北）。

耶律玦字吾展，遙輦鮮質可汗之後。重熙初召修國史，補符寶郎，累遷知北院副部署事。[1]入見太后，后顧左右曰："先皇謂玦必爲偉人，果然。"除樞密副使，[2]出爲西南面招討都監，歷同簽南京留守事、南面林牙。皇弟秦國王爲遼興軍節度使，[3]以玦同知使事，多所匡正。十年復爲樞密副使。咸雍初兼北院副部署。及秦國王爲西京留守，[4]請玦爲佐，從之。歲中獄空者三，召爲孟父房敞穩。[5]

[1]北院副部署：即北面官中的契丹行宮副部署。

[2]樞密副使：樞密使的副職。遼在北、南面官系統中分設北、南樞密使，作爲實際的宰輔。

[3]遼興軍：遼代軍號。治平州（今河北省盧龍縣）。

[4]秦國王：即宗元（？—1063）。因避興宗諱改重元，小字字吉只，亦作字己只，聖宗次子。太平三年（1023）封秦國王。聖宗死後，欽愛皇后稱制，曾密謀立重元。重元以所謀告於興宗，封爲皇太弟。賜以金券誓書。道宗即位册爲皇太叔，爲天下兵馬大元帥，復賜金券。清寧九年（1063）與其子涅魯古謀亂，失敗自殺。本書卷一一二有傳。　西京：遼五京之一。故址在今山西省大同市。

[5]孟父房：契丹以玄祖之後爲皇族，分爲三房：孟父房、仲父房和季父房。本書卷四五《百官志一》："玄祖伯子麻魯無後，次子巖木之後曰孟父房。"　敞穩：原誤作"敞隱"，今據上下文意改。

玦不喜貨殖，帝知其貧賜宮户十。嘗謂宰相曰："契丹忠正無如玦者，漢人則劉伸而已。然熟察之，玦優於伸。"先是，西北諸部久不能平，上遣玦問狀，執弛慢者痛繩之。以酒疾卒。

耶律僕里篤字燕隱，六院林牙突呂不也四世孫。[1]開泰間爲本班郎君。[2]有捕盜功，樞密使蕭朴薦之，遷率府率。太平中同知南院宣徽事，累遷彰聖軍節度使。

[1]六院林牙突呂不也四世孫：【劉校】據中華點校本校勘記，本書卷七五有《突呂不傳》，卷九二《耶律古昱傳》亦作"突呂不"。

[2]開泰：遼聖宗耶律隆緒年號（1012—1021）。

重熙十六年知興中府，[1]以獄空聞。十八年伐夏，攝西南面招討使。[2]十九年夏人侵金肅軍，[3]敗之，斬首萬餘級，加右武衛上將軍。時近邊群牧數被寇掠，遷倒塌嶺都監以治之，[4]枹鼓不鳴。二十年知金肅軍事。宰相趙惟節總領邊城橋道蒭粟，請貳，帝命僕里篤副之，以稱職聞。

[1]重熙十六年：【劉校】據中華點校本校勘記，"重熙"二字原脫。按太平止十一年，以後爲重熙，據補。今從。　興中府：遼六府之一。治所在今遼寧省朝陽市。

[2]攝：代理，兼理。

[3]金肅軍：遼代軍號。重熙十二年（1043）伐西夏置。在今內蒙古自治區准格爾旗西北。

[4]倒塌嶺：地近阻卜，故遼在此駐軍守護西路群牧。

清寧初歷長寧、匡義二軍節度使，[1]致仕。咸雍間卒。子阿固質，終倒塌嶺都監。

[1]長寧軍：遼代軍號。治川州。據《大清一統志》卷二八："白川州故城在朝陽縣東北六十七里。遼置川州，會同中改爲白川州，治咸康縣。……今縣境東北之四角阪有廢城，週二里餘，蒙古名卓索喀喇城，城內有遼開泰二年《佛頂尊勝陀羅尼石幢記》，爲白川州官吏所建，知即故白川州地。"　匡義軍：遼代軍號。治饒州（今內蒙古自治區林西縣）。

論曰：韓八因帝微行，才始見售。及任以事，落落知大體，不負上之知矣。唐古、术哲經略西北邊，勸農積粟，訓練士卒，敵人不敢犯。玦以忠直見稱於上，僕里篤以幹敏爲宰相佐，在鎮俱以獄空聞之。數人者，豈特甲冑之士，抑亦李牧、程不識之亞歟。[1]

[1]李牧：戰國時期名將。《史記·廉頗藺相如列傳》："李牧者，趙之北邊良將也。常居代雁門備匈奴，以便宜置吏。"　程不識：西漢名將。據《史記·李將軍列傳》：武帝時"程不識故與李廣俱以邊太守將軍屯。及出擊胡，而廣行無部伍行陳，就姜水草屯，舍止，人人自便，不擊刀斗以自衛，莫府省約文書籍事，然亦遠斥侯，未嘗遇害"。

（李錫厚注　劉鳳翥校）

遼史　卷九二

列傳第二十二

蕭奪剌　蕭普達　耶律侯哂　耶律古昱　耶律獨攧
蕭韓家　蕭烏野[1]

[1] "蕭奪剌" 至 "蕭烏野"：【劉校】原本、明抄本、南監本無，據北監本和殿本補。

蕭奪剌字撥懶，遙輦洼可汗宮人。[1]祖涅魯古，北院樞密副使。父撒抹，[2]字胡獨菫，重熙初補祗候郎君，[3]累遷北面林牙。[4]十九年從耶律宜新、蕭蒲奴伐夏，[5]至蕭惠敗績之地，[6]獲偵候者，知人煙聚落，多國人陷没而不能還者，盡俘以歸，拜大父敞穩，[7]知山北道邊境事。清寧初歷西南面、西北路招討使，[8]加同中書門下平章事，[9]卒。

[1]遙輦洼可汗宮人：洼可汗爲遙輦氏當政時期的第一個可汗。遼有遙輦九帳大常衮司。掌遙輦洼可汗、阻午可汗、胡剌可汗、蘇

可汗、鮮質可汗、昭古可汗、耶瀾可汗、巴剌可汗、痕德堇可汗九世宮分之事。即遼仍然保留遙輦氏諸可汗的宮分，所謂"遙輦洼可汗宮人"即遙輦洼可汗宮分的宮分人。

[2]父撒抹：【劉注】"抹"原本作"抺"，《初校》謂："'抹'《百》作'抺'，非。"明抄本、南監本、北監本、殿本均作"抹"。中華點校本、修訂本和補注本徑改。今從改。

[3]重熙：遼興宗耶律宗真年號（1032—1055）。

[4]林牙：契丹官名。掌文翰，相當於翰林學士。

[5]蕭蒲奴：奚王楚不寧之後。本書卷八七《蕭蒲奴傳》記載：重熙十五年（1046）"爲西南面招討使，西征夏國"。"明年復西征，懸兵深入，大掠而還，復爲奚六部大王。致仕，卒"。年代與本紀相關記載不符。

[6]蕭惠敗績：《長編》卷一六八宋仁宗皇祐二年（1050）三月庚子記事："契丹遣殿前副點檢忠正節度使耶律益、彰德節度使趙柬之來告伐夏國還。益自言契丹三路進討，契丹主出中路，大捷。北路兵至西涼府，獲羊百萬、橐駝二十萬、牛五百，俘老幼甚衆，惟南路小失利，恐夏人妄說軍勝，誇南朝。然得邊奏，皆以謂遼主濟河不遇賊，無水草，馬多死。耶律貫寧大敗於師子口。惟劉五常獲陝西所陷屬户羌二十餘人，因而來獻。其言多俘獲，蓋妄也。"

[7]大父敵穩：即孟父房敵穩。

[8]清寧：遼道宗耶律洪基年號（1055—1064）。 西南面、西北路招討使：遼在境內西南和西北部設置的最高軍政機構，前者用於對西夏防禦，後者用於鎮壓西北阻卜等部族的反叛。

[9]同中書門下平章事：唐制，大臣中有此名義者即爲事實上的宰相。遼襲唐制，在分設北南面官之後，以同中書門下平章事爲南面宰相。

奪剌體貌豐偉，騎射絕人。由祇候郎君陞漢人行宮副部署。[1]後爲烏古敵烈統軍使，[2]克敵有功，加龍虎衛上將軍，授西北路招討使。因陳北邊利害，請以本路諸部與倒塌嶺統軍司連兵屯戍。[3]再表不納。改東北路統軍使。[4]

[1]漢人行宮副部署：職官名。漢人行宮都部署的副職。遼在北南面官系統中，分別設契丹行宮都部署和漢人行宮都部署，其上則有諸行宮都部署。行宮都部署完全是倣中原王朝官制設置的，它不同於專管斡魯朵事務的某宮都部署的宮官。宋朝皇帝巡幸亦有行宮，且亦有行宮都部署之設。後避英宗趙曙名諱，改稱行宮都總管。

[2]烏古敵烈：原爲二部。烏古又稱嫗厥律、于厥律，居契丹西北；敵烈又譯迪烈、敵烈德、迭烈德、達里底。遼時以遊牧、捕獵爲業，分佈於臚朐河（今克魯倫河）流域。有八部，稱爲八部敵烈或八石烈敵烈。與烏古部並稱爲北邊大部。遼聖宗以敵烈部降人置迭魯敵烈部和北敵烈部。開泰四年（1015）築董城於臚朐河北，安置敵烈、烏古降人。壽昌二年（1096）徙敵烈、烏古於烏納水西。遼置烏古敵烈統軍司以應對阻卜諸部的反抗。金末元初，敵烈人逐漸與女真人、蒙古人等同化。

[3]倒塌嶺統軍司：西北路軍事機構。倒塌嶺地近阻卜，故遼在此駐軍守護西路群牧。

[4]東北路統軍使：遼末防禦女真的軍事機構東北路統軍司的主官。原來，對女真的防禦在遼朝的軍事部署中並不佔有重要地位，故一直由東京的軍事機構兼管。當生女真完顏部發動叛亂時，遼朝主持戰事始有東北路統軍司。該機構設在寧江州（今吉林省松原市寧江區伯都訥古城）。

乾統元年以久練邊事，[1]復爲西北路招討使。北阻卜耶覩刮率鄰部來侵，[2]奪剌逆擊，追奔數十里。二年乘耶覩刮無備，以輕騎襲之，獲馬萬五千疋，牛羊稱是。

[1]乾統：遼天祚帝耶律延禧年號（1101—1110）。

[2]阻卜：即達旦、韃靼。元人諱言達旦，而稱達旦爲阻卜。詳王國維《觀堂集林》卷一四《達旦考》。

先是有詔："方面無事，招討、副統軍、都監內一員入覲。"[1]是時同僚皆闕，奪剌以軍事付幕吏而朝，坐是免官。改西京留守，[2]復爲東北路統軍使。卒于官。

[1]入覲：入朝晉見皇帝。原來諸侯朝見天子稱"覲"。

[2]西京：遼五京之一。故址在今山西省大同市。

蕭普達字彌隱。統和初爲南院承旨。[1]開泰六年出爲烏古部節度使。[2]七年，敵烈部叛，討平之，徙烏古敵烈部都監。遣敵烈騎卒取北阻卜名馬以獻，賜詔褒獎。重熙初改烏古敵烈部都詳穩，[3]討諸蕃有功。

[1]統和：遼聖宗耶律隆緒年號（983—1012）。

[2]開泰：遼聖宗耶律隆緒年號（1012—1021）。

[3]詳穩：遼朝軍官名。元帥府下設大詳穩司。本書卷一一六《國語解》："詳穩，諸官府監治長官。""詳穩"即漢語"將軍"的轉譯。【劉注】"詳穩"即漢語"將軍"的轉譯的説法似有值得商榷之處。在契丹小字中，"詳穩"作 ，"將軍"作 ，

或￼ ￼、￼ ￼；在契丹大字中，"詳穩"作￼，
"將軍"作￼。"詳穩"不是漢語"將軍"的轉譯，而是音譯的
契丹語，契丹語中"將軍"是漢語借詞。

　　普達深練邊事，能以悦使人。有所俘獲，悉散麾
下，由是大得衆心。歷西南面招討使。党項叛入西
夏，[1]普達討之，中流矢殁于陣。帝聞惜之，賻贈加厚。

　　[1]党項：中國古代族名。又稱党項羌，唐以後主要活動於靈、
慶、銀、夏等州，即今甘肅、寧夏、陝西和內蒙古等省區交界地
區。　西夏：即夏國（1038—1227），是以党項民族爲主體建立的
政權。1038 年元昊叛宋稱帝建立大夏王朝，傳十代，至 1227 年爲
蒙古所滅。元昊稱帝以前，其作爲北宋境內的地方割據政權，已經
具有獨立性。故遼亦稱之爲夏國或西夏。

　　耶律侯哂字禿寧，北院夷离菫蒲古只之後。[1]祖查
只，北院大王。父忽古，黃皮室詳穩。[2]

　　[1]北院夷离菫：契丹部族官名。即五院部夷离菫。"夷离菫"
源於突厥語官名"俟斤"（Irkin）。突厥各部的最高元首稱"可汗"
（Qaghan），其他各部酋長則稱爲俟斤。初，契丹"其君大賀氏，有
勝兵四萬，臣於突厥，以爲俟斤"（《新唐書》卷二一九《契丹
傳》）。後，契丹首領自立爲可汗，其下所屬各部酋長則稱爲"俟
斤"，亦即夷离菫。契丹立國後，大部族之夷离菫稱王，小部族之
夷离菫則稱爲節度使。舉凡一部之軍政、民政皆由其統掌（參韓儒
林《穹廬集》上海人民出版社 1982 年版，第 314—316 頁）。
　　[2]皮室：契丹軍名。"皮室"意爲"金剛"。初爲阿保機所

置，稱“腹心部”。後有南、北、左、右皮室及黄皮室等，皆掌精甲。

　　侯呬初爲西南巡邊官，以廉潔稱，累遷南京統軍使，尋爲北院大王。[1]重熙十一年党項部人多叛入西夏，侯呬受詔，巡西邊沿河要地，多建城堡以鎮之，徙東京留守。十三年與知府蕭歐里斯討蒲盧毛朵部有功，[2]加兼侍中。致仕，卒。

　　[1]累遷南京統軍使，尋爲北院大王：【劉校】據中華點校本校勘記，本書卷一八《興宗本紀一》重熙六年（1037）六月“丙申，以北院大王侯呬爲南京統軍使”。南京，遼五京之一。故址在今北京市。
　　[2]蕭歐里斯：【劉校】據中華點校本校勘記，本書卷一九《興宗本紀二》重熙十三年四月作“耶律歐里斯”。　蒲盧毛朵部：女真部族名。遼屬部，爲遼國外十部之一。

　　耶律古昱字磨魯菫，[1]北院林牙突吕不四世孫。[2]有臂力，工馳射。開泰間，爲烏古敵烈部都監。會部人叛，從樞密使耶律世良討平之，[3]以功詔鎮撫西北部。教以種樹、畜牧，不數年民多富實。中京盜起，[4]命古昱爲巡邏使，悉擒之。上親征渤海，[5]將黄皮室軍，有破敵功，累遷御史中丞，尋授開遠軍節度使，[6]徙鎮歸德。[7]

　　[1]古昱：【劉注】人名。契丹語名**出矛**的音譯，漢語意思爲“臣”。

［2］突呂不四世孫：【劉注】據契丹小字《耶律副部署墓誌銘》，⿰⿱一夊古 屯夊（鐸袞·突呂不）的兒子是⿱⿰⿱⿳⿴生夊（本烏尼·突里）⿰⿱夊方天（郎君），突里郎君的兒子是⿰⿱丙夊方夊土（延壽）⿱巠化（太師），长子是⿱又北⿱欠伏 山夊（磨魯董·古昱）侍中。“突呂不”漢義爲“四”。

［3］耶律世良（？—1016）：小字斡，六院部人。統和末爲北院大王。開泰初加檢校太尉、同政事門下平章事。拜北院樞密使。四年（1015）伐高麗爲副部署。都統劉慎行逗留失期，執還京師，世良獨進兵。本書卷九四有傳。

［4］中京：遼五京之一。稱大定府，故址在今内蒙古自治區寧城縣大明鎮。

［5］上親征渤海：【劉校】據中華點校本校勘記，按此即開泰四年（1015）用兵事，應指高麗，非渤海。渤海遼初已亡。

［6］開遠軍：遼代軍號。治開州（今遼寧省鳳城市）。《武經總要》前集卷一六下《戎狄舊地》載：“開州，渤海古城也。遼主東討，新羅國都其城，要害，建爲州，仍曰開遠軍，西至來遠城一百二十里，西南至吉州七十里，東南至石城六十里。”

［7］歸德：即歸德軍。遼代軍號。治來州（今遼寧省綏中縣北）。

重熙二十一年改天成軍節度使，[1]卒于官，年七十，贈同中書門下平章事。二子：宜新，兀没。[2]

［1］重熙二十一年：【劉校】據中華點校本校勘記，“重熙”二字原脱。按開泰、太平均無二十一年，太平之後爲重熙，故據補。今從。另，本書卷一七《聖宗本紀八》太平七年（1027）十一月，“甲子，以左千牛衛上將軍耶律古昱爲北院大王”，傳亦漏載。 天

成軍：遼代軍號。治祖州（今內蒙古自治區巴林左旗查干哈達蘇木石房子嘎查）。

[2]宜新，兀没：【劉注】據契丹小字《耶律副部署墓誌銘》，兀没是宜新之子。宜新、兀没是父子，不是兄弟。耶律古昱的"二子"應作"宜新、獨攦"。

宜新，[1]重熙間從蕭惠討西夏。惠敗績，宜新一軍獨全，拜北院大王。

[1]宜新（991—1049）：【劉注】人名。契丹語小名 **令利** 的音譯，漢義爲"壽"。據契丹小字《耶律副部署墓誌銘》，其契丹語全名爲 **丛买伏 令利**（韓寧·宜新）。是耶律古昱的長子，生於統和九年（991）。太平九年（1029），參與平定大延琳之亂。興宗時，拜太保，封節度使之號、東南統軍使。重熙十三年（1044），參與平定李元昊之叛，封六院大王（即北院大王）。封使相之號。十八年（1049）薨，享年五十九歲。娶小翁帳金剛奴之女悶古真爲妻，生子兀没。

兀没，[1]大康三年爲漢人行宮副部署。乙辛誣害太子，[2]詞連兀没，帝釋之。是秋，乙辛復奏與蕭楊九私議宮壺事，[3]被害。乾統間，贈同中書門下平章事。

[1]兀没（1031—1077）：【劉注】據契丹小字《耶律副部署墓誌銘》，其契丹語第二個名字是 **升夏** （窩篤盌）。韓寧·宜新大王之子。生於景福元年（1031）八月一日。重熙二十二年（1053）封帥府副帥。清寧元年（1055）封禮賓使。九年，二十三歲時，爲牌印司郎君，權任同知北院承旨。咸雍元年（1065），遷北院承旨。

三年，遷積慶宮之副宮使。五年，拜弘儀宮之副宮使，任南院同知。該年冬，拜都宮使。七年，封節度使、上將軍等號。大康二年（1076）春，宗天皇太后崩，負責修建山宮之事。二年六月，知副宮使之事。該年十月十五日，封鎮國大將軍之號，拜副部署，使宋。三年夏，樞密使耶律乙辛在秋獮慶陵之宮殿時，污蔑兀没與蕭十三參與太子謀反事，同右院郎君詳穩特免・楊九私議宮壺事。同年八月十九日被害，享年四十七歲。乾統元年（1101）平反。乾統二年十一月二十五日遷葬於裂山之陽（今内蒙古自治區阿魯科爾沁旗罕蘇木蘇木古曰布霍哨嘎查）。

[2]乙辛誣害太子：【劉校】"辛"原本誤作"卒"，明抄本、南監本、北監本和殿本作"辛"。中華點校本、修訂本、補注本和長箋本徑改。今從。

[3]私議宮壺事：私下議論宮中機密事。

耶律獨攧字胡獨堇，太師古昱之子。[1]重熙初爲左護衛，將禁兵從伐夏有功，授十二行糺司徒。再舉伐夏，獨攧括山西諸郡馬。還，遷拽剌詳穩。[2]西南未平，命獨攧同知金肅軍事，[3]夏人來侵，擊敗之，進涅剌奥隈部節度使。

[1]太師古昱之子：【劉注】"昱"原本誤作"昰"，《初校》謂："'昱'，《百》作'昰'，非。"明抄本、南監本、北監本和殿本"昱"。中華點校本、修訂本和補注本徑改。今從。

[2]拽剌：契丹語"走卒"謂之"拽剌"，後爲軍官名。有掌旗鼓者，稱"旗鼓拽剌"，還有專司偵候、探報等職者。

[3]金肅軍：遼代軍號。重熙十二年（1043）伐西夏置。治所在今内蒙古自治區准格爾旗西北。

清寧元年召爲皇太后左護衛太保。[1]四年改寧遠軍節度使。東路饑，奏振之。歷五國、烏古部、遼興軍三鎮節度使，[2]四捷軍詳穩。[3]大康元年卒，[4]追贈同中書門下平章事。子阿思，有傳。[5]

[1]皇太后左護衛太保：官名。遼朝置。北面官。皇太后宮設左、右護衛，左護衛太保統領左護衛。掌皇太后宮護衛事。

[2]五國：即五國部。遼東北部族名。越里篤、剖阿里、奧里米、蒲奴里和越里吉，統稱五國部。 遼興軍：遼代軍號。治平州（今河北省盧龍縣）。

[3]四捷軍：遼以宋降者分立二部：一曰四捷軍，一曰歸聖軍。

[4]大康：遼道宗耶律洪基年號（1075—1084）。

[5]阿思（1034—1108）：【劉注】即耶律阿思，字撒班。據漢字《耶律祺墓誌銘》殘石和契丹大字《耶律祺墓誌銘》，"阿思"是契丹語名正来的音譯，更確切的譯法應爲"阿思里"，契丹語第二個名爲月禹（撒班）。另有漢名祺。第八代的祖宗是解里寧·蒲古只。清寧初，補袛候郎君。重元之亂，與護衛蘇射殺涅魯古，賜號靖亂功臣，徙契丹行宮都部署。壽昌元年（1095），爲北院樞密使，監修國史。道宗崩，受顧命，加于越。受略，包庇乙辛黨人。卒於乾統八年（1108）正月二十三日，享年七十五歲。葬裂峯山之陽，其地在今内蒙古自治區阿魯科爾沁旗罕蘇木蘇木古日班胡碩嘎查朝克圖山之陽。本書卷九六有傳。

蕭韓家，[1]國舅之族。性端簡、謹愿，動循禮法。清寧中爲護衛太保。大康二年遷知北院樞密副使。三年經畫西南邊天池舊塹，立堡砦，正疆界，刻石而還，爲漢人行宮都部署。是年秋獵，墮馬卒。

[1]蕭韓家：【劉校】據中華點校本校勘記，本書卷二三《道宗本紀三》大康三年（1077）七月、八月並作“蕭韓家奴”。此脱“奴”字。

蕭烏野字草隱，其先出興聖宮分，[1]觀察使塔里直之孫也。性孝悌，尚禮法，雅爲鄉黨所稱。

[1]興聖宮：聖宗隆緒宮分。

重熙中補護衛，興宗見其勤恪，遷護衛太保。清寧九年佐耶律仁先平重元亂，[1]以功加團練使。時敵烈部數爲鄰部侵擾，民多困弊，命烏野爲敵烈部節度使，恤困窮，省徭役，不數月部人以安。尋以母老，歸養于家。母亡，尤極哀毀。服闋，歷官興聖、延慶二宮使，[2]卒。

[1]清寧九年：【劉校】原本無清寧紀年。中華點校本校勘記云，本書卷二二《道宗本紀二》載，重元叛亂在清寧九年（1063）七月。中華點校本據補。今從。　耶律仁先（1012—1072）：契丹皇族。孟父房之後。九年，重元謀逆，仁先受命討賊。事後，加尚父，進封宋王，爲北院樞密使。本書卷九六有傳。　重元（1021—1063）：原稱宗元，因避興宗諱，改重元，小字孛吉只，亦作孛己只，聖宗次子。太平三年（1023）封秦國王。聖宗死後，欽愛皇后稱制，曾密謀立重元。重元以所謀告於興宗，封爲皇太弟。賜以金券誓書。道宗即位，册爲皇太叔，爲天下兵馬大元帥，復賜金券。清寧九年與其子涅魯古謀亂，失敗自殺。卷一一二有傳。
　[2]延慶宮：興宗宗真宮分。

　　論曰：烏古敵烈，大部也，奪剌爲統軍克敵有功；普達居詳穩悅以使人；西北，重鎮也，侯哂巡邊以廉稱，古昱鎮撫而民富，獨攧駐金肅而夏人不敢東獵。噫！部人內附，方面以寧，雖朝廷處置得宜而諸將之力抑亦何可少哉。

（李錫厚注　劉鳳翥校）

遼史　卷九三

列傳第二十三

蕭惠　慈氏奴　蕭迂魯　鐸盧斡　蕭圖玉　耶律鐸軫[1]

[1]"蕭惠"至"耶律鐸軫"：【劉校】原本、明抄本、南監本無，據北監本和殿本補。

蕭惠字伯仁，小字脱古思，淳欽皇后弟阿古只五世孫。[1]

[1]淳欽皇后：遼太祖阿保機皇后述律氏的謚號。遼興宗重熙二十一年（1052）九月追謚。本書卷七一有傳。　阿古只：即迪里姑，蕭敵魯之弟，均爲阿保機述律皇后之兄弟。兄弟二人一同爲阿保機掌腹心部。刺葛叛亂，阿古只將其追擒於榆河。本書卷七三有傳。

初以中宫親爲國舅詳穩。[1]從伯父排押征高麗，[2]至奴古達北嶺，高麗阻險以拒，惠力戰破之。及攻開京，[3]以軍律整肅聞，授契丹行宫都部署。[4]開泰二年改南京統軍使。[5]未幾爲右夷离畢，[6]加同中書門下平章事。[7]朝議以遼東重地，非勳戚不能鎮撫，乃命惠知東京留守事。改西北路招討使，封魏國公。

[1]詳穩：遼朝軍官名。元帥府下設大詳穩司。本書卷一一六《國語解》：“詳穩，諸官府監治長官。”“詳穩”即漢語“將軍”的轉譯。【劉注】“詳穩”即漢語“將軍”的轉譯的説法似有值得商榷之處。在契丹小字中，“詳穩”作【契丹字】，“將軍”作【契丹字】，或【契丹字】、【契丹字】；在契丹大字中，“詳穩”作【契丹字】，“將軍”作【契丹字】。“詳穩”不是漢語“將軍”的轉譯，而是音譯的契丹語，契丹語中“將軍”是漢語借詞。

[2]排押：即蕭排押（？—1023）。字韓隱，國舅少父房之後。統和初爲左皮室詳穩。四年（986）破宋將曹彬、米信兵於望都，與樞密使耶律斜軫收復山西所陷城邑。是冬攻宋，以功改南京統軍使。十三年歷北、南院宣徽使。十五年加政事令，遷東京留守。二十二年與宋和議成，爲北府宰相。兩度從聖宗征高麗。本書卷八八有傳。 高麗：古國名。即王建創建的高麗王朝（918—1392）。統治地域在今朝鮮半島，首都在開京（今朝鮮開城市）。

[3]開京：高麗國首都。治所在今朝鮮開城市。統和二十八年（1010）曾爲遼所侵。亦曾短暫爲李氏朝鮮國都。

[4]契丹行宮都部署：遼北面行宮官。遼在北南面官系統中，分別設契丹行宮都部署和漢人行宮都部署，其上則有諸行宮都部署。行宮都部署完全是做中原王朝官制設置的，它不同於專管斡魯朵事務的某宮都部署的宮官。宋朝皇帝巡幸亦有行宮，且亦有行宮都部署之設。後避英宗趙曙名諱，改稱行宮都總管。

[5]開泰：遼聖宗耶律隆緒年號（1012—1021）。 南京：遼五京之一。故址在今北京市。

[6]夷离畢：契丹官名。爲執政官，相當於副宰相參知政事。後來官分南、北，北面官有夷离畢院，主要掌刑政。

[7]同中書門下平章事：唐制，大臣中有此名義者即爲事實上的宰相。遼襲唐制，在分設北南面官之後，以同中書門下平章事爲南面宰相。

太平六年討回鶻阿薩蘭部，[1]徵兵諸路，獨阻卜酋長直剌後期，[2]立斬以徇。進至甘州，[3]攻圍三日不克而還。時直剌之子聚兵來襲，阻卜酋長烏八密以告，惠未之信。會西阻卜叛，襲三剋軍，都監涅魯古、突舉部節度使諧理、阿不呂等將兵三千來救，[4]遇敵于可敦城西南。[5]諧理、阿不呂戰歿，[6]士卒潰散。惠倉卒列陣，敵出不意攻我營，衆請乘時奮擊，惠以我軍疲敝未可用，弗聽。烏八請以夜斫營，惠又不許。阻卜歸，惠乃設伏兵擊之。前鋒始交，敵敗走。惠爲招討累年，屢遭侵掠，士馬疲困。七年左遷南京侍衛親軍馬步軍都指揮使，尋遷南京統軍使。

[1]太平：遼聖宗耶律隆緒年號（1021—1031）。　回鶻阿薩蘭部：亦稱阿薩蘭回鶻，即高昌回鶻，是回鶻西遷、匯合後主要的一支，直到元代，它仍自認是回鶻的嫡系。其疆域東至今哈密烏納格什湖，西通天山西部，南接酒泉，北達天山北麓。首府設在喀拉和卓（今新疆維吾爾自治區吐魯番市東高昌故城），陪都設在天山北麓別失八里（即北庭，位於今新疆維吾爾自治區吉木薩爾縣北破城子）。其王早期稱阿薩蘭汗（意爲獅子王），較晚則稱亦都護。

[2]阻卜：即達旦、韃靼。元人諱言達旦，而稱達旦爲阻卜。詳王國維《觀堂集林》卷一四《達旦考》。

［3］甘州：州名。治所在今甘肅省張掖市。

［4］突舉部：契丹阻午可汗時期部族名。據本書卷三三《營衛志下·部族下》，太祖二十部中的突呂不部，"其先曰塔古里，領三營。阻午可汗命分其一與弟航斡爲突舉部；塔古里得其二，更爲突呂不部。隸北府，節度使屬西北路招討司，司徒居長春州西"。

［5］可敦城：即鎮州。故城在今蒙古國布爾干省青托羅蓋古城。陳得芝《耶律大石北行史地雜考》（《歷史地理》第二輯）説：遼朝統治漠北屬部的最高軍政機構是西北路招討司（又稱西北路都招討司），遼聖宗統和十二年（994）因西北"阻卜"諸部作亂，以蕭撻凛爲西北路招討使，命隨皇太妃（齊王妃）出征，"屯西鄙臚駒兒河，西捍韃靼，盡降之。"蕭撻凛鑒於達旦諸部叛服不常，上表乞建三城以鎮之。統和二十二年三城完工，設置鎮、防、維三州。

［6］"都監涅魯古"至"阿不呂戰歿"：【劉校】據中華點校本校勘記，本書卷一七《聖宗本紀八》載太平六年（1026）八月作"監軍涅里姑，國舅帳太保曷不呂死之"。

興宗即位知興中府，[1]歷順義軍節度使、東京留守、西南面招討使，[2]加開府儀同三司、檢校太師兼侍中，[3]封鄭王，賜推誠協謀竭節功臣。重熙六年復爲契丹行宮都部署，[4]加守太師，徙王趙。拜南院樞密使，[5]更王齊。

［1］興中府：遼六府之一。治所在今遼寧省朝陽市。

［2］順義軍：遼代軍號。治朔州（今屬山西省）。 東京：遼五京之一。故址在今遼寧省遼陽市。 西南面招討使：西南面招討司的長官，負責對西夏防禦。

［3］檢校：職官制度用語。唐宋皆有檢校官，屬加官而非正授。

[4]重熙：遼興宗耶律宗真年號（1032—1055）。

[5]南院樞密使：即漢人樞密院之樞密使。爲南面官最高官職。詳見本書卷四七《百官志三》。

是時帝欲一天下，謀取三關，[1]集群臣議。惠曰："兩國彊弱聖慮所悉。宋人西征有年，師老民疲，陛下親率六軍臨之，其勝必矣。"蕭孝穆曰：[2]"我先朝與宋和好，無罪伐之，其曲在我，況勝敗未可逆料。願陛下熟察。"帝從惠言，廼遣使索宋十城，[3]會諸軍于燕。惠與太弟帥師壓宋境，宋人重失十城，增歲幣請和。[4]惠以首事功，進王韓。十二年兼北府宰相，[5]同知元帥府事，[6]又爲北樞密使。[7]

[1]三關：宋與契丹分界的三關，淤口關（今河北省霸州市東）、益津關（今霸州市）、瓦橋關（今河北省雄縣）。

[2]蕭孝穆（？—1043）：小字胡獨堇，淳欽皇后弟阿古只五世孫。統和二十八年（1010），累遷西北路招討都監。開泰元年（1012）冬，進軍可敦城。敗阻卜結五群牧長謀叛，拜北府宰相。本書卷八七有傳。

[3]遣使索宋十城：在宋夏戰事連年不絕的情況下，遼興宗認爲對宋要脅的時機已經成熟，於是他首先與北、南樞密院謀劃了一個奪回當年被後周攻佔的關南十縣地的方案，隨後，重熙十一年（宋慶曆二年，1042）正月，遼正式派遣南院宣徽使蕭英和翰林學士劉六符與北宋交涉，他們帶去了遼興宗致宋仁宗的一封信，就以下四個問題對宋朝進行指責：第一，周世宗不該奪取瓦橋關以南十縣地；第二，宋太宗進攻燕薊，師出無名；第三，西夏元昊與遼有甥舅之親，且早已向遼稱臣，宋興師伐夏，不應不事先告知遼；第

四，宋朝不應在邊界上增築工事，添置邊軍。在提出以上各項指責之後，還提出應將原來遼的藩屬北漢的領土及關南十縣地歸還遼朝，祇有如此，纔能"益深兄弟之懷，長守子孫之計"（《長編》卷一三五仁宗慶曆二年三月己巳記事）。宋仁宗命王拱辰起草復信，對遼方提出的指責一一予以駁斥，指出景德元年（1004）雙方訂立盟好，已確認前此諸細故"咸不置懷"，況且宋太宗進攻燕薊完全是由於遼援救北漢、阻撓宋朝統一所致，曲不在宋。瓦橋關南十縣地，已是異代之事，故不應重提。至於西夏問題，宋朝認爲元昊先人早已"賜姓稱藩，稟朔受祿"，現在僭號擾邊，理應討除，並且事先已聞達於遼。關於遼朝指責宋"備塞隘路，閱集兵夫"，復信認爲這都是"邊臣謹職之常"。最後，復信提出，雙方應令"緣邊各守疆界，誓書之外一無所求"（《長編》卷一三五仁宗慶曆二年四月庚辰記事）。

[4]增歲幣請和：宋復遣富弼、張茂實奉書聘遼，據《宋史》卷一三三《富弼傳》：及至，契丹不復求婚，專欲增幣，曰："南朝遺我之辭當曰'獻'，否則曰'納'。"弼爭之，契丹主曰："南朝既懼我矣，於二字何有？若我擁兵而南，得無悔乎！"弼曰："本朝兼愛南北，故不憚更成，何名爲懼？或不得已至於用兵，則當以曲直爲勝負，非使臣之所知也。"契丹主曰："卿勿固執，古亦有之。"弼曰："自古唯唐高祖借兵於突厥，當時贈遺，或稱獻納。其後頡利爲太宗所擒，豈復有此禮哉！"弼聲色俱厲，契丹知不可奪，乃曰："吾當自遣人議之。"復使劉六符來。弼歸奏曰："臣以死拒之，彼氣折矣，可勿許也。"朝廷竟以"納"字與之。

[5]北府宰相：契丹部族官名。契丹可汗之下有北、南二府，各部族則分屬二府，故北宰相亦稱北府宰相，南宰相亦稱南府宰相。

[6]元帥府：主持遼朝南邊防務的機構。遼朝往往以皇位繼承人出任天下兵馬大元帥，早年德光、李胡都曾具有大元帥頭銜。後來，大元帥在燕京開府。余靖《武溪集》卷一七《契丹官儀》説：

“胡人之掌兵者，燕中有元帥府，雜掌番漢兵，太弟總判之……大抵胡人以元帥府守山前，故有府官，又有統軍，掌契丹、渤海之兵。馬軍步軍一，掌漢兵。以乙室王府守山後，又有雲、應、蔚、朔、奉聖等五節度營兵，逐州又置鄉兵。”

[7]北樞密使：契丹官名。亦稱北院樞密使，即契丹樞密院之樞密使，爲北面官之最高官職，掌軍事、部族。詳本書卷四五《百官志一》。

十三年夏國李元昊誘山南党項諸部，[1]帝親征，元昊懼請降。惠曰：“元昊忘奕世恩，萌姦計，車駕親臨，不盡歸所掠。天誘其衷，使彼來迎；天與不圖，後悔何及？”帝從之。詰旦進軍，夏人列拒馬于河西，[2]蔽盾以立，惠擊敗之。元昊走，惠麾先鋒及右翼邀之，夏人千餘潰圍出，我師逆擊。大風忽起，飛沙眯目，軍亂，夏人乘之，蹂踐而死者不可勝計。詔班師。

[1]夏國（1038—1227）：以党項民族爲主體建立的政權。公元1038年，元昊叛宋稱帝，建立大夏王朝，傳十代，至1227年爲蒙古所滅。元昊稱帝以前，其作爲北宋境内的地方割據政權，已經具有獨立性。史稱西夏，先後與遼、北宋及金、南宋並立於今中國境内。境土包括今寧夏回族自治區全部、甘肅省大部、陝西省北部以及青海省、内蒙古自治區的部分地區。　李元昊（1003—1048）：諡武烈皇帝，廟號景宗，陵號泰陵。小字嵬理，後更名曩霄，李德明長子。1031年李德明死後嗣位，宋授爲定難軍節度、夏銀綏宥靜等州觀察處置押蕃落使、西平王。遼封他爲夏國王。宋寶元元年（1038）十月，他更名曩霄，建國號大夏，年號天授禮法延祚，自稱皇帝。進表宋朝，要求承認建國稱帝的既成事實，雙方隨即發生戰爭。七年後雙方重新談和。西夏國主稱臣，宋朝同意每年給予

銀、絹、茶、綵共二十五萬五千兩、匹、斤。夏宋媾和之後，夏遼矛盾隨着激化。西夏景宗與遼興平公主婚後失和，再加上這時遼境内的党項部落多叛附西夏，糾紛益形擴大。遼興宗親征西夏，遭遇失敗。從此夏、宋、遼三方鼎峙的局勢形成。　党項：中國古代族名。又稱党項羌，唐以後主要活動於靈、慶、銀、夏等州，即今甘肅、寧夏、陝西和内蒙古等省區交界地區。

[2]拒馬：一種可以移動的障礙物，古時用以防騎兵，故名。

十七年尚帝姊秦晉國長公主，[1]拜駙馬都尉。明年帝復征夏國，惠自河南進，戰艦粮船綿亘數百里。既入敵境，偵候不遠，鎧甲載于車，軍士不得乘馬。諸將咸請備不虞，惠曰："諒祚必自迎車駕，何暇及我？無故設備，徒自弊耳。"數日，我軍未營，候者報夏師至，惠方詰妄言罪，諒祚軍從阪而下，惠與麾下不及甲而走。[2]追者射惠，幾不免，軍士死傷尤衆。師還，以惠子慈氏奴歿于陣，詔釋其罪。

[1]秦晉國長公主：聖宗女，欽愛皇后生，本書卷六五《公主表》名巖母，開泰七年（1018）封魏國公主。進封秦國長公主，改封秦晉國長公主。清寧初加大長公主。

[2]惠與麾下不及甲而走：遼諱言此次戰敗。《長編》卷一六八宋仁宗皇祐二年（1050）三月庚子記事："契丹遣殿前副點檢忠正節度使耶律益、彰德節度使趙柬之來告伐夏國還。益自言契丹三路進討，契丹主出中路，大捷。北路兵至西涼府，獲羊百萬、橐駝二十萬、牛五百，俘老幼甚衆，惟南路小失利，恐夏人妄説軍勝，誇南朝。然得邊奏，皆以謂遼主濟河不遇賊，無水草，馬多死。耶律貫寧大敗於師子口。惟劉五常獲陝西所陷屬户羌二十餘人，因而

來獻。其言多俘獲，蓋妄也。"

十九年請老，詔賜肩輿入朝，策杖上殿。辭章再上，乃許之，封魏國王。詔冬夏赴行在，[1]參決疑議。既歸，遺賜湯藥及佗錫賚不絕。每生日輒賜詩以示尊寵。清寧二年薨，[2]年七十四，遺命家人薄葬。訃聞，輟朝三日。[3]

[1]行在：皇帝出行時所在之地，遼爲行國，皇帝一年四季居無定所，皆在遷徙中度過。其行在又稱"行宮"，契丹語爲"捺鉢"。
[2]清寧：遼道宗耶律洪基年號（1055—1064）。
[3]輟（chuò）朝：中止臨朝聽政。

惠性寬厚，自奉儉薄。興宗使惠恣取珍物，惠曰："臣以戚屬據要地，禄足養廉，奴婢千餘，不爲闕乏。陛下猶有所賜，貧於臣者何以待之。"帝以爲然。故爲將雖數敗衂，不之罪也。

弟虛列，武定軍節度使。[1]二子：慈氏奴，兀古匿。兀古匿終北府宰相。

[1]武定軍：遼代軍號。治奉聖州（今河北省涿鹿縣）。

慈氏奴字寧隱。太平初以戚屬補祇候郎君。上愛其勤慎，陞閘撒狨，[1]加右監門衛上將軍。

[1]閘撒狨：契丹部族官名。據本書卷一一六《國語解》，係

"抹里司官，亦掌宮衛之禁者"。

西邊有警，授西北路招討都監，領保大軍節度使。政濟恩威，諸部悅附。入爲殿前副點檢，[1]歷烏古敵烈部詳穩。[2]征李諒祚，[3]爲統軍都監，與西北路招討使敵魯古率蕃部諸軍由北路趨涼州，獲諒祚親屬。夏人扼險以拒，慈氏奴中流矢卒，年五十一，贈中書門下平章事。

[1]殿前副點檢：殿前都點檢的副職。後周世宗設置殿前司，以都點檢、副都點檢爲正副長官，位在都指揮使之上，爲禁軍統帥。宋初廢。遼設殿前都點檢，爲南面軍官，當係模倣後周制。

[2]烏古敵烈部：部族名。原爲二部。烏古又稱嫗厥律、于厥律，居契丹西北；敵烈又譯迪烈、敵烈德、迭烈德、達里底。遼時以遊牧、捕獵爲業，分佈於臚朐河（今克魯倫河）流域。有八部，稱爲八部敵烈或八石烈敵烈。與烏古部並稱爲北邊大部。遼聖宗以敵烈部降人置迭魯敵烈部和北敵烈部。開泰四年（1015），築董城於臚朐河北，安置敵烈、烏古降人。壽昌二年（1096），徙敵烈、烏古於烏納水西。遼置烏古敵烈統軍司以應對阻卜諸部的反抗。金末元初，敵烈人逐漸與女真人、蒙古人等同化。

[3]李諒祚：公元1047年至1067年在位。元昊之子，生母爲沒藏氏。幼年繼位，國相沒藏訛龐與其妹太后沒藏氏盡攬朝權。1049年，遼興宗乘西夏景宗元昊新死，大舉親征，但爲夏軍所敗。1061年訛龐父子陰謀殺害諒祚，諒祚在大將漫咩支持下，擒殺訛龐父子，盡誅其家族，廢皇后沒藏氏（訛龐女），納梁氏爲后，以后弟梁乙埋爲國相。諒祚下令停止使用蕃禮，改行漢禮。死於1067年，廟號毅宗。

蕭迂魯字胡突堇，五院部人。[1]父約質，歷官節度使。

[1]五院部：契丹部族名。天贊元年（922）以迭剌部強大難制，析五石烈爲五院，六爪爲六院，各置夷离堇。會同元年（938）更夷离堇爲大王，部隸北府，以鎮南境。

迂魯重熙間爲牌印郎君。清寧九年國家既平重元之亂，[1]其黨郭九等亡，詔迂魯追捕，獲之，遷護衛太保。[2]咸雍元年使宋議邊事，[3]稱旨，知殿前副點檢事。

[1]重元之亂：耶律重元，遼聖宗次子。欽愛皇后稱制，曾密謀立重元。重元以所謀告於興宗，封爲皇太弟。賜以金券誓書。道宗即位册爲皇太叔，爲天下兵馬大元帥，復賜金券。清寧九年（1063）與其子涅魯古謀亂，失敗自殺。

[2]護衛太保：遼北面官。北、南護衛府官員。各設左、右護衛司，以護衛太保領之。【劉校】護衛太保，原本誤作“護尉太保”，今據中華點校本改。

[3]咸雍：遼道宗耶律洪基年號（1065—1074）。 使宋議邊事：當時遼宋邊境有衝突。據《長編》卷二〇五英宗治平二年（1065）六月己酉司馬光言：“近者聞契丹之民有於界河捕魚及於白溝之南翦伐柳栽者，此乃邊鄙之小事，何足介意？而朝廷以前知雄州李中祐不能禁禦爲不材，別選州將以代之。臣恐新將之至，必以中祐爲戒，而以趙滋爲法，妄殺敵人，則戰鬬之端，往來無窮矣。況今民力彫弊，倉庫虛竭，將帥乏人，士卒不練。夏國既有憤怨，屢來侵寇，禍胎已成，若又加以契丹失歡，臣恐國力未易支也。伏望陛下嚴戒北邊將吏，若契丹不循常例，小小相侵，如魚船、柳栽之類，止可以文牒勑會，道理曉諭，使其官司自行禁約，不可以矢

刃相加。若再三曉諭不聽，則聞於朝廷，雖專遣使臣至其王廷，與之辨論曲直，亦無傷也。"

五年阻卜叛，[1]爲行軍都監，擊敗之，俘獲甚衆。初，軍出止給五月粮，過期粮乏，士卒往往叛歸。迂魯坐失計免官，降戍西北部。未行，會北部兵起，迂魯將烏古敵烈兵擊敗之，每戰以身先，繇是釋前罪，命總知烏古敵烈部。

[1]阻卜：古代民族名。達旦即韃靼。元人諱言達旦，而稱達旦爲阻卜。詳王國維《觀堂集林》卷一四《達旦考》。

九年，敵烈叛，都監耶律獨迭以兵少不戰，屯臚朐河。[1]敵烈合邊人掠居民，迂魯率精騎四百力戰，敗之，盡獲其輜重。繼聞酋長合尤三千餘騎掠附近部落，縱兵躪其後，連戰二日，斬數千級，盡得被掠人畜而還。值敵烈黨五百餘騎劫捕鷹户，逆擊走之，俘斬甚衆，自是敵烈勢沮。

[1]臚朐河：黑龍江支流。據《水道提綱》卷二五，"克魯倫河即臚朐河，源出肯忒山東南百餘里支峰西南麓"。

時敵烈方爲邊患，而阻卜相繼寇掠，邊人以故疲弊。朝廷以地遠不能時益援軍，而使疆圉帖然者，皆迂魯力也。帝嘉其功，拜左皮室詳穩。[1]

[1]皮室：契丹軍名。意爲“金剛”。初爲阿保機所置，稱“腹心部”。後有南、北、左、右皮室及黄皮室等，皆掌精甲。

會宋求天池之地，詔迁魯兼統兩皮室軍屯太牢古山以備之。[1]大康初阻卜叛，遷西北招討都監，[2]從都統耶律趙三征討有功，[3]改南京統軍都監、黄皮室詳穩。未幾，遷東北路統軍都監，卒。弟鐸盧斡。

[1]太牢古山：【劉校】據中華點校本校勘記，“按《紀》壽隆五年七月、天慶三年九月、卷八六《耶律頗的傳》並作大牢古山”。

[2]西北招討都監：西北路招討司官員。西北路招討司又稱西北路都招討司，遼朝統治漠北屬部的最高軍政機構。聖宗以後，主要負責鎮壓阻卜。

[3]都統：官名。唐乾元中，始以都統爲官名，總諸道征伐。後若調諸道兵馬會戰，多置此職，爲臨時軍事長官，不賜旌節，事解即罷。遼設諸路兵馬都統署司，下有諸路兵馬都統署，都統爲其長官。

鐸盧斡字撒板。幼警悟異常兒。三歲失母，哭盡哀，見者傷之。及長，魁偉沉毅，好學善屬文，有才幹。年三十始仕，爲朝野推重，給事北院知聖旨事。

大康二年乙辛再入樞府，[1]鐸盧斡素與蕭巖壽善，[2]誣以罪，謫戍西北部。坐皇太子事特恩減死，[3]仍鋼終身。在戍十餘年，太子事稍直，始得歸鄉里，屏居謝人事。一日臨流，聞雉鳴，三復孔子“時哉”語，[4]作古詩三章見志。當時名士稱其高情雅韻，不減古人。

[1]大康：遼道宗耶律洪基年號（1075—1084）。

[2]蕭巖壽（1028—1077）：道宗時任北面林牙，因反對耶律乙辛謀害太子，被誣"謀廢立"，於大康三年（1077）被處死。本書卷九九有傳。

[3]皇太子事：指太子濬被誣、被廢事。參見本書卷七二《順宗濬傳》。

[4]孔子"時哉"語：見《論語·鄉黨》："山梁雌雉，時哉！時哉！"何晏集解："言山梁雌雉得其時，而人不得時，故歎之。"意思是看到雌鳥在山上產卵，育雛，發出"時哉！時哉！"的感歎，即歎人生不逢時。

壽隆六年卒，[1]年六十一。乾統初贈彰義軍節度使。[2]

[1]壽隆：遼道宗耶律洪基年號（1095—1101）。據遼代碑刻和錢幣，此年號本爲"壽昌"。元代修《遼史》時誤書爲"壽隆"。

[2]乾統：遼天祚帝耶律延禧年號（1101—1110）。 彰義軍：遼代軍號。爲遙授，治所在今河南省汝南縣，不在遼境內。

蕭圖玉字兀衍，北府宰相海璃之子。統和初皇太后稱制，[1]以戚屬入侍，尋爲烏古部都監。[2]討速母縷等部有功，遷烏古部節度使。十九年總領西北路軍事。後以本路兵伐甘州，降其酋長牙懶。[3]既而牙懶復叛，命討之，克肅州，[4]盡遷其民于土隗口故城。師還，詔尚金鄉公主，[5]拜駙馬都尉，加同政事令門下平章事。[6]

[1]統和：遼聖宗耶律隆緒年號（983—1012）。

[2]烏古：部族名。又稱嫗厥律、于厥律，居契丹西北。

[3]牙懶：【劉校】據中華點校本校勘記，本書卷一四《聖宗本紀五》統和二十六年（1008）十二月作"耶剌里"。

[4]肅州：州名。治所在今甘肅省酒泉市。

[5]金鄉公主：聖宗第十三女塞哥，李氏生。封金鄉郡主，進封公主。統和中下嫁蕭圖玉。因殺奴婢被貶，死於貶所。

[6]同政事令門下平章事：亦稱同政事門下平章事，遼朝南面宰相。遼世宗天禄四年（950）建政事省之前，漢人宰相無定稱；建政事省之後，南面宰相稱"政事令"，且多由契丹貴族擔任這一職務。但政事令不常置，平章事亦同真宰相。

上言曰："阻卜今已服化，宜各分部治以節度使。"上從之。自後，節度使往往非材，部民怨而思叛。開泰元年十一月，[1]石烈太師阿里底殺其節度使，西奔窩魯朵城，蓋古所謂龍庭單于城也。[2]已而阻卜復叛，圍圖玉于可敦城，[3]勢甚張。圖玉使諸軍齊射却之，屯于窩魯朵城。明年北院樞密使耶律化哥引兵來救，[4]圖玉遣人誘諸部皆降。帝以圖玉始雖失計，後得人心，釋之，仍領諸部。請益軍，詔讓之曰："叛者既服，兵安用益？且前日之役死傷甚衆，若從汝謀，邊事何時而息。"遂止。

[1]十一月：【劉校】原本作"七月"。據中華點校本校勘記，本書卷一五《聖宗本紀六》將此事繫於開泰元年（1012）十一月，"甲辰，西北招討使蕭圖玉奏七部太師阿里底因其部民之怨，殺本部節度使霸暗并屠其家以叛，阻卜執阿里底以獻，而沿邊諸部皆叛"。中華點校本據改。今從。

[2]單于城：地名。即本書卷一《太祖本紀上》所記之古回鶻城及卷三〇《天祚本紀四》所記之卜古罕城。其地當在今蒙古國鄂爾渾河上游。

[3]可敦城：即鎮州。故城在今蒙古國布爾干省托羅蓋古城。陳得芝《耶律大石北行史地雜考》（《歷史地理》第二輯）説：遼朝統治漠北屬部的最高軍政機構是西北路招討司（又稱西北路都招討司），遼聖宗統和十二年（994），因西北"阻卜"諸部作亂，以蕭撻凜爲西北路招討使，命隨皇太妃（齊王妃）出征，"屯西鄙臚駒兒河，西捍轄轕，盡降之"。蕭撻凜鑒於達旦諸部叛服不常，上表乞建三城以鎮之。統和二十二年三城完工，設置鎮、防、維三州。

[4]耶律化哥：字弘隱，孟父楚國王之後。乾亨初爲北院林牙。統和四年拜上京留守，遷北院大王。十六年侵宋，爲先鋒，以功遷南院大王，尋改北院樞密使。開泰元年伐阻卜，以功封豳王。伐阻卜過程中掠阿薩蘭回鶻，諸蕃由此不附。聖宗使按之，削王爵。本書卷九四有傳。

會公主坐殺家婢降封郡主，[1]圖玉罷使相。[2]尋起爲烏古敵烈部詳穩。以老代，還。卒。子雙古，[3]南京統軍使。孫訛篤斡，[4]尚三韓郡王合魯之女骨浴公主，[5]終烏古敵烈部統軍使，以善戰名于世。

[1]郡主：唐制，太子之女爲郡主。宋沿唐制，而宗室女亦得封郡主。宋代歐陽脩《歸田録》卷二："宗室女封郡主者，謂其夫爲郡馬。"遼封宗室女爲郡主，亦是沿襲唐制。

[2]降封郡主，圖玉罷使相：【劉校】據中華點校本校勘記，本書卷一五《聖宗本紀六》載，開泰六年（1017）二月作"降公主爲縣主，削圖玉同平章事"。

[3]雙古：【劉注】據劉鳳翥、唐彩蘭、青格勒編著《遼上京地區出土的遼代碑刻彙輯》（中國社會科學出版社2009年版）著錄的《蕭興言墓誌銘》，雙古是音譯的契丹語名，他還有單字的漢名"恭"，居官北宰相兼侍中、燕京都統軍。妻別胥，孫你大王之妹。

[4]訛篤斡（1032—1087）：【劉注】據《蕭興言墓誌銘》，訛篤斡是音譯的契丹語小名，他還有漢名"興言"。"清寧間，以其性賦雄毅，承祖之廕，實于宿直禁衛之列，次授宮使。時年二十七，因迪烈子叛，上以公世鎮西北隅，特簡授遙郡節度使，利用討伐。公既承命，止率人騎五十入其境，會彼首領，説而質其子。由是，不破一甲而和焉。復還所虜人物。是歲從貢，今匭闕供。兼給役使十一道。上重其□，轉加金吾衛上將軍。改詳穩司爲統軍司，復授三十萬兵都統軍。詔制：'閫外專以生殺'。後又以萌骨子不尅，公乃九征而五帥其師。矛鉞所指，罔不畏從。或犯他守，則公亦越境而制之矣。是故，四懷款附之誠，一無犬吠之警者，皆公之力焉。以此，又加龍虎衛上將軍、招討使、守太子太保，兼賜勤力功臣。疆場內外，聆其威名，嚮其風聲。雖孩提無識，尚猶屏氣跼脊，莫敢呱呱而啼焉。"

[5]三韓郡王合魯：【劉注】據劉鳳翥、唐彩蘭撰《遼〈蕭興言墓誌〉和〈永寧郡公主墓誌〉考釋》（載《燕京學報》2003年新第14期），合魯是契丹語小名的音譯，他還有漢名"宗範"。他是遼聖宗三弟耶律隆裕（《遼史》誤作隆祐）第二子。　骨浴公主（1033—1091）：【劉注】骨浴是音譯的契丹語名字，漢語意思爲"臣"。她最後的封號是永寧郡公主。有契丹大字墓誌銘出土，原石現存遼上京博物館。

耶律鐸斡字敵輦，積慶宮人。[1]仕統和間。性疏簡，不顧小節，人初以是短之。

［1］積慶宫人：即積慶宫宫分人。宫分人是隷屬宫衞的百姓，身份是世襲的。積慶宫爲世宗宫分。

後侵宋，分總贏師以從。及戰，取緋帛被介胄以自標顯，馳突出入敵陣，格殺甚衆。太后望見喜，召謂之曰：“卿勠力如此，何患不濟！”厚賞之。由是多以軍事屬任。俄授東北詳穩。開泰二年進討阻卜，克之。

重熙間歷東路統軍使、天德軍節度使。[1]十七年城西邊，命鐸轸相地及造戰艦，因成樓船百三十艘。上置兵，下立馬，規制堅壯，稱旨。及西征，詔鐸轸率兵由別道進，會于河濱。敵兵阻河而陣，帝御戰艦絶河擊之，大捷而歸。親賜卮酒，仍問所欲，鐸轸對曰：“臣幸被聖恩，得効駑力，萬死不能報國，又將何求？”帝愈重之，手書鐸轸衣裾曰：[2]“勤國忠君，舉世無雙。”卒于官，年七十。子低烈，歷觀察、節度使。

［1］東路：【劉校】中華點校本作“東北路”，修訂本復改爲“東路”。　天德軍：唐軍鎮名。即豐州。遼太祖阿保機於神册五年（920）平党項，仍以此地爲天德軍。其地在今内蒙古自治區呼和浩特市東白塔。

［2］衣裾（jū）：【劉校】中華點校本作“衣裙”，修訂本復改爲“衣裾”。“裾”，衣服的前襟。

論曰：初，遼之謀復三關也，蕭惠贊伐宋之舉而宋人增幣請和。狃於一勝，移師西夏而勇智俱廢，敗潰隨之，豈非貪小利、迷遠圖而然。況所得不償所亡，利果

安在哉？同時諸將撫綏邊圉，若迁魯忠勤不伐，鐸魯斡
高情雅韻，鐸軫雖廉不逮蕭惠而無邀功啓釁之罪，[1]亦
庶乎君子之風矣。

[1]鐸魯斡高情雅韻，鐸軫雖廉不逮蕭惠：【劉校】據中華點
校本校勘記，此處"原'鐸魯斡'與'鐸軫'倒舛，誤作'鐸軫
高情雅韻，鐸魯斡雖廉不逮蕭惠'，據本傳傳文改。又'鐸魯斡'，
傳文作'鐸盧斡'"。今從。

（李錫厚注　劉鳳蕎校）

遼史　卷九四

列傳第二十四

耶律化哥　耶律斡臘　耶律速撒　蕭阿魯帶　耶律那也
耶律何魯掃古　耶律世良[1]

[1]"耶律化哥"至"耶律世良"：【劉校】原本、明抄本、南
監本無，據北監本和殿本補。

　耶律化哥字弘隱，孟父楚國王之後。[1]善騎射。

[1]孟父楚國王：耶律阿保機的伯父巖木，見本書卷六六《皇
族表》。契丹以玄祖之後爲皇族，分爲三房：孟父房、仲父房和季
父房。季父房一系德祖之元子是爲太祖天皇帝，謂之橫帳；次曰剌
葛、曰迭剌、曰寅底石、曰安端、曰蘇，皆曰季父房。

　乾亨初爲北院林牙。[1]統和四年南侵宋，[2]化哥擒諜
者，知敵由海路來襲，即先據平州要地。[3]事平，拜上
京留守，[4]遷北院大王。[5]十六年復侵宋爲先鋒，破敵于
遂城，[6]以功遷南院大王，尋改北院樞密使。[7]

[1]乾亨：遼景宗耶律賢年號（979—983）。　林牙：契丹官名。掌文翰，相當於翰林學士。

[2]統和：遼聖宗耶律隆緒年號（983—1012）。

[3]平州：州名。唐置，治所在今河北省盧龍縣。

[4]上京：遼五京之一。前期都城，稱臨潢府，故址在今内蒙古自治區巴林左旗林東鎮波羅城。

[5]北院大王：契丹部族官名。遼朝析迭剌部爲五院部和六院部。五院部有知五院事，在朝曰北大王院。北院大王即是五院部的首領，握有兵權。

[6]遂城：縣名。治所在今河北省保定市徐水區。

[7]以功遷南院大王，尋改北院樞密使：【劉校】據中華點校本校勘記，本書卷一四《聖宗本紀五》統和二十三年（1005）二月，以惕隱化哥爲南院大王。又卷一五《聖宗本紀六》統和二十九年六月，以南院大王化哥爲北院樞密使。

開泰元年伐阻卜，[1]阻卜棄輜重遁走，俘獲甚多。帝嘉之，封豳王。後邊吏奏：“自化哥還闕，糧乏馬弱，勢不可守。”上復遣化哥經略西境。化哥與邊將深入，聞蕃部逆命居翼只水，[2]化哥徐以兵進，敵望風奔潰，獲羊馬及輜重。

[1]開泰：遼聖宗耶律隆緒年號（1012—1021）。　阻卜：即達旦、韃靼。元人諱言達旦，而稱達旦爲阻卜。詳王國維《觀堂集林》卷一四《達旦考》。

[2]翼只水：【靳注】河名。即元代之也兒的石河，今新疆維吾爾自治區天山北部的額爾齊斯河。詳參田衛疆《高昌回鶻史稿》（新疆人民出版社2006年版，第63頁）。

路由白拔烈,[1]遇阿薩蘭回鶻,[2]掠之。都監裏里繼至,謂化哥曰:"君誤矣!此部實効順者。"化哥悉還所俘。諸蕃由此不附,上使案之,削王爵。以侍中遙領大同軍節度使,[3]卒。

[1]白拔烈:【靳注】地名。突厥語音譯詞。亦稱獨山城,即唐之蒲類。其地在今新疆維吾爾自治區木壘縣南。詳參田衛疆《高昌回鶻史稿》(新疆人民出版社 2006 年版,第 63 頁)。

[2]阿薩蘭回鶻:即高昌回鶻,是回鶻西遷、匯合後主要的一支,直到元代,它仍自認是回鶻的嫡系。其疆域東至今哈密烏納格什湖,西通天山西部,南接酒泉,北達天山北麓。首府設在喀拉和卓(今新疆維吾爾自治區吐魯番市東高昌故城),陪都設在天山北麓別失八里(即北庭,位於今新疆維吾爾自治區吉木薩爾縣北破城子)。其王早期稱阿薩蘭汗(意爲獅子王),較晚則稱亦都護。

[3]大同軍:遼代軍號。治雲州,在今山西省大同市。

耶律斡臘字斯寧,奚迭剌部人。[1]趫捷有力,善騎射。

[1]奚迭剌部:奚部族組織名。契丹征服奚族以後,以其一部分所置的新部族。

保寧初補護衛,[1]車駕獵頡山,適豪豬伏叢莽。帝射中,豬突出,御者托滿捨轡而避,厩人鶴骨翼之,斡臘復射而斃。帝嘉賞。及獵赤山,[2]適奔鹿奮角突前,路隘不容避,垂犯蹕,斡臘以身當之,鹿觸而顛。帝謂曰:"朕因獵兩瀕于危,賴卿以免,始見爾心。"遷護衛太保。[3]

[1]保寧：遼景宗耶律賢年號（969—979）。

[2]赤山：今內蒙古自治區赤峰市境內紅山。

[3]護衛太保：【靳注】官名。遼北面官。北、南護衛府官員，各設左、右護衛司，以護衛太保領之。

從樞密使耶律斜軫破宋將楊繼業軍于山西。[1]統和十三年秋爲行軍都監，從都部署奚王和朔奴伐兀惹烏昭度，[2]數月至其城。昭度請降，和朔奴利其俘掠，令四面急攻。昭度率衆死守，隨方捍禦。依埤堄虛構戰棚，誘我軍登踔，俄徹枝柱，登者盡覆。和朔奴知不能下，欲退。蕭恒德謂“師久無功，[3]何以藉口，若深入大掠，[4]猶勝空返”。斡臘曰：“深入，恐所得不償所損。”恒德不從，略地東南，循高麗北鄙還。[5]道遠糧絕，人馬多死。詔奪諸將官，惟斡臘以前議得免。

[1]耶律斜軫（？—999）：字韓隱，于越曷魯之孫。保寧初受命節制西南面諸軍，仍援河東。改南院大王。乾亨元年（979）秋，宋軍攻下河東，乘勝襲燕，高梁河一戰，他與耶律休哥分左右翼夾擊，大敗宋軍。統和初，承天皇太后蕭綽稱制，益見委任，爲北院樞密使。四年（986）宋軍三路來攻，斜軫指揮擊退西路來攻的宋軍，以功加守太保。本書卷八三有傳。　楊繼業（？—986）：即楊業，麟州（今陝西省神木縣）人。父信爲漢麟州刺史。業早年爲戰將，屢立戰功，所向克捷，國人號爲“無敵”。隨其主劉繼元降宋，宋太宗以業熟悉邊事，授代州兼三交駐泊兵馬都部署，以功遷雲州觀察使，仍判鄭州、代州，自是契丹望見業旌旗即退走。雍熙三年

（遼統和四年，986）副雲應路行營都部署、忠武軍節度使潘美北上攻遼。諸軍連拔雲、應、寰、朔四州，師次桑乾河，會曹彬之師不利，諸路班師。太宗詔遷四州之民於宋朝内地，令潘美等以所部之兵護送。當時契丹國母蕭氏領衆十餘萬復陷寰州，潘美等迫楊業出戰，苦戰殺敵，馬重傷不能進，遂爲契丹所俘，不食三日而死。《宋史》卷二七二有傳。

[2]奚王和朔奴：“奚王”是對奚部族首領的稱呼。據《五代會要》卷二八《奚》：“奚，本匈奴別種，即東胡之地，人物風俗與突厥同。族有五姓：一曰阿會部，管縣六；二曰啜米部，管縣四；三曰奧質部，管縣六；四曰奴皆部，管縣四；五曰黑訖支部，管縣三。每部有刺史，每縣有令，酋長號奚王”。此奚王是被契丹降伏以後的奚部族酋長。《新五代史》卷七四《四夷附録第三》所記奚各部名稱與《五代會要》相同：奚“分爲五部：一曰阿薈部，二曰啜米部，三曰粵質部，四曰奴皆部，五曰黑訖支部。後徙居琵琶川，在幽州東北數百里。地多黑羊，馬趫前蹄堅善走，其登山逐獸，下上如飛”。奚本來祇有五部，阿保機降伏五部奚之後設置墮瑰部，而成六部。詳本書卷三三《營衛志下·部族下》。　兀惹：又作烏惹。遼金時北邊族名。本書卷一四《聖宗本紀五》統和二十一年夏四月“兀惹、渤海、奧里米、越里篤、越里吉等五部遣使來貢”。説明該兀惹部是在遼東北境，與渤海餘部及五國部相鄰。

[3]蕭恒德：字遜寧。國舅少父房之後。蕭排押弟，有膽略而善謀。統和元年尚越國公主，拜駙馬都尉，遷南面林牙。從宣徽使耶律阿没里征高麗還，改北面林牙。後爲東京留守。十四年爲行軍都部署，伐蒲盧毛朵部。還，公主疾，太后遣宫人賢釋侍之，恒德私焉。公主恚而薨，太后怒，賜死。後追封蘭陵郡王。本書卷八八有傳。

[4]若深入大掠：【劉校】據中華修訂本校勘記，“掠”原作“涼”，據馮家昇《遼史初校》改。

[5]高麗：古國名。即王建創建的高麗王朝（918—1392）。統

治地域在今朝鮮半島，首都在開京（今朝鮮開城市）。

　　尋加同政事門下平章事，[1]爲東京留守。[2]開泰中卒。

[1]同政事門下平章事：或同中書門下平章事。唐制，大臣中有此名義者即爲事實上的宰相。遼襲唐制，在分設北南面官之後，以同中書門下平章事爲南面宰相。

[2]東京：遼五京之一。故址在今遼寧省遼陽市。

　　耶律速撒字阿敏，性忠直簡毅，練武事。應曆初爲侍從，[1]累遷突呂不部節度使。[2]歷霸、濟、祥、順、聖五州都總管，[3]俄爲敦睦宮太師。[4]保寧三年改九部都詳穩。[5]四年伐党項，[6]屢立戰功，手詔勞之。

[1]應曆：遼穆宗耶律璟年號（951—969）。

[2]突呂不部：契丹部族名。據本書卷三三《營衛志下》，該部爲太祖二十部之一，創建於阻午可汗之時，隸北府，節度使屬西北路招討司，司徒居長春州西。

[3]歷霸、濟、祥、順、聖五州都總管：本書卷四八《百官志四》作“義、霸、祥、順、聖五州都總管”。義州，治所在今遼寧省義縣；霸州，治所在今遼寧省朝陽市。兩地相近。祥州應是以渤海俘在中京道內僑置；順、聖二州也是中京道內僑置。五州壤地相接，故設都總管。故應以《百官志》爲是。

[4]敦睦宮：孝文皇太弟宮分。

[5]詳穩：遼朝軍官名。元帥府下設大詳穩司。本書卷一一六《國語解》：“詳穩，諸官府監治長官。”“詳穩”即漢語“將軍”的轉譯。【劉注】“詳穩”即漢語“將軍”的轉譯的説法似有值得商

權之處。在契丹小字中，"詳穩"作〔契丹字〕，"將軍"作〔契丹字〕，或〔契丹字〕、〔契丹字〕；在契丹大字中，"詳穩"作〔契丹字〕，"將軍"作〔契丹字〕。"詳穩"不是漢語"將軍"的轉譯，而是音譯的契丹語，契丹語中"將軍"是漢語借詞。

[6]党項：中國古代族名。又稱党項羌，唐以後主要活動於靈、慶、銀、夏等州，即今甘肅、寧夏、陝西和內蒙古等省區交界地區。

統和初皇太后稱制，西邊甫定，速撒務安集諸蕃，利害輒具以聞，太后益信任之。凡臨戎，與士卒同甘苦，所獲均賜將校。賞順討逆，威信大振。在邊二十年，卒。

蕭阿魯帶字乙辛隱，烏隗部人。[1]父女古，仕至糺詳穩。

[1]烏隗部：據本書卷三三《營衛志下·部族下》，烏隗部亦稱奧隗部，是契丹古老的部族組織。此外，契丹還有乙室奧隗部和楮特奧隗部，均係以所俘奚人設置。都活動於東京轄區。

阿魯帶少習騎射，曉兵法。清寧間始仕，[1]累遷本部司徒，改烏古敵烈統軍都監。[2]

[1]清寧：遼道宗耶律洪基年號（1055—1064）。
[2]烏古敵烈：部族名。原為二部。烏古又稱嫗厥律、于厥律，居契丹西北；敵烈又譯迪烈、敵烈德、迭烈德、達里底。遼時以遊

牧、捕獵爲業，分佈於臚朐河（今克魯倫河）流域。有八部，稱爲八部敵烈或八石烈敵烈。與烏古部並稱爲北邊大部。遼聖宗以敵烈部降人置迭魯敵烈部和北敵烈部。開泰四年（1015），築董城於臚朐河北，安置敵烈、烏古降人。壽昌二年（1096），徙敵烈、烏古於烏納水西。遼置烏古敵烈統軍司以應對阻卜諸部的反抗。金末元初，敵烈人逐漸與女真人、蒙古人等同化。

大安七年遷山北副部署。[1]九年達理得、拔思母二部來侵，[2]率兵擊却之。達理得復劫牛羊去，阿魯帶引兵追及，盡獲所掠，斬渠帥數人。是冬，達理得等以三百餘人梗邊，復戰却之，斬首二百餘級，加金吾衛上將軍，封蘭陵縣公。壽隆元年，[3]第功加同中書門下平章事，進爵郡公，改西北路招討使。[4]

[1]大安：遼道宗耶律洪基年號（1085—1094）。

[2]達理得：即敵烈。 拔思母：遼朝西北部叛服不常的部族之一。本書本卷《耶律那也傳》“大安九年爲倒塌嶺節度使。明年冬以北阻卜長磨古斯叛，與招討都監耶律胡呂率精騎二千往討，破之。那也薦胡呂爲漢人行宮副部署。壽隆元年復討達理得、拔思母等有功，賜詔褒美，改烏古敵烈部統軍使，邊境以寧。部民乞留，詔許再任”。這場由阻卜古斯開始的西北諸部叛，茶扎剌、拔斯母、耶覩刮等部也同時反叛，直至壽昌末年纔被平定。

[3]壽隆：遼道宗耶律洪基年號（1095—1101）。據遼代碑刻和錢幣，此年號本爲“壽昌”。元代修《遼史》時誤書爲“壽隆”。

[4]西北路招討使：西北路招討司的軍政長官。西北路招討司又稱西北路都招討司，是遼朝統治漠北屬部的最高軍政機構。

乾統三年坐留宋俘當遣還者爲奴，[1]免官。後被徵，以老疾致仕，卒。

[1]乾統：遼天祚帝耶律延禧年號（1101—1110）。

耶律那也字移斯辇，夷离堇蒲古只之後。[1]父斡嘗爲北剋，[2]從伐夏戰殁。季父趙三，始爲宿直官，累遷至北面林牙。咸雍四年拜北院大王，[3]改西南面招討使。[4]大康中西北諸部擾邊，[5]議欲往討，帝以爲非趙三不可，遂拜西北路招討使，兼行軍都統，[6]平之，以功復爲北院大王。

[1]夷离堇：契丹部族官名。源於突厥語官名“俟斤”（Irkin）。突厥各部的最高元首稱“可汗”（Qaghan），其他各部酋長則稱爲俟斤。初，契丹“其君大賀氏，有勝兵四萬，臣於突厥，以爲俟斤”（《新唐書》卷二一九《契丹傳》）。後，契丹首領自立爲可汗，其下所屬各部酋長則稱爲“俟斤”，亦即夷离堇。契丹立國後，大部族之夷离堇稱王，小部族之夷离堇則稱爲節度使。舉凡一部之軍政、民政皆由其統掌。參韓儒林《穹廬集》（上海人民出版社1982年版，第314—316頁）。

[2]父斡嘗爲北剋：【劉校】“嘗”原本作“常”，中華點校本作“嘗”，中華修訂本仍作“常”，今從中華點校本。據中華點校本校勘記，本書卷二〇《興宗本紀三》重熙十八年（1049）十月及卷一一五《西夏外記》並作“南剋耶律斡里”。

[3]咸雍：遼道宗耶律洪基年號（1065—1074）。

[4]西南面招討使：西南面招討司長官。駐西京大同（今山西省大同市），負責對西夏防務。

[5]大康：遼道宗耶律洪基年號（1075—1084）。

[6]都統：官名。唐乾元中，始以都統爲官名，總諸道征伐。後若調諸道兵馬會戰，多置此職，爲臨時軍事長官，不賜旄節，事解即罷。遼設諸路兵馬都統署司，下有諸路兵馬都統署，都統爲其長官。

那也敦厚才敏。上以其父斡死王事，九歲加諸衛小將軍，爲題里司徒，尋召爲宿直官。大康三年爲遙輦剋。[1]大安九年爲倒撻嶺節度使。[2]明年冬以北阻卜長磨古斯叛，與招討都監耶律胡呂率精騎二千往討，破之。那也薦胡呂爲漢人行宮副部署。壽隆元年復討達理得、拔思母等有功，[3]賜詔褒美，改烏古敵烈部統軍使，邊境以寧。部民乞留，詔許再任。乾統六年拜中京留守，[4]改北院大王，薨。

[1]遙輦剋：“剋”在此作部族官解。

[2]倒撻嶺：一作“倒塌嶺”。地近阻卜，故遼在此駐軍守護西路群牧。

[3]達理得、拔思母：【劉校】據中華點校本校勘記，原作“達里、拔思”，據本書本卷《蕭阿魯帶傳》改，“《紀》大安九年十月、十年二月達理得亦作達理底”。

[4]中京：遼五京之一。稱大定府，故址在今内蒙古自治區寧城縣大明鎮。

那也爲人廉介，長于理民，每有鬭訟，親覈曲直，不尚威嚴，常曰：“凡治人，本欲分別是非，何事迫憯以立名。”[1]故所至以惠化稱。

[1]迫懾（xié）："懾"，意爲膽怯，又意爲威脅，故"懾"同"脅"，此處即爲後者。中華點校本、修訂本徑改爲"脅"。

耶律何魯掃古字烏古鄰，孟父房之後。

重熙末補祗候郎君。[1]清寧初加安州團練使。[2]大康中歷懷德軍節度使、奚六部禿里太尉。[3]詔與樞密官措畫東北邊事，改左護衛太保。侍上言多率易，察無他腸，以故上優貸之。

[1]重熙：遼興宗耶律宗真年號（1032—1055）。

[2]安州：渤海國安邊府治所。故址在今俄羅斯濱海邊疆區奧耳加城。　團練使：軍官名。據《文獻通考》卷五九《職官考·團練使》，"唐肅宗乾元初置團練使、守捉使，大領十州，小者三五州。代宗時元載當國，令刺史悉帶團練"。

[3]懷德軍：遼代軍號。治恩州。據《欽定熱河志》卷六〇，遼恩州故址在大定縣恩化鎮（今內蒙古自治區喀喇沁旗東土城子）。《武經總要》前集卷一六下《戎狄舊地》：恩州，德光所建，本烏桓舊地。南至中京六十里，西至馬孟（盂）山六十里，西北曼頭山三十里，山地至宜坤州五十里，西南至上京二百五十里，北至高州百二十里。　奚六部：奚本來祗有五部，阿保機降伏五部奚之後設置墮瑰部，而成六部。詳本書卷三三《營衛志下·部族下》。

大安八年知西北路招討使事。[1]時邊部耶都刮等來侵，何魯掃古誘北阻卜酋豪磨古斯攻之，俘獲甚衆，以功加左僕射。[2]復討耶覩刮等，誤擊磨古斯，北阻卜由是叛命。遣都監張九討之，[3]不克，二室韋與六院部、特滿群牧、宮分等軍俱陷于敵。[4]何魯掃古不以實聞，坐是削官，決以大杖。

[1]"大康中"至"大安八年知西北路招討使事"：【劉校】據中華點校本校勘記，"大安"二字原脱。按何魯掃古，"《紀》《屬國表》亦作阿魯掃古，大康中未任西北路官職，惟《紀》《表》大安九年三月，並有西北路招討使耶律阿魯掃古追磨古斯還，八年應是大安八年，據補。官名互歧，或有遷升"。

[2]左僕射：唐官名。唐不設尚書令，最初以左、右僕射與中書令、侍中同爲宰相。中宗以後，不加同中書門下平章事者即不爲宰相。遼襲唐制，爲南面官。

[3]張九：即蕭張九。【劉校】據中華點校本校勘記，"見《紀》大安九年三月及《屬國表》"。

[4]室韋：部族名。北魏始見於記載，分佈於今黑龍江、嫩江流域，唐時分爲許多部。契丹立國之後，多爲其役屬。　六院部：太祖析迭剌部爲五院部和六院部。太宗會同元年（938）改夷离堇爲大王。北院大王和南院大王即是五院部和六院部的首領。　群牧：契丹專門管理畜群的機構。諸路設群牧使司，下設某群太保、某群侍中、某群敞史；朝廷設總典群牧使司，有總典群牧部籍使、群牧都林牙。以"群"爲單位設某群牧司，設群牧使、群牧副使。此外，還有衹管理馬及牛群的機構。遼亡之後，金稱契丹群牧爲"烏魯古"。　宮分軍：諸宮帳的軍隊。

壽隆間累遷惕隱兼侍中，[1]賜保節功臣。道宗崩，與宰相耶律儼總山陵事。[2]乾統中致仕，卒。

[1]惕隱：契丹官名。又稱梯里己，掌皇族政教。

[2]耶律儼（？—1113）：析津人（今北京市），字若思。本姓李氏。咸雍進士。壽昌初授樞密直學士。拜參知政事。修《皇朝實

録》七十卷。本書卷九八有傳。　山陵：帝、后的墳墓。《水經注》卷一九《渭水三》："秦名天子塚曰山，漢曰陵，故通曰山陵矣。"

　　耶律世良，小字幹，六院部人。才敏給，練達國朝典故及世譜。上書與族弟敵烈爭嫡庶，帝始識之。時北院樞密使韓德讓病，[1]帝問："孰可代卿?"德讓曰："世良可。"北院大王耶律室魯復問北院之選，德讓曰："無出世良。"統和末爲北院大王。

　　[1]韓德讓（942—1011）：韓匡嗣第四子。統和初年承天稱制，韓德讓以南院樞密使的身份"總宿衛事"。統和十七年（999）北院樞密使、魏王耶律斜軫病故，承天皇太后以韓德讓兼知北院樞密使事，至此，遼朝的蕃漢軍政大權就集於一身了。統和二十二年承天皇太后又賜韓德讓姓耶律，徙封晉王，並且仍舊爲大丞相，事無不統。次年十一月又詔德讓"出宮籍，屬於橫帳"。二十八年更名耶律隆運。【劉注】另據契丹小字《耶律（韓）高十墓誌銘》，韓德讓還有契丹語名字，其全名是 ⿰⿱六月⿱⿰⿺⿱⿱ 万夬 九⿰ 興寧·姚哥）。足見其"契丹化"的程度。

　　開泰初因大册禮，加檢校太尉、同政事門下平章事。[1]時邊部拒命，詔北院樞密使耶律化哥將兵、以世良爲都監往禦之。明年化哥還，將罷兵。世良上書曰："化哥以爲無事而還，不思師老粮乏，敵人已去，焉能久守? 若益兵，可克也。"帝即命化哥益兵，與世良追之。至安真河，[2]大破而還。自是邊境以寧。以功王岐，拜北院樞密使。

[1]檢校：職官制度用語。唐宋皆有檢校官，屬加官而非正授。太尉：【劉校】“太”原本作“大”，《羅校》謂：“‘太’，元本誤‘大’。”明抄本、南監本、北監本和殿本均作“太”。中華點校本、修訂本和補注本徑改。今從改。

[2]安真河：在西北部阻卜地區。據本書卷一五《聖宗本紀六》開泰二年（1013）秋七月“己酉，化哥等破阻卜酋長烏八之衆”。

　　三年命選馬馳于烏古部。會敵烈部人夷剌殺其酋長稍瓦而叛，鄰部皆應，攻陷巨母古城。[1]世良率兵壓境，遣人招之，降數部，各復故地。

[1]巨母古城：當是敵烈或烏古敵烈原有的城池。《中國歷史地名辭典》以爲在今内蒙古自治區滿洲里市東南。

　　四年伐高麗，爲副部署。都統劉慎行逗留失期，[1]執還京師，世良獨進兵。明年至北都護府，破追兵于郭州。[2]以暴疾卒。

[1]劉慎行：河間（今河北省河間市）人。官至北府宰相、監修國史。其子碬、端俱尚主，劉二玄又是遼聖宗之弟秦晉國王隆慶之妃的第三任丈夫。重熙七年（1038）十二月，慎行之子劉六符出任參知政事。曾多次出使宋朝，在與宋朝交涉中，以强硬著稱。本書卷八六有傳。

[2]郭州：其地在今朝鮮半島。《高麗史》卷四《顯宗世家》顯宗三年（遼統和三十年，1012），“（六月）甲子遣刑部侍郎田拱之如契丹夏季問候，且告王病不能親朝。丹主怒，詔取興化、通州、龍州、鐵州、郭州、龜州等六城”。按，此六州原係女真故地，

遼以之賜高麗。本書卷一五《聖宗本紀六》開泰二年（1013）十月有知高麗事之女真人建議："若大軍行由前路，取曷蘇館女直北，直渡鴨渌江，並大河而上，至郭州與大路會，高麗可取而有也。"

論曰：大之懷小也以德，制之也以威。德不足懷、威不足制而欲服人也難矣。化哥利俘獲而諸蕃不附，何魯掃古誤擊磨古斯而阻卜叛命，是皆喜於一旦之功而不圖後日之患，庸何議焉。若斡臘之戒深入，速撒之務安集，亦鐵中之錚錚者邪！

（李錫厚注　劉鳳翥校）

遼史　卷九五

列傳第二十五

耶律弘古　　耶律馬六　　蕭滴冽　　耶律適禄　　耶律陳家奴
耶律特麼　　耶律仙童　　蕭素颯　　耶律大悲奴[1]

　　[1]"耶律弘古"至"耶律大悲奴":【劉校】原本、明抄本、
南監本無,據北監本和殿本補。

　　耶律弘古字胡篤菫,樞密使化哥之弟。[1]統和間累
遷順義軍節度使,[2]入爲北面林牙。[3]太平元年加同政事
門下平章事,[4]出爲彰國軍節度使兼山北道兵馬都部
署,[5]徙武定軍節度使。[6]六年拜惕隱。[7]討阻卜有功。[8]
聖宗嘗刺臂血與弘古盟爲友,禮遇尤異,拜南府宰
相,[9]改上京留守。[10]

　　[1]樞密使:官名。樞密院之首長。遼有北、南樞密院,爲遼
朝的實際宰輔機構,分別總領北、南面官。北樞密院又稱契丹樞密
院,掌軍事、部族。南樞密院又稱漢人樞密院,掌漢人州縣之事。
　　化哥:即耶律化哥。字弘隱,孟父楚國王之後。統和十六年

（998）侵宋爲先鋒，以功遷南院大王，尋改北院樞密使。開泰間伐阻卜過程中掠阿薩蘭回鶻，諸蕃由此不附。聖宗使按之，削王爵。本書卷九四有傳。

[2]統和：遼聖宗耶律隆緒年號（983—1012）。　順義軍：遼代軍號。治朔州（今山西省朔州市）。

[3]林牙：契丹官名。掌文翰，相當於翰林學士。

[4]太平：遼聖宗耶律隆緒年號（1021—1031）。　同政事門下平章事：即同中書門下平章事。唐制，大臣中有此名義者即爲事實上的宰相。遼襲唐制，在分設北南面官之後，以同中書門下平章事爲南面宰相。

[5]彰國軍：遼代軍號。治應州（今山西省應縣）。　山北道：唐稱新、嬀、儒、武等州爲"山北"，又稱"山後"。

[6]武定軍：遼代軍號。治奉聖州（今河北省涿鹿縣）。

[7]惕隱：契丹官名。又稱梯里己，掌皇族政教。　六年拜惕隱：【劉校】據中華點校本校勘記，"拜惕隱"三字原錯於"六年"之上，"據《紀》太平六年四月改"。今從改。

[8]阻卜：即達旦、韃靼。元人諱言達旦，而稱達旦爲阻卜。詳王國維《觀堂集林》卷一四《達旦考》。

[9]南府宰相：契丹部族官名。契丹可汗之下有北、南二府，各部族則分屬二府，故北宰相亦稱北府宰相，南宰相亦稱南府宰相。

[10]上京：遼五京之一。前期都城，稱臨潢府，故址在今内蒙古自治區巴林左旗林東鎮波羅城。

　　重熙六年遷南院大王，[1]御製誥辭以寵之。十二年加于越。[2]帝閔其勞，復授武定軍節度使，卒。訃聞，上哭曰："惜哉善人!"喪至，親臨奠焉。

[1]重熙：遼興宗耶律宗真年號（1032—1055）。 南院大王：契丹官名。遼太祖析迭剌部爲五院部和六院部。北院大王和南院大王即是五院部和六院部的首領。

[2]十二年：【劉校】據中華點校本校勘記，“二”原誤作“三”。按本書卷一九《興宗本紀二》重熙十二年（1043）八月，“于越耶律洪古薨”。洪古即弘古，據改。今從。 于越：契丹語官名。爲契丹貴官，非有大功德者不授。位在北、南院大王之上。

耶律馬六，字揚隱，孟父楚國王之後。[1]性寬和，善諧謔，親朋會遇，一坐盡傾。恬于榮利，與耶律弘古爲刺血友。[2]弘古爲惕隱，薦補宿直官，重熙初遷旗鼓挦剌詳穩。[3]爲人畏慎容物，或有面相陵折者，恬然若弗聞。不臧否世務，以故上益親狎。三年遷崇德宮使，[4]爲惕隱，[5]御制誥辭以褒之。拜北院宣徽使，[6]寵遇過宰輔，帝常以兄呼之。改遼興軍節度使，[7]卒，年七十。子奴古達終南京宣徽使。

[1]孟父楚國王：耶律阿保機的伯父巖木，見本書卷六六《皇族表》。契丹以玄祖之後爲皇族，分爲三房：孟父房、仲父房和季父房。

[2]刺血友：結盟、結社。顧炎武《日知錄》卷二三《社》：“《元史·泰定帝紀》‘禁饑民結扁擔社，傷人者杖一百。’不知後之士人何取而名此也。天啓以後士子書刺往來，社字猶以爲汎，而曰盟、曰社盟。此《遼史》之所謂刺血友也。”

[3]挦剌：契丹語“走卒”謂之“挦剌”，後爲軍官名。有掌旗鼓者，稱“旗鼓挦剌”，還有專司偵候、探報等職者。 詳穩：遼朝軍官名。元帥府下設大詳穩司。本書卷一一六《國語解》：

"詳穩，諸官府監治長官。""詳穩"即漢語"將軍"的轉譯。【劉注】"詳穩"即漢語"將軍"的轉譯的説法似有值得商榷之處。在契丹小字中，"詳穩"作〔契丹字〕，"將軍"作〔契丹字〕，或〔契丹字〕、〔契丹字〕；在契丹大字中，"詳穩"作〔契丹字〕，"將軍"作〔契丹字〕。"詳穩"不是漢語"將軍"的轉譯，而是音譯的契丹語，契丹語中"將軍"是漢語借詞。

[4]崇德宮：承天皇太后宮分。

[5]三年遷崇德宮使，爲惕隱：【劉校】據中華點校本校勘記，本書卷一八《興宗本紀一》重熙五年（1036）四月，以崇德宮使耶律馬六爲惕隱。

[6]宣徽使：遼朝官名。遼設北、南宣徽，分隷北、南樞密院之下。宣徽北院使常執行軍事使命。此外，宣徽使還掌領朝會、宴饗、禮儀、祭祀及御前祗應之事。

[7]遼興軍：遼代軍號。治平州（今河北省盧龍縣）。

　　蕭滴冽，字圖寧，遙輦鮮質可汗宮人。[1]重熙初遙攝鎮國軍節度使。[2]六年奉詔使宋，[3]傷足而跛，不告遂行，帝怒。及還，決以大杖，降同簽南京留守事。[4]遙授靜江軍節度使，[5]歷群牧都林牙，[6]累遷右夷离畢。[7]以才幹見任使。

[1]遙輦鮮質可汗宮人：【劉校】據中華點校本校勘記，"宮"下疑脱"分"字。

[2]鎮國軍：唐、五代方鎮名。治華州（今陝西省渭南市華州區），另外陝州（今河南省三門峽市陝州區）也設鎮國軍。此兩地均不在遼境。

[3]奉詔使宋：蕭滴冽不見諸宋朝方面記載。

[4]南京：遼五京之一。故址在今北京市。

[5]靜江軍：唐、五代方鎮名。治桂州（今廣西壯族自治區桂林市）。因其不在遼朝境内，爲遙授。

[6]群牧：契丹有專門機構管理畜群，這類機構稱“群牧”。諸路設群牧使司，下設某群太保、某群侍中、某群敵史；朝廷設總典群牧使司，有總典群牧部籍使、群牧都林牙。以“群”爲單位設某群牧司，設群牧使、群牧副使。此外，還有僅管理馬及牛群的機構。遼亡之後，金稱契丹群牧爲“烏魯古”。

[7]夷离畢：遼官名。爲執政官，相當於副宰相參知政事。後來官分南、北，北面官有夷离畢院，主要掌刑政。

會車駕西征，元昊乞降，[1]帝以前後反覆，遣滴冽往覘誠否，因爲元昊陳述禍福，聽命乃還。拜北院樞密副使，出爲中京留守。[2]十九年改西京留守，[3]卒。

[1]元昊（1003—1048）：即李元昊。小字嵬理，後更名曩霄，李德明長子。1031年，李德明死後嗣位，宋授爲定難軍節度、夏銀綏宥靜等州觀察處置押蕃落使、西平王。遼封爲夏國王。宋寶元元年（1038）十月更名曩霄，建國號大夏，年號天授禮法延祚，自稱皇帝。進表宋朝，要求承認建國稱帝的既成事實，雙方隨即發生戰爭。七年後雙方重新媾和。西夏國主稱臣，宋朝同意每年給予銀、絹、茶、綵共二十五萬五千兩、匹、斤。夏宋媾和，夏遼矛盾隨之激化。西夏景宗與遼興平公主婚後失和，再加這時遼境内的党項部落多叛附西夏，糾紛益形擴大。遼興宗親征西夏，遭遇失敗。從此夏、宋、遼三方鼎峙的局勢形成。死後謚武烈皇帝，廟號景宗，陵號泰陵。

[2]中京：遼五京之一。稱大定府，故址在今内蒙古自治區寧城縣大明鎮。

[3]西京：遼五京之一。故址在今山西省大同市。

耶律適禄字撒懶。清寧初爲本班郎君，[1] 稍遷宿直官。

[1]清寧：遼道宗耶律洪基年號（1055—1064）。郎君：即
"舍利"，契丹官名。本書卷一一六《國語解》："契丹豪民要裹頭巾
者，納牛駝十頭，馬百匹，乃給官名曰舍利。"

乾統中從伐阻卜有功，[1] 加奉宸。歷護衛太保，改
弘義宮副使。[2] 時上京梟賊趙鍾哥跋扈自肆，適禄擒之，
加泰州觀察使，[3] 爲達魯虢部節度使。[4]

[1]乾統：遼天祚帝耶律延禧年號（1101—1110）。
[2]弘義宮：遼太祖阿保機宮分。
[3]泰州：州名。治所在今吉林省白城市東南。
[4]達魯虢部：活動於上京東北部的部族。

天慶中知興中府，[1] 加金吾衛上將軍。爲盜所殺。

[1]天慶：遼天祚帝耶律延禧年號（1111—1120）。興中府：
遼六府之一。治所在今遼寧省朝陽市。

耶律陳家奴字綿辛，懿祖弟葛剌之八世孫。[1]

[1]懿祖：遼太祖耶律阿保機曾祖父薩拉德的廟號。重熙二十
一年（1052）七月追封。

重熙中補牌印郎君，坐直日不至，降本班。會帝獵，陳家奴逐鹿圍内，鞭之二百。時耶律仁先薦陳家奴健捷比海東青鶻，[1]授御盞郎君。[2]歷鷹坊、尚厩、四方館副使，[3]改徒魯古皮室詳穩。[4]會太后生辰，進詩獻馴鹿，太后嘉獎，賜珠二琲，雜綵二百段。兄撒鉢卒，陳家奴聞訃不告而去，帝怒，鞭之。

[1]耶律仁先（1012—1072）：契丹皇族。孟父房之後。清寧初爲南院樞密使。九年（1063），重元謀逆，仁先受命討賊。事後，加尚父，進封宋王，爲北院樞密使。本書卷九六有傳。　海東青鶻：猛禽。能擊殺天鵝。今俄羅斯遠東地區以東大海盛産珍珠，天鵝食蚌，珍珠藏於蚌嗉内。契丹人放出海東青鶻擊殺天鵝，獲取珍珠。

[2]御盞郎君：掌管茶、酒盃的郎君。

[3]四方館：官署名。隋置四方館，對東西南北四方少數民族，各設使者一人，掌管往來及互相貿易等事，隸屬鴻臚寺。唐以通事舍人主管，隸屬中書省。宋置四方館使，掌管文武官朝見辭謝，國祭賜香及諸道元日、冬至、朔旦、慶賀章表、郊祀、朝蕃官、貢舉人、進奉使、京官、致仕官、道釋、父老陪位等事。其職務與隋唐不同。遼的四方館，當是倣宋制。

[4]皮室：契丹軍名。"皮室"意爲"金剛"。初爲阿保機所置，稱"腹心部"。後有南、北、左、右皮室及黄皮室等，皆掌精甲。

清寧初累遷右夷离畢。適帝與燕國王射鹿俱中，[1]王時年九歲，帝悦，陳家奴應制進詩。帝喜，解衣以賜。後皇太子廢，[2]帝疑陳家奴黨附，罷之。

[1]燕國王：遼封爵名。【劉注】此處的燕國王當指遼道宗的太子耶律濬的封號，非指天祚帝耶律延禧即位前的封號。

[2]皇太子：即昭懷太子耶律濬（1055—1077）。道宗長子，天祚帝生父。大康三年（1077）被廢，隨即被耶律乙辛殺害。九年追謚昭懷太子。本書卷七二有傳。

時西北諸部寇邊，以陳家奴爲烏古部節度使行軍都監，[1]賜甲一屬、馬二疋，討諸部，擒其酋送于朝。偵候者見馬蹤，意寇至，陳家奴遣報元帥，耶律愛奴視之曰：“此野馬也!”將出獵，賊至，愛奴戰殁。有司詰案，陳家奴不伏，詔釋之。由是感激，每事竭力。後諸部復來侵，陳家奴率兵三往，皆克，邊境遂寧。

[1]烏古：部族名。又稱嫗厥律、于厥律，居契丹西北。

以老告歸，不從。道宗崩，爲山陵使，[1]致仕。年八十卒。

[1]山陵使：官名。唐代始置。遼、宋襲之。掌議帝后陵寢制度，監造帝后陵寢。山陵，帝、后的墳墓。《水經注》卷一九《渭水三》：“秦名天子塚曰山，漢曰陵，故通曰山陵矣。”

耶律特麼，季父房之後。重熙間爲北剋，累遷六部禿里太尉。[1]

[1]累遷六部禿里太尉：【劉校】據中華點校本校勘記，本書卷四六《百官志二》：“奚六部在朝曰奚王府，有二常袞，有二宰

相，又有吐里太尉。"禿里太尉即吐里太尉，六部疑應作奚六部。

大安四年爲倒撻嶺節度使。[1]頃之，爲禁軍都監。是冬，討磨古斯，斬首二千餘級。十年復討之。既捷，授南院宣徽使。壽隆元年爲北院大王。[2]四年知黃龍府事，[3]薨。

[1]倒撻嶺：一作"倒塌嶺"。地近阻卜，故遼在此駐軍守護西路群牧。

[2]壽隆：遼道宗耶律洪基年號（1095—1101）。據遼代碑刻和錢幣，此年號本爲"壽昌"。元代修《遼史》時誤書爲"壽隆"。【劉注】據中華修訂本前言，此係陳大任《遼史》避金欽慈皇后"壽昌"諱而改，後爲元修《遼史》所承襲。

[3]黃龍府：遼六府之一。治所在今吉林省農安縣。

耶律仙童，仲父房之後。[1]重熙初爲宿直官，累遷惕隱、都監。以寬厚稱。

[1]仲父房：皇族中阿保機伯父釋魯一系。據本書卷四五《百官志一》："玄祖伯子麻魯無後，次子巖木之後曰孟父房；叔子釋魯曰仲父房；季子爲德祖，德祖之元子是爲太祖天皇帝，謂之橫帳；次曰剌葛，曰迭剌，曰寅底石，曰安端，曰蘇，皆曰季父房。"

蒲奴里叛，仙童爲五國節度使率師討之，[1]擒其帥陶得里。又擊烏隗叛，[2]降其衆，改彰國軍節度使，拜北院大王。清寧二年，知黃龍府事，遷侍衛親軍馬步軍都指揮，[3]歷忠順、武定二軍節度使。[4]致仕封蔣國公。

咸雍初徙封許國，[5]卒。

[1]五國：即五國部。遼東北部族名。越里篤、剖阿里、奧里米、蒲奴里和越里吉統稱五國部。

[2]烏隗：部族名。據本書卷三三《營衛志下·部族下》，烏隗部亦稱奧隗部，是契丹古老的部族組織。此外，契丹還有乙室奧隗部和楮特奧隗部，均係以所俘奚人設置。都活動於東京轄區。

[3]侍衛親軍馬步軍都指揮：遼南京有侍衛親軍馬步軍都指揮使司，是漢軍的指揮機構，其長官爲侍衛親軍馬步軍都指揮使。

[4]忠順軍：遼代軍號。治蔚州（今河北省蔚縣）。

[5]咸雍：遼道宗耶律洪基年號（1065—1074）。

蕭素颯字特免，五院部人。[1]重熙間始仕，累遷北院承旨，彰愍宮使。[2]

[1]五院部：契丹部族名。天贊元年（922）以迭剌部強大難制，析五石烈爲五院，六爪爲六院，各置夷离堇。會同元年（938）更夷离堇爲大王，部隸北府，以鎮南境。

[2]彰愍宮：遼景宗耶律賢宮分。

清寧初，歷左皮室詳穩、右夷离畢。咸雍五年剖阿里部叛，素颯討降之，率其酋長來朝。帝嘉其功，徙北院林牙，改南院副部署，卒。

子謀魯斡字回璉，初補夷离畢郎君，遷文班太保。[1]大康中改南京統軍使，[2]爲右夷离畢。與樞密使耶律阿思論事不合，[3]見忌，出爲馬群太保。北部來侵，謀魯斡破之，以功遷同知烏古敵烈統軍，仍許便宜行事。後以讒毁，降領西北路戍軍，復爲馬群太保，卒。

[1]文班太保：【靳注】官名。遼太祖置。爲文班司長官。屬北面官。

[2]大康：遼道宗耶律洪基年號（1075—1084）。

[3]耶律阿思（1034—1108）：【劉注】字撒班。據漢字《耶律祺墓誌銘》殘石和契丹大字《耶律祺墓誌銘》，阿思爲契丹大字小名**正釆**的音譯，確切的譯法應爲“阿思里”，第二個名爲**冄丙**（撒班），漢名爲祺。清寧初，補祗候郎君。重元之亂，與護衛蘇射殺涅魯古，賜號靖亂功臣，徙契丹行宮都部署。壽昌元年（1095），爲北院樞密使，監修國史。道宗崩，受顧命，加于越。受略，包庇乙辛黨人。卒於乾統八年（1108）正月二十三日，享年七十五歲。本書卷九六有傳。

　　耶律大悲奴字休堅，王子班聶里古之後。

　　大康中歷永興、延昌宮使，[1]右皮室詳穩。會阻卜叛，奉詔招降之。壽隆二年拜殿前都點檢。[2]乾統初歷上京留守、惕隱，復爲都點檢，改西南面招討使。[3]請老，不許。天慶中留守上京，領北南樞密院點檢中丞諸司等事。以彰國軍節度使致仕，卒。大悲奴舉止馴雅，好禮儀，爲時人所稱。

[1]延昌宮：穆宗所置宮分。

[2]殿前都點檢：後周世宗設置殿前司，以都點檢、副都點檢爲正副長官，位在都指揮使之上，爲禁軍統帥。宋初廢。遼設殿前都點檢，爲南面軍官，當係模倣後周制。

[3]西南面招討使：西南面招討司長官。駐西京大同（今山西

省大同市），負責對西夏防務。

論曰：遼自神册而降，席富彊之勢，内修法度，外事征伐，一時將帥震揚威靈，風行電埽，討西夏，[1]征党項，[2]破阻卜，平敵烈。諸部震懾，聞鼙鼓而膽落股弁，斯可謂雄武之國矣。其戰勝攻取，必有奇謀秘計神變莫測者，將前史所載，未足以發之邪？抑天之所授，衆莫與爭而能然邪？雖然，兵者凶器，可戢而不可玩；爭者末節，可遏而不可召。此黄石公所謂柔能制剛，[3]弱能制彊也。又況乎仁者之無敵哉。遼之君臣智足守此，金人果能乘其敝而躪其後乎？是以於耶律弘古輩諸將，不能無慨然也。

[1]西夏：即夏國（1038—1227），是以党項民族爲主體建立的政權。公元1038年，元昊叛宋稱帝，建立大夏王朝，傳十代，至1227年爲蒙古所滅。元昊稱帝以前，其作爲北宋境内的地方割據政權，已經具有獨立性。故遼亦稱之爲夏國或西夏。

[2]党項：中國古代族名。又稱党項羌，唐以後主要活動於靈、慶、銀、夏等州，即今甘肅、寧夏、陝西和内蒙古等省區交界地區。

[3]黄石公：《史記·留侯世家》所載傳説人物。據稱張良微時遇一老者，"出一編書，曰：'讀此則爲王者師矣。後十年興。十三年孺子見我濟北，榖城山下黄石即我矣。'遂去，無他言，不復見。旦日視其書，乃太公兵法也"。《史記正義》引七録云："太公兵法一袠三卷。太公，姜子牙，周文王師，封齊侯也。"

（李錫厚注　劉鳳翥校）

遼史　卷九六

列傳第二十六

耶律仁先　撻不也　耶律良　蕭韓家奴　蕭德　蕭惟信
蕭樂音奴　耶律敵烈　姚景行　耶律阿思[1]

　　[1]"耶律仁先"至"耶律阿思"：【劉校】原本、明抄本、南
監本無，據北監本和殿本補。

　　耶律仁先字糺鄰，小字查剌，孟父房之後。[1]父瑰
引南府宰相，[2]封燕王。

　　[1]孟父房：契丹以玄祖之後爲皇族，分爲三房：孟父房、仲
父房和季父房。本書卷四五《百官志一》："玄祖伯子麻魯無後，次
子巖木之後曰孟父房。"【劉注】孟父房之後，據漢字《耶律仁先
墓誌銘》謂："遠祖曰仲父述剌·實魯，于越，即第二橫帳。太祖
皇帝之諸父也。"述剌·實魯即述瀾·釋魯。可知，耶律仁先祖輩
不屬孟父房，而屬仲父房。
　　[2]父瑰引：【劉注】據契丹小字《梁國王墓誌銘》，"瑰引"
爲契丹語小名九火南的音譯，又作"鄶引"。其第二個名爲图为出（查剌
梶）。　南府宰相：契丹部族官名。契丹可汗之下有北、南二府，

各部族則分屬二府，故北宰相亦稱北府宰相，南宰相亦稱南府宰相。

仁先魁偉爽秀，有智略。重熙三年補護衛。[1]帝與論政，才之。仁先以不世遇，言無所隱，授宿直將軍。[2]累遷殿前副點檢，[3]改鶴剌唐古部節度使，[4]俄召爲北面林牙。[5]

[1]重熙：遼興宗耶律宗真年號（1032—1055）。

[2]宿直將軍：遼北面御帳官有宿直司，掌輪直官員宿直之事。宿直將軍隸屬該司。

[3]殿前副點檢：後周世宗設置殿前司，以都點檢、副都點檢爲正副長官，位在都指揮使之上，爲禁軍統帥。宋初廢。遼設殿前都點檢，副點檢爲南面軍官，當係模倣後周制。

[4]鶴剌唐古部：遼朝西南部的吐蕃族之一部。聖宗時有匿訖唐古部、北唐古部、南唐古部、鶴剌唐古部等。大石西行所歷諸部中也有唐古部。詳本書卷三三《營衛志下·部族下》。

[5]林牙：契丹官名。掌文翰，相當於翰林學士。

十一年陞北院樞密副使。時宋請增歲幣銀絹以償十縣地產，[1]仁先與劉六符使宋，[2]仍議書“貢”，宋難之。仁先曰：“曩者石晉報德本朝，割地以獻，周人攘而取之，是非利害灼然可見。”宋無辭以對。乃定議增銀絹十萬兩、匹，仍稱“貢”。[3]既還，同知南京留守事。[4]

[1]十縣地產：《九朝編年備要》卷一一宋仁宗慶曆二年

（1042）二月載："契丹遣其臣蕭英、劉六符來求石晉所割瓦橋關十縣。其書略曰‘李元昊於北朝問我甥舅之親，設罪合致討，曷不以一介爲報？況營築長堤、填塞隘路、歸決塘水、添置邊軍，既稔猜疑，慮隳信睦。倘思久好，共遣疑懷，以晉陽舊附之區、關南元割之縣見歸敝國，共康黎元。’初有涿州進士梁濟世嘗主文書遼帳下，一日得罪來歸，言彼將有割地之請。又知雄州杜推序亦先得其事以聞。至是上發書示輔臣，色皆不動，六符亦疑其書之先漏。"

［2］劉六符（？—1055）：劉慎行之子。重熙初遷政事舍人，擢翰林學士。十一年（1042）與宣徽使蕭特末使宋索十縣地，還，爲漢人行宮副部署。會宋遣使增歲幣以易十縣，復與耶律仁先使宋，還，加同中書門下平章事。及宋幣至，命其爲三司使以受之。本書卷八六有傳。

［3］仍稱"貢"：此説與史實不符。據《宋史》卷一三三《富弼傳》：弼歸復命，復持二議及受口傳之詞於政府以往。行次樂壽，謂副使張茂實曰："吾爲使者而不見國書，脱書詞與口傳異，吾事敗矣。"啓視果不同，即馳還都，以晡時入見，易書而行。及至，契丹不復求婚，專欲增幣，曰："南朝遺我之辭當曰‘獻’，否則曰‘納’。"弼爭之，契丹主曰："南朝既懼我矣，於二字何有？若我擁兵而南，得無悔乎！"弼曰："本朝兼愛南北，故不憚更成，何名爲懼？或不得已至於用兵，則當以曲直爲勝負，非使臣之所知也。"契丹主曰："卿勿固執，古亦有之。"弼曰："自古唯唐高祖借兵於突厥，當時贈遺，或稱獻納。其後頡利爲太宗所擒，豈復有此禮哉！"弼聲色俱厲，契丹知不可奪，乃曰："吾當自遣人議之。"復使劉六符來。弼歸奏曰："臣以死拒之，彼氣折矣，可勿許也。"朝廷竟以"納"字與之。

［4］南京：遼五京之一。故址在今北京市。

十三年伐夏，[1]留仁先鎮邊。未幾召爲契丹行宮都部署,[2]奏復王子班郎君及諸宮雜役。十六年遷北院大王,[3]奏今兩院户口殷庶,乞免他部助役,[4]從之。十八年再舉伐夏,仁先與皇太弟重元爲前鋒。[5]蕭惠失利于河南,[6]帝猶欲進兵,仁先力諫乃止。後知北院樞密使,遷東京留守。[7]女直恃險,[8]侵掠不止,仁先乞開山通道以控制之,邊民安業。封吳王。

[1]夏：即夏國（1038—1227），是以党項民族爲主體建立的政權。公元 1038 年，元昊叛宋稱帝，建立大夏王朝，傳十代，至 1227 年爲蒙古所滅。元昊稱帝以前，其作爲北宋境内的地方割據政權，已經具有獨立性。故遼亦稱之爲夏國或西夏。

[2]契丹行宮都部署：遼北面行宮官。遼在北南面官系統中，分別設契丹行宮都部署和漢人行宮都部署，其上則有諸行宮都部署。行宮都部署完全是做中原王朝官制設置的，它不同於專管斡魯朵事務的某宮都部署的宮官。宋朝皇帝巡幸亦有行宮，且亦有行宮都部署之設。後避英宗趙曙名諱，改稱行宮都總管。

[3]北院大王：契丹官名。北院大王和南院大王即是五院部和六院部的首領，握有兵權。

[4]乞免他部助役：要求免除對"兩院"的服役。"兩院"是指五院部和六院部，亦稱北、南院，原爲一部——迭剌部，耶律阿保機即出自該部。後因强大難制，分而爲二。因其地位特殊，其他部族要爲其服役，故有"助役"之説。

[5]皇太弟重元（1021—1063）：原稱宗元，因避興宗諱，改重元，小字孛吉只，亦作孛己只，聖宗次子。太平三年（1023）封秦國王。聖宗死後，欽愛皇后稱制，曾密謀立重元。重元以所謀告於興宗，封爲皇太弟。賜以金券誓書。道宗即位，册爲皇太叔，爲天下兵馬大元帥，復賜金券。清寧九年（1063）與其子涅魯古謀亂，失敗自殺。本書卷一一二有傳。

[6]蕭惠（982—1056）：契丹外戚，淳欽皇后弟阿古只五世
孫。興宗即位，出任西南面招討使，加開府儀同三司、檢校太師兼
侍中，封鄭王。贊成復取三關，與太弟帥師壓宋境，迫使宋朝增歲
幣請和。惠以首事功，進王韓。本書卷九三有傳。

[7]東京：遼五京之一。故址在今遼寧省遼陽市。

[8]女直：部族名。本作“女真”，因避遼興宗宗真名諱，改
稱“女直”。遼時居東北地區東部。其在南者入遼籍，稱“熟女
真”或“合蘇館女真”；在北者不入遼籍，稱“生女真”。

清寧初爲南院樞密使。[1]以耶律化哥譖，[2]出爲南京
兵馬副元帥，守太尉，更王隋。六年復爲北院大王，民
歡迎數百里，如見父兄。時北、南院樞密官涅魯古、蕭
胡覩等忌之，[3]請以仁先爲西北路招討使。[4]耶律乙辛奏
曰：“仁先舊臣，德冠一時，不宜補外。”[5]復拜南院樞
密使，更王許。

[1]清寧：遼道宗耶律洪基年號（1055—1064）。

[2]耶律化哥：字弘隱，孟父楚國王之後。統和十六年（998）
侵宋爲先鋒，以功遷南院大王，尋改北院樞密使。開泰間伐阻卜過
程中掠阿薩蘭回鶻，諸蕃由此不附。聖宗使按之，削王爵。本書卷
九四有傳。

[3]涅魯古（？—1063）：耶律重元之子。有傳附本書卷一一
二《耶律重元傳》後。　蕭胡覩（？—1063）：遼外戚，字乙辛。
重熙中尚秦國長公主，授駙馬都尉，以不諧離婚，復尚齊國公主，
爲北面林牙。清寧中歷北、南院樞密副使，清寧九年（1063）七月
參與重元叛亂，失敗投水死。五子，同日誅之。本書卷一一四
有傳。

[4]西北路招討使：遼朝官名。西北路招討司的最高長官。該

機構是遼朝統治漠北屬部的最高軍政機構，又稱西北路都招討司。

[5]耶律乙辛（？—1083）：五院部人。字胡覩衮。重熙中爲文班吏。道宗清寧五年爲南院樞密使，改知北院，封趙王。九年重元亂平，拜北院樞密使，進封魏王。咸雍五年（1069）加守太師。詔四方有軍旅，許以便宜從事，勢震中外。大康元年（1075）誣皇后蕭觀音致死，三年又害死太子耶律濬。七年冬坐以禁物鬻入外國，幽於來州。九年謀奔宋及私藏兵甲事發，伏誅。本書卷一一〇有傳。

九年七月上獵太子山，[1]耶律良奏重元謀逆，帝召仁先語之，仁先曰：“此曹兇狠，臣固疑之久矣。”帝趣仁先捕之。仁先出，且曰：“陛下宜謹爲之備！”未及介馬，重元犯帷宮。帝欲幸北、南院，仁先曰：“陛下若舍扈從而行，賊必躡其後，且南、北大王心未可知。”仁先子撻不也曰：“聖意豈可違乎？”仁先怒，擊其首。帝悟，悉委仁先以討賊事。乃環車爲營，拆行馬作兵仗，[2]率官屬、近侍三十餘騎陣柢栢外。[3]及交戰，賊衆多降。涅魯古中矢墮馬，擒之，重元被傷而退。仁先以五院部蕭塔剌所居最近，亟召之，分遣人集諸軍。黎明，重元率奚人二千犯行宮，[4]蕭塔剌兵適至。仁先料賊勢不能久，竢其氣沮攻之。乃背營而陣，乘便奮擊，賊衆奔潰，追殺二十餘里，重元與數騎遁去。帝執仁先手曰：“平亂皆卿之功也。”加尚父，進封宋王，爲北院樞密使，親製文以褒之，詔畫《灤河戰圖》以旌其功。[5]

[1]九年七月：【劉校】中華點校本校勘記云，"九年"二字原脫，"據《紀》清寧九年七月補"。今從。

[2]行馬：俗稱鹿角，攔阻人馬通行的木架。

[3]近侍：皇帝身邊的奴僕。　柢（dǐ）栢（hù）：即行馬。

[4]行宫：亦稱行帳，即遼代皇帝轉徙隨行的車帳組成的朝廷，契丹語稱"捺鉢"，遼中葉逐漸形成"四時捺鉢"制度。

[5]灤河：發源於河北省張家口市境內，流經該省北部，至灤州市、樂亭縣分道入海。

咸雍元年加于越，[1]改封遼王，與耶律乙辛共知北院樞密事。乙辛恃寵不法，仁先抑之，由是見忌，出爲南京留守，改王晉。恤孤惸，禁姦慝，宋聞風震服。議者以爲自于越休哥之後，[2]惟仁先一人而已。

[1]咸雍：遼道宗耶律洪基年號（1065—1074）。

[2]于越：契丹語官名。爲契丹貴官，非有大功德者不授。位在北、南院大王之上。　休哥（？—998）：即耶律休哥。字遜寧。出身皇族，應曆末爲惕隱。乾亨元年（979）與耶律斜軫分左右翼，擊敗宋軍於高梁河。是年冬休哥率本部兵從韓匡嗣等戰於滿城。匡嗣敗績。休哥整兵進擊，敵乃却。詔總南面戍兵，爲北院大王。聖宗即位，太后稱制，令休哥總南面軍務，多有戰功。統和四年（986）封宋國王。本書卷八三有傳。

阻卜塔里干叛命，[1]仁先爲西北路招討使，賜鷹紐印及劍。[2]上諭曰："卿去朝廷遠，每俟奏行，恐失機會，可便宜從事。"仁先嚴斥候，扼敵衝，懷柔服從，庶事整飭。塔里干復來寇，仁先逆擊，追殺八十餘里。

大軍繼至，[3]又敗之。別部把里斯、禿没等來救，見其屢挫，不敢戰而降。北邊遂安。

八年卒，年六十，遺命家人薄葬。弟義先、信先，俱有傳。子撻不也。

[1]阻卜：即達旦、韃靼。元人諱言達旦，而稱達旦爲阻卜。詳王國維《觀堂集林》卷一四《達旦考》。

[2]鷹紐印：又稱朽宨印。遼代皇帝賜給將帥調發軍馬的信物。朽宨義爲鷹，印紐作鷹鶻形，取迅疾之義，故名。

[3]大軍繼至：【劉校】"至"原本誤作"室"，《初校》謂："'至'，《百》作'室'，非。"明抄本、南監本、北監本和殿本均作"至"。中華點校本、修訂本和補注本徑改。今從。

撻不也字胡獨菫。清寧二年補祇候郎君，累遷永興宮使。[1]以平重元之亂，遙授忠正軍節度使，[2]賜定亂功臣，同知殿前點檢司事。[3]歷高陽、臨海二軍節度使、左皮室詳穩。[4]

[1]永興宮：太宗德光宮分。

[2]忠正軍：遼代軍號。治壽州（今安徽省壽縣），不在遼境內。爲遙授。

[3]殿前點檢司：後周世宗設置殿前司，以都點檢、副都點檢爲正副長官，位在都指揮使之上，爲禁軍統帥。宋初廢。遼設殿前都點檢，爲南面軍官，當係模倣後周制。

[4]高陽軍：遼代軍號。治易州（今河北省易縣）。　臨海軍：遼代軍號。治滄州（今河北省滄州市），不在遼境內。　皮室：契丹軍名。"皮室"意爲"金剛"。初爲阿保機所置，稱"腹心部"。

後有南、北、左、右皮室及黄皮室等，皆掌精甲。 詳穩：遼朝軍官名。元帥府下設大詳穩司。本書卷一一六《國語解》："詳穩，諸官府監治長官。""詳穩"即漢語"將軍"的轉譯。【劉注】"詳穩"即漢語"將軍"的轉譯的説法似有值得商榷之處。在契丹小字中，"詳穩"作□，"將軍"作□ □，或□ □、□ □；在契丹大字中，"詳穩"作□，"將軍"作□□。"詳穩"不是漢語"將軍"的轉譯，而是音譯的契丹語，契丹語中"將軍"是漢語借詞。

大康六年授西北路招討使，[1]率諸部酋長入朝，加兼侍中。自蕭敵禄爲招討之後，朝廷務姑息，多擇柔愿者用之，諸部漸至跋扈。撻不也含容尤甚，邊防益廢，尋改西南面招討使。[2]

[1]大康：遼道宗耶律洪基年號（1075—1084）。

[2]西南面招討使：西南面招討司的主官，駐西京大同（今山西省大同市），負責對西夏防務。

阻卜酋長磨古斯來侵，西北路招討使何魯掃古戰不利，[1]詔撻不也代之。磨古斯之爲酋長，由撻不也所薦，至是遣人誘致之。磨古斯紿降，撻不也逆于鎮州西南沙磧間，[2]禁士卒無得妄動。敵至，裨將耶律綰斯、徐烈見其勢鋭，不及戰而走，遂被害，年五十八。贈兼侍中，謚曰貞愍。

[1]何魯掃古：字烏古鄰，是孟父房的後代。大安八年

（1092）爲知西北路招討使事，以功加左僕射銜。再討耶都刮等部族，結果誤擊阻卜酋長磨古斯，北阻卜因此背叛朝命。何魯掃古不以實情奏聞，被削去官職。本書卷九四有傳。

　　[2]鎮州：本古可敦城。故城在今蒙古國布爾干省青托羅蓋古城。陳得芝《耶律大石北行史地雜考》（《歷史地理》第二輯）載，遼朝統治漠北屬部的最高軍政機構是西北路招討司（又稱西北路都招討司）。遼聖宗統和十二年（994），因西北“阻卜”諸部作亂，以蕭撻凜爲西北路招討使，命隨皇太妃（齊王妃）出征，“屯西鄙臚駒兒河，西捍轄戛，盡降之”。蕭撻凜鑒於達旦諸部叛服不常，上表乞建三城以鎮之。統和二十二年三城完工，設置鎮、防、維三州。

　　撻不也少謹愿，後爲族嫠婦所惑，[1]出其妻，終以無子。人以此譏之。

　　[1]族嫠（lí）婦：本氏族的寡婦。

　　耶律良字習撚，[1]小字蘇，[2]著帳郎君之後。生於乾州，[3]讀書醫巫閭山。[4]學既博，將入南山肄業，友人止之曰：“爾無僕御驅馳千里，縱聞見過人，年亦垂暮。今若即仕已有餘地。”良曰：“窮通命也，非爾所知。”不聽，留數年而歸。

　　[1]耶律良：【劉校】據中華點校本校勘記，“按《紀》清寧六年五月、咸雍六年六月、八月，並作耶律白”。
　　[2]小字蘇：【劉注】“蘇”是契丹小字小名𫞩的音譯，漢義爲“白”。

[3]乾州：遼代州名。《明一統志》卷二五《登州府》："乾州城在廣寧衛西南七里，本漢無慮縣地，遼置乾州廣德軍。"【劉注】州城故址在今遼寧省北鎮市廣寧鎮小常屯遼城址。

[4]醫巫閭山：山名。位於今遼寧省北鎮市。

重熙中補寢殿小底，尋爲燕趙國王近侍。[1]以家貧詔乘厩馬。遷修起居注。會獵秋山，[2]良進《秋游賦》，上嘉之。

[1]燕趙國王：耶律洪基的封爵。此指耶律洪基。
[2]秋山：即秋捺鉢，主要活動是狩獵。聖宗以後，其主要地點是在慶州（今内蒙古自治區巴林右旗索博日嘎鎮瓦林茫哈地方）的西部諸山。

清寧中上幸鴨子河，[1]作《捕魚賦》，由是寵遇稍隆，遷知制誥兼知部署司事。奏請編御製詩文，目曰《清寧集》；上命良詩爲《慶會集》，親製其序。頃之，爲敦睦宫使兼權知皇太后宫諸局事。[2]

[1]鴨子河：即混同江，今稱松花江。
[2]敦睦宫：孝文皇太弟宫分。

良聞重元與子涅魯古謀亂，以帝篤於親愛，不敢遽奏，密言於皇太后。[1]太后託疾，召帝白其事。帝謂良曰："汝欲間我骨肉耶?"良奏曰："臣若妄言，甘伏斧鑕。陛下不早備，恐墮賊計。如召涅魯古不來，可卜其事。"帝從其言。使者及門，涅魯古意欲害之，羈於帳下。使者以佩刀斷帛而出，馳至行宮以狀聞。帝始信。亂平，以功遷漢人行宮都部署。

[1]皇太后：即道宗生母、興宗仁懿皇后蕭氏。本書卷七一有傳。

咸雍初同知南院樞密使事，爲惕隱，[1]出知中京留守事。[2]未幾卒，帝嗟悼，遣重臣賻祭，給葬具，追封遼西郡王，諡曰忠成。

[1]惕隱：契丹官名。又稱梯里己，掌皇族政教。
[2]中京：遼五京之一。稱大定府，故址在今内蒙古自治區寧城縣大明鎮。

蕭韓家奴字括寧，奚長渤魯恩之後。性孝友。太平中補祇候郎君，[1]累遷敦睦宮使。伐夏，爲左翼都監，遷北面林牙。俄爲南院副部署，賜玉帶，改奚六部大王，[2]治有聲。

[1]太平：遼聖宗耶律隆緒年號（1021—1031）。
[2]奚六部大王：遼對歸附以後的奚族首領的稱呼。奚本來祇有五部，阿保機降伏五部奚之後又設置墮瑰部，而成六部。詳本書卷三三《營衛志下·部族下》。

清寧初封韓國公，歷南京統軍使、北院宣徽使，[1]封蘭陵郡王。[2]九年上獵太子山，聞重元亂，馳詣行在。帝倉卒欲避于北、南大王院，與耶律仁先執轡固諫，乃止。明旦，重元復誘奚獵夫來。韓家奴獨出諭之曰：
"汝曹去順効逆，徒取族滅。何若悔過，轉禍爲福！"獵
夫投仗首服。以功遷殿前都點檢，封荆王，賜資忠保義
奉國竭貞平亂功臣。

[1]宣徽使：遼朝官名。遼設北、南宣徽院，分隸北、南樞密
院之下。宣徽北院使常執行軍事使命。此外，宣徽使還掌領朝會、
宴饗、禮儀、祭祀及御前祗應之事。
[2]蘭陵郡：蕭氏郡望。戰國楚置蘭陵縣，在今山東省蘭陵縣
西南。西晉置蘭陵郡，治丞縣（今山東省棗莊市嶧城區南，在古蘭
陵縣西）。

咸雍二年遷西南面招討使。大康初徙王吳，賜白海
東青鶻。[1]皇太子爲乙辛誣構，幽于上京。韓家奴上書
力言其冤，不報。四年，復爲西南面招討使。例削一字
王爵，改王蘭陵，薨。子楊九，終右祗候郎君班詳穩，
贈同中書門下平章事。[2]

[1]海東青鶻：猛禽。能擊殺天鵝。今俄羅斯遠東地區以東大
海盛產珍珠，天鵝食蚌，珍珠藏於蚌嗉内。契丹人放出海東青鶻擊
殺天鵝，獲取珍珠。
[2]同中書門下平章事：唐制，大臣中有此名義者即爲事實上
的宰相。遼襲唐制，在分設北南面官之後，以同中書門下平章事爲
南面宰相。

蕭德字特末隱，楮特部人。[1]性和易，篤學好禮法。
太平中，領牌印、直宿，累遷北院樞密副使，敷奏詳

明，多稱上旨。詔與林牙耶律庶成修律令，[2]改契丹行宮都部署，賜宮户十有五。[3]

[1]楮特部：契丹部族名。阻午可汗以其營爲部。隸南府。

[2]耶律庶成：皇族，季父房之後。通曉契丹文及漢文，善於作詩。聖宗時曾參與修訂律、令；興宗時又參與修史，與蕭韓家奴錄遙輦可汗至重熙事蹟。原來契丹醫人很少懂得切脈、審藥，庶成奉命譯《方脈》書行於遼。本書卷八九有傳。

[3]宮户：亦稱"宮分户"，是遼代諸宮衛所管轄的人户。他們隸屬宮分而不隸州縣。"以繼忠家無奴隸，賜宮户三十"，證明宮户的身份就是奴隸。宮户的宮籍是世襲的，未經統治者宣佈廢除，子孫則世代爲宮分人户。宮分出身的人亦可任大官。顯貴後經皇帝批准可改變宮分的出身，即出宮籍。例如韓德讓、姚景行即是如此。遼亡之後，諸宮衛機構雖已不存，但那些宮户、宮分人的身份並未改變；他們仍隸宮籍。於是，金朝始有宮籍監之設，用以管理這些宮户，並依照新機構的名稱，稱他們爲"宮籍監户"或"監户"。

清寧元年遷同知北院樞密使，封魯國公。上以德爲先朝眷遇，拜南府宰相。五年轉南京統軍使。九年，復爲南府宰相。重元之亂推鋒力戰，斬涅魯古首以獻，論功封漢王。咸雍初以告老歸，優詔不許。久之，加尚父，致仕。卒，年七十二。

蕭惟信字耶寧，楮特部人。五世祖霞賴，南府宰相。曾祖烏古，中書令。祖阿古只，知平州。[1]

[1]平州：州名。唐置，治所在今河北省盧龍縣。

父高八，多智數，博覽古今。開泰初爲北院承旨，[1]稍遷右夷离畢，[2]以幹敏稱，拜南府宰相。累遷倒塌嶺節度使，知興中府，[3]復爲右夷离畢。陵青誘衆作亂，事覺，高八按之，止誅首惡，餘並釋之。歸奏，稱旨。

[1]開泰：遼聖宗耶律隆緒年號（1012—1021）。

[2]夷离畢：遼官名。爲執政官，相當於副宰相參知政事。後來官分南、北，北面官有夷离畢院，主要掌刑政。

[3]興中府：遼六府之一。治所在今遼寧省朝陽市。

惟信資沉毅，篤志于學，能辨論。重熙初始仕，累遷左中丞。十五年徙燕趙國王傅，帝諭之曰：“燕趙左右多面諛，不聞忠言，浸以成性。汝當以道規誨，使知君父之義。有不可處王邸者，以名聞。”惟信輔導以禮。十七年遷北院樞密副使，坐事免官。尋復職，兼北面林牙。

清寧九年重元作亂，犯灤河行宮，惟信從耶律仁先破之，賜竭忠定亂功臣。歷南京留守、左右夷离畢，復爲北院樞密副使。大康中以老乞骸骨，不聽。樞密使耶律乙辛譖廢太子，中外知其冤，無敢言者，惟信數廷爭，不得復。告老，加守司徒，卒。

蕭樂音奴字婆丹，奚六部敵穩突呂不六世孫。父拔剌三歲居父母喪，毀瘠過甚，養于家奴奚列阿不。重熙初興宗獵奚山，過拔剌所居，奚列阿不言于近臣，拔剌得見上。年甫十歲，氣象如成人，帝悦之，錫賚甚厚。既長，有遠志，不樂仕進，隱于奚王嶺之插合谷。[1]上以其名家，又有時譽，就拜舍利軍詳穩。[2]

[1]奚王嶺：山名。此山應在奚族地區，南近幽薊。
[2]舍利軍：遼代軍名。由貴族子弟組成。

樂音奴貌偉言辨，通遼、漢文字，[1]善騎射擊鞠，[2]所交皆一時名士。年四十始爲護衛。平重元之亂，以功遷護衛太保，改本部南剋，俄爲旗鼓拽剌詳穩。[3]監障海東青鶻，獲白花者十三，賜樻柮犀并玉吐鶻。拜五蕃部節度使，卒。子陽阿，有傳。

[1]遼、漢文字：即契丹文字和漢字。遼代契丹族有自己創製的文字。神册五年（920）創製“契丹大字”。此後，太祖阿保機弟迭剌又創製“契丹小字”。契丹大字採用漢字筆劃結構創製，基本上是表意文字，但也有部分拼音文字。契丹小字是拼音文字。自金明昌二年（1191），契丹文字已被明令停止使用，後逐漸湮没無聞。近數十年來，兩種契丹文字的碑刻皆有發現，但因與漢字對譯的資料很少，特別是還没有發現契丹文字的字典，所以釋讀工作非常艱難。
[2]擊鞠：即打馬球，是當時流行的競技活動。因爲參賽者都在馬上擊球，奔馳的快馬有時會失控，因此具有一定的危險性。統和六年（988），一日承天皇太后觀看臣下擊鞠，她的寵臣韓德讓被

胡里室衝撞墜馬，太后一怒之下，竟下令將胡里室斬首。今內蒙古自治區敖漢旗皮匠溝 1 號遼墓墓門西側的穹隆頂下部，有一幅打馬球圖。現存寬 180 釐米、高 50 釐米。畫面有多處剝落，但大體可辨。

[3] 拽剌：契丹語 “走卒” 謂之 “拽剌”，後爲軍官名。有掌旗鼓者，稱 “旗鼓拽剌”，還有專司偵候、探報等職者。

耶律敵烈字撒懶，[1] 採訪使吼五世孫。[2] 寬厚，好學，工文詞。重熙末補牌印郎君兼知起居注。

[1] 耶律敵烈（1026—1097）：【劉注】人名。據契丹小字《耶律迪烈墓誌銘》，“敵烈” 爲契丹語名 乑令 的音譯，漢義爲 “七”。

[2] 採訪使吼五世孫：【劉注】據契丹小字《耶律迪烈墓誌銘》，耶律敵烈是蒲古只夷离堇家族的人。其第八代祖宗痕得·帖剌夷离堇是遼太祖耶律阿保機祖父玄祖皇帝的胞兄。

清寧元年稍遷同知永州事，[1] 禁盜有功，改北面林牙承旨。九年重元作亂，敵烈赴援，力戰平之，遙授臨海軍節度使。[2] 十年徙武安州觀察使。[3] 咸雍五年累遷長寧宮使。[4] 撿括戶部司乾州錢帛逋負，立出納經畫法，公私便之。大康四年爲南院大王。秩滿，部民請留，同知南京留守事。有疾，上命乘傳赴闕，遣太醫視之。遷上京留守。

大安中改塌母城節度使。以疾致仕，加兼侍中，賜一品俸。八年卒。

[1] 永州：州名。州城故址在今西拉木倫河與老哈河合流處。

《武經總要》前集卷一六下《戎狄舊地》載，永州在木葉山之陽，潢水之北，契丹國舊地也。一路西北至轑淀二百里，一路西北至上京三百里。

[2]臨海軍：遼代軍號。治滄州（今屬河北省），不在遼境內，爲遙授。

[3]武安州：州名。阿保機初俘漢民，置木葉山下，因建城於此以遷之，初名杏堝新城。復以遼西户益之，更名新州。統和八年（990），改曰武安州。州城故址在今內蒙古自治區敖漢旗東。

[4]長寧宮：遼代宮帳名。應天皇太后术律平宮衛。

姚景行始名景禧。祖漢英，本周將，應曆初來聘，[1]用敵國禮，帝怒留之，隸漢人宮分。[2]及景行既貴始出籍，貫興中縣。[3]

[1]應曆：遼穆宗耶律璟年號（951—969）。
[2]隸漢人宮分：隸屬宮分中的漢人宮分。
[3]興中縣：屬遼中京道興中府，治所在今遼寧省朝陽市。

景行博學。重熙五年擢進士乙科，爲將作監，[1]改燕趙國王教授。不數年至翰林學士，樞密副使，參知政事。[2]性敦厚廉直，人望歸之。

[1]將作監：官名。北魏始置。遼屬南面官。掌營繕宮室。
[2]參知政事：始見於唐前期，宋初作爲副宰相，至真宗以後，其地位更與宰相同平章事等。遼朝參知政事的地位類似宋朝的參知政事，與同中書門下平章事一樣，都是中書省長官，都是宰相。“不數年”至“參知政事”：【劉校】據中華點校本校勘記，“按《紀》清寧元年十二月以樞密副使姚景行爲參知政事”。

道宗即位多被顧問，爲北府宰相。九年秋告歸，[1]道聞重元亂，收集行旅得三百餘騎勤王。比至，賊已平。帝嘉其忠，賜以逆人財産。咸雍元年出爲武定軍節度使。[2]明年驛召拜南院樞密使。上從容問治道，引入内殿，出御書及太子書示之，賜什器車仗。帝有意伐宋，召景行問曰：“宋人好生邊事，如何？”對曰：“自聖宗皇帝以威德懷遠，宋修職貢，迨今幾六十年。若以細故用兵，恐違先帝成約。”上然其言而止。

[1]九年秋：【劉注】指清寧九年（1063）七月。
[2]武定軍：遼代軍號。治奉聖州（今河北省涿鹿縣）。

致仕，不踰月復舊職。丁家艱，起復，兼中書令。上問古今儒士優劣，占對稱旨，知興中府，改朔方軍節度使。[1]大康初徙鎮遼興。[2]以上京多滯獄，命爲留守，不數月，以獄空聞。

[1]朔方軍：唐、五代方鎮名。治靈州（今寧夏回族自治區靈武市），在西夏境内。
[2]遼興：遼代軍號。治平州（今河北省盧龍縣）。

累乞致政，不從。復請，許之，加守太師。卒，遣使弔祭，追封柳城郡王，[1]謚文憲。壽隆五年詔爲立祠。

[1]柳城郡：古郡名。隋煬帝廢營州，改設爲柳城郡。治柳城縣，在今遼寧省朝陽市。遼時爲霸州彰武軍。

耶律阿思字撒班。[1]清寧初補祗候郎君。以善射，掌獵事，進渤海近侍詳穩。[2]

[1]耶律阿思（1034—1108）：【劉注】人名。據契丹大字《耶律祺墓誌銘》和漢字《耶律祺墓誌銘》殘石，阿思是契丹語又名契丹大字**正杢**的音譯。其漢名爲祺。

[2]渤海：指設在遼東京的東丹朝廷。

重元之亂，與護衛蘇射殺涅魯古，賜號靖亂功臣，徙契丹行宮都部署。大安初，爲北院大王，封漆水郡王。[1]壽隆元年爲北院樞密使，[2]監修國史。

[1]漆水郡王：遼宗室耶律氏的封爵。

[2]壽隆：遼道宗耶律洪基年號（1095—1101）。據遼代碑刻和錢幣，此年號本爲“壽昌”。元代修《遼史》時誤書爲“壽隆”。

壽隆元年爲北院樞密使：【劉校】據中華點校本校勘記，“壽隆元年”，原作“（大安）十一年”。按，大安止十年，次年壽隆（壽昌）元年。本書卷二六《道宗本紀六》壽隆元年（1095）十二月，“以知北院樞密使事耶律阿思爲北院樞密使”，據改。今從。

道宗崩，受顧命，加于越。録乙辛黨人，罪重者當籍其家，阿思受賂，多所寬貸。蕭合魯嘗言當修邊備，阿思力沮其事，或譏其以金賣國。

後以風疾失音，致仕，加尚父，封趙王。薨，年八十，[1]追封齊國王。

[1]薨，年八十：【劉校】據中華修訂本校勘記，耶律阿思即

耶律祺，契丹大字《耶律祺墓誌銘》載，阿思卒於乾統八年（1108），年七十五。

論曰：灤河之變，重元擁兵行幄，微仁先等，道宗其危乎！當其止幸北、南院，召塔剌兵以靖大難，功宜居首。良以反謀白太后，韓家奴以逆順降奚人，德與阿思殺涅魯古，皆有討賊之力焉。仁先齊名休哥，勳德兼備，此其一節歟。

（李錫厚注　劉鳳翥校）

遼史　卷九七

列傳第二十七

耶律斡特剌　孩里　竇景庸　耶律引吉　楊績　趙徽
王觀　耶律喜孫[1]

[1]"耶律斡特剌"至"耶律喜孫"：【劉校】原本、明抄本、
南監本無，據北監本和殿本補。

耶律斡特剌字乙辛隱，[1]許國王寅底石六世孫。[2]少
不喜官禄，年四十一始補本班郎君。時樞密使耶律乙辛
擅權，[3]讒害忠良，斡特剌恐禍及，深自抑畏。

[1]耶律斡特剌（1036—1105）：【劉注】人名。斡特剌爲契丹
語名 ⺊分⺊业为本 的音譯。乙辛隱爲契丹語第二個名 全利伏 的音譯。
[2]寅底石：阿保機之弟，字阿辛，排行第四，參與叛亂，太
祖釋之，封許國王。太祖命輔東丹王，淳欽皇后遣司徒劃沙殺
於路。
[3]樞密使：官名。樞密院之首長。遼有北、南樞密院，爲遼
朝的實際宰輔機構，分別爲北、南面官的首腦機構。北樞密院又稱

契丹樞密院，掌軍事、部族；南樞密院又稱漢人樞密院，掌漢人州縣之事。　耶律乙辛（？—1083）：五院部人。字胡覩袞。重熙中爲文班吏。道宗清寧五年（1059）爲南院樞密使，改知北院，封趙王。九年，重元亂平，拜北院樞密使，進封魏王。咸雍五年（1069）加守太師。詔四方有軍旅，許以便宜從事，勢震中外。大康元年（1075）誣皇后蕭觀音致死，三年又害死太子耶律濬。七年冬坐以禁物鬻入外國，幽於來州。九年謀奔宋及私藏兵甲事發，伏誅。本書卷一一〇有傳。

大康中爲宿直官，[1]歷左、右護衞太保。大安元年，[2]升燕王傅，徙左夷离畢。[3]四年改北院樞密副使，帝賜詩褒之，遷知北院樞密使事，賜翼聖佐義功臣。北阻卜酋長磨古斯叛，[4]斡特剌率兵進討。會天大雪，敗磨古斯四別部，斬首千餘級，拜西北路招討使，[5]封漆水郡王，[6]加賜宣力守正功臣。尋拜南府宰相。[7]復討闔古胡里扒部，[8]破之，召爲契丹行宮都部署。[9]

[1]大康：遼道宗耶律洪基年號（1075—1084）。

[2]大安：遼道宗耶律洪基年號（1085—1094）。

[3]夷离畢：遼官名。爲執政官，相當於副宰相參知政事。後來官分南、北，北面官有夷离畢院，主要掌刑政。

[4]阻卜：即達旦、韃靼。元人諱言達旦，而稱達旦爲阻卜。詳王國維《觀堂集林》卷一四《達旦考》。

[5]西北路招討使：遼朝官名。西北路招討司的最高長官。該機構是遼朝統治漠北屬部的最高軍政機構，又稱西北路都招討司。

[6]漆水郡王：遼宗室耶律氏的封爵。

[7]南府宰相：契丹部族官名。契丹可汗之下有北、南二府，各部族則分屬二府，故北宰相亦稱北府宰相，南宰相亦稱南府

宰相。

[8]闈古胡里扒部：另見本書卷四六《百官志二》“北面部族官”。斡特剌既然是在西北路招討使任上破該部，則該部應在遼的西北部，地近阻卜。

[9]契丹行宮都部署：遼北面行宮官。遼在北南面官系統中，分別設契丹行宮都部署和漢人行宮都部署，其上則有諸行宮都部署。行宮都部署完全是倣中原王朝官制設置的，它不同於專管斡魯朶事務的某宮都部署的宮官。宋朝皇帝巡幸亦有行宮，且亦有行宮都部署之設。後避英宗趙曙名諱，改稱行宮都總管。

先是北、南府有訟，各州府得就按之。比歲，非奉樞密檄不得鞫問，以故訟者稽留，斡特剌奏請如舊，從之。壽隆五年復爲西北路招討使，[1]討耶覩刮部，俘斬甚衆，獲馬、駞、牛、羊各數萬。明年擒磨古斯，加守太保，賜奉國匡化功臣。

[1]壽隆五年：壽隆，遼道宗年號（1095—1101）。據遼代碑刻和錢幣，此年號本爲“壽昌”。元代修《遼史》據金稿本誤書爲“壽隆”。【劉校】中華點校本校勘記云，“壽隆”二字原脫，“據《紀》壽隆五年五月補”。今從。

乾統初乞致仕，[1]不許，止罷招討。復兼南院樞密使，[2]封混同郡王。[3]遷北院樞密使，加守太師，賜推誠贊治功臣。致仕，薨，[4]謚曰敬肅。

[1]乾統：遼天祚帝耶律延禧年號（1101—1110）。
[2]復兼南院樞密使：【劉校】據中華點校本校勘記，“復兼”

二字原脱。本書卷二七《天祚皇帝本紀一》乾統元年（1101）六月，"以南府宰相斡特剌兼南院樞密使"，據補。今從。

[3]封混同郡王：【劉注】據契丹小字《許國王墓誌銘》，耶律斡特剌的最後爵位是許國王。

[4]薨：【劉注】據契丹小字《許國王墓誌銘》，耶律斡特剌因病薨於乾統五年二月二日，享年七十歲。

孩里字胡輦，[1]回鶻人。其先在太祖時來貢願留，因任用之。

[1]孩里：【劉校】據中華點校本校勘記，本書卷二二《道宗本紀二》清寧九年（1063）七月作"海鄰"。

孩里重熙間歷近侍長。[1]清寧九年討重元之亂有功，[2]加金吾衛上將軍，賜平亂功臣。累遷殿前都點檢，[3]以宿衛嚴肅稱。大康初加守太子太保，二年加同中書門下平章事，[4]三年改同知南院宣徽使事。[5]會耶律乙辛出守中京，[6]孩里入賀。及議復召，陳其不可。後乙辛再入樞府，出孩里爲廣利軍節度使。[7]及皇太子被誣，孩里當連坐，有詔勿問。大安初，歷品達魯虢部節度使。[8]壽隆五年有疾，自言吾數已盡，却醫藥，卒，年七十七。

[1]重熙：遼興宗耶律宗真年號（1032—1055）。　近侍：皇帝身邊的奴僕。

[2]清寧：遼道宗耶律洪基年號（1055—1064）。　重元之亂：耶律重元，遼聖宗次子。欽愛皇后稱制，曾密謀立重元。重元以所

謀告於興宗，封爲皇太弟。賜以金券誓書。道宗即位，册爲皇太叔，爲天下兵馬大元帥，賜金券。清寧九年（1063）與其子涅魯古謀亂，失敗自殺。

[3]殿前都點檢：後周世宗設置殿前司，以都點檢、副都點檢爲正副長官，位在都指揮使之上，爲禁軍統帥。宋初廢。遼設殿前都點檢，爲南面軍官，當係模倣後周制。

[4]同中書門下平章事：唐制，大臣中有此名義者即爲事實上的宰相。遼襲唐制，在分設北南面官之後，以同中書門下平章事爲南面宰相。

[5]宣徽使：遼朝官名。遼設北、南宣徽，分隸北、南樞密院之下。宣徽北院使常執行軍事使命。此外，宣徽使還掌領朝會、宴饗、禮儀、祭祀及御前祇應之事。

[6]中京：遼五京之一。稱大定府，故址在今内蒙古自治區寧城縣大明鎮。

[7]廣利軍：遼代軍號。治銅州（今遼寧省海城市）。

[8]品達魯虢部：被契丹征服的部族名。即附屬於品部的、以被俘達魯虢人建立的部族。卷九五《耶律適禄傳》，遼末“加泰州觀察使，爲達魯虢部節度使。”達魯虢部應是活動於上京東北部的部族。

孩里素信浮圖。[1]清寧初從上獵墮馬，憒而復蘇。[2]言始見二人引至一城，宮室宏敞，有衣絳袍人坐殿上，左右列侍，導孩里升階。持牘者示之曰：“本取大腹骨欲，誤執汝。”牘上書“官至使相，壽七十七”。須臾還，擠之大壑而寤。道宗聞之，命書其事。後皆驗。

[1]浮圖：佛教語。梵語 Buddha 的音譯。指佛教。
[2]憒而復蘇：【劉校】“憒”原本作“犢”，明抄本、南監本、

北監本、殿本均作"慣"。中華點校本及修訂本徑改。今從改。

　　竇景庸，中京人，中書令振之子。聰敏好學，清寧中第進士，授秘書省校書郎，[1] 累遷少府少監。[2] 咸雍六年授樞密直學士，[3] 尋知漢人行宮副部署事。大安初遷南院樞密副使，監修國史，知樞密院事，賜同德功臣，封陳國公。有疾，表請致仕，不從，加太子太保，授武定軍節度使。[4] 審決冤滯，輕重得宜，以獄空聞。

　　[1]秘書省校書郎：【靳注】南面官名。秘書監著作局屬官。始置於東漢。掌編輯校定經籍圖書。
　　[2]少府少監：【靳注】官名。始置於隋，爲少府監次官，佐理百工技巧之事。
　　[3]咸雍：遼道宗耶律洪基年號（1065—1074）。
　　[4]武定軍：遼代軍號。治奉聖州（今河北省涿鹿縣）。

　　七年拜中京留守。九年薨，諡曰肅憲。子瑜，三司副使。[1]

　　[1]三司：鹽鐵、度支、戶部三機構的合稱，主理財賦。

　　耶律引吉字阿括，品部人。[1] 父雙古，鎮西邊二十餘年，治尚嚴肅，不殖貨利，時多稱之。

　　[1]品部：契丹部族名。屬太祖二十部之列。隸北府，屬西北路招討司。

引吉寅畏好義，以廕補官，累遷東京副留守、北樞密院侍御。[1]時蕭革、蕭圖古辭等以佞見任，[2]鬻爵納賄，引吉以直道處其間，無所阿唯。改客省使。[3]時朝廷遣使括三京隱戶不得，以引吉代之，得數千餘戶。

[1]東京：遼五京之一。故址在今遼寧省遼陽市。

[2]蕭革（？—1063）：契丹外戚。國舅房林牙和尚之子。興宗時拜南院樞密使，詔班諸王上，封吳王。道宗即位後，與國舅蕭阿剌同掌朝政。革因譖阿剌"有慢上心。"道宗大怒，縊阿剌於殿下。清寧九年（1063）秋，重元之亂，革參預其謀，凌遲處死。本書卷一一三有傳。　蕭圖古辭：契丹楮特部人。仕重熙中，累遷左中丞。清寧六年出知黃龍府。八年拜南府宰相。頃之，爲北院樞密使。爲人奸佞，爲樞密數月，所薦引多爲重元黨與，由是免爲庶人。後没入興聖宮。本書卷一一一有傳。

[3]客省使：官名。客省長官。會同元年（938）置，掌接待諸國使節。

時昭懷太子知北南院事，[1]選引吉爲輔導。樞密使乙辛將傾太子，惡引吉在側，奏出之，爲群牧林牙。[2]大康元年乙辛請賜牧地，引吉奏曰："今牧地褊陿，畜不蕃息，豈可分賜臣下。"帝乃止。乙辛由是益嫉之，除懷德軍節度使，[3]徙漠北狘水馬群太保，[4]卒。

[1]昭懷太子：即耶律濬（1055—1077）。道宗長子。天祚帝生父。大康三年（1077）被廢，隨即被耶律乙辛殺害。九年追謚昭懷太子。本書卷七二有傳。

[2]群牧：契丹專門管理畜群的機構。諸路設群牧使司，下設

某群太保、某群侍中、某群敞史；朝廷設總典群牧使司，有總典群牧部籍使、群牧都林牙。以“群”爲單位設某群牧司，設群牧使、群牧副使。此外，還有僅管理馬及牛群的機構。遼亡之後，金稱契丹群牧爲“烏魯古”。

[3]懷德軍：遼代軍號。治恩州。據《欽定熱河志》卷六〇，遼恩州故址在大定（寧城）縣恩化鎮《武經總要》前集卷一六下《戎狄舊地》恩州，德光所建，本烏桓舊地。南至中京六十里，西至馬孟（孟）山六十里，西北曼頭山三十里，山地至宜坤州五十里，西南至上京二百五十里，北至高州百二十里。

[4]猾水：【劉校】據中華點校本校勘記，卷一〇一《蕭陶蘇斡傳》作“滑水”，字通。

　　楊績，[1]良鄉人。[2]太平十一年進士及第，[3]累遷南院樞密副使。與杜防、韓知白等擅給進士堂帖，[4]降長寧軍節度使，[5]徙知涿州。[6]

　　[1]楊績：即本書卷八九之楊皙。一人兩傳。陳襄《使遼語録》作楊哲。

　　[2]良鄉：舊縣名。治所在今北京市房山區境內。三河、良鄉都是趙德鈞鎮幽州時所置，據《新五代史》卷七二《四夷附録第一》：“莊宗之末，趙德鈞鎮幽州，於鹽溝置良鄉縣，又於幽州東五十里築城，皆戍以兵。及破赫邈等，又於其東置三河縣。由是幽、薊之人，始得耕牧，而輸餉可通。”按，本書卷八九《楊皙傳》作“安次人”。

　　[3]太平：遼聖宗耶律隆緒年號（1021—1031）。

　　[4]堂帖：中書省發出的指令。《通鑑》卷二四五唐太和八年（834）載：“初，宋申錫與御史中丞宇文鼎受密詔誅鄭注，使京兆尹王璠掩捕之。璠密以堂帖示王守澄，注由是得免。”胡三省注云：

"帖由政事堂出，故謂之堂帖。"

[5]長寧軍：遼代軍號。治川州。據《大清一統志》卷二八：
"白川州故城在朝陽縣東北六十七里。遼置川州，會同中改爲白川
州，治咸康縣。……今縣境東北之四角阪有廢城，週二里餘，蒙古
名卓索喀喇城，城内有遼開泰二年《佛頂尊勝陀羅尼石幢記》，爲
白川州官吏所建，知即故白川州地。"

[6]涿州：州名。治所在今河北省涿州市。

清寧初拜參知政事兼同知樞密院事，[1]爲南府宰相。
九年聞重元亂，與姚景行勤王，[2]上嘉之。十年知興中
府。[3]咸雍初入知樞密院事。二年乞致仕，不許，拜南
院樞密使。

[1]參知政事：始見於唐前期，宋初作爲副宰相，至真宗以後，
其地位更與宰相同平章事等。遼朝參知政事的地位類似宋朝的參知
政事，與同中書門下平章事一樣，都是中書省長官，都是宰相。

[2]姚景行（？—1075）：始名景禧。隸漢人宮分。既貴始出
宮籍，貫興中縣。本書卷九六有傳。

[3]興中府：遼六府之一。治所在今遼寧省朝陽市。

帝以績舊臣，特詔燕見，論古今治亂、人臣邪正。
帝曰："方今群臣忠直，耶律玦、劉伸而已，[1]然伸不及
玦之剛介。"績拜賀曰："何代無賢，世亂則獨善其身，
主聖則兼濟天下。陛下銖分邪正，升黜分明，天下幸
甚。"累表告歸，不許，封趙王。

[1]耶律玦：字吾展。遙輦鮮質可汗之後。本書卷九一有傳。

劉伸：字濟時，宛平（今北京市）人。官至南院樞密使。本書卷九八有傳。

大康中以例改王遼西。致仕，加守太保，[1]薨。子貴忠，[2]知興中府。

[1]加守太保：【劉校】《羅校》謂：" '太'，元本誤 '大'。"明抄本、南監本、北監本和殿本也作"太"，據改。

[2]子貴忠：【劉校】據中華點校本校勘記："按陳襄《使遼語錄》云，子二人。長規正，知順州，太傅；次規忠，即此貴忠。"

趙徽，南京人。[1]重熙五年，擢甲科，累遷大理正。[2]清寧二年銅州人妄毀三教，[3]徽按鞫之，以狀聞，稱旨。歷煩劇，有能名。累遷翰林學士承旨。咸雍初爲度支使。三年拜參知政事。出爲武定軍節度使，及代，軍民請留。後同知樞密院事兼南府宰相、門下侍郎、平章事。致仕，卒。追贈中書令，諡文憲。

[1]南京：遼五京之一。故址在今北京市。

[2]大理正：大理寺長官。聖宗統和十二年（994）置。

[3]銅州：【靳注】州名。遼置。治所在今遼寧省海城市東南。

三教：即儒、釋、道。

王觀，南京人。博學有才辯，重熙七年中進士乙科。

興宗崩，充夏國報哀使，[1]還，除給事中。咸雍初遷翰林學士，五年兼乾文閣學士。七年改南院樞密副使，賜國姓，參知政事兼知南院樞密事。坐矯制修私第，[2]削爵爲民，卒。

[1]夏國（1038—1227）：以党項民族爲主體建立的政權。公元1038年，元昊叛宋稱帝，建立大夏王朝，傳十代，至1227年爲蒙古所滅。元昊稱帝以前，其作爲北宋境内的地方割據政權，已經具有獨立性。史稱西夏，先後與遼、北宋及金、南宋並立於今中國境内。境土包括今寧夏回族自治區全部、甘肅省大部、陝西省北部以及青海省、内蒙古自治區的部分地區。

[2]矯制修私第：假託君命，修建私宅。

耶律喜孫字盈隱，永興宮分人。[1]興宗在青宮，嘗居左右輔導。聖宗大漸，喜孫與馮家奴告仁德皇后同宰相蕭浞卜等謀逆事。[2]及欽愛爲皇太后稱制，[3]喜孫尤見寵任。

[1]永興宮分人：永興宮，太宗德光宮分。宮分人，有宮籍之人。有宮籍的宮分人，多是統治者的私奴，但宮分人中也有契丹權貴。宮籍是世襲的，未經統治者宣佈廢除，子孫則世代爲宮分人。遼朝諸宮衛有所管轄人丁的統計數字，但奴婢不計算在内，本書卷三一《營衛志上》："凡諸宮衛人丁四十萬八千，騎軍十萬一千。著帳釋宥、没入，隨時增損，無常額。"這些没有統計在諸宮衛人丁總數之内者即是奴婢，稱爲"宮户""宮分人"。他們自有"宮籍"，歸宮衛管理。遼亡之後，諸宮衛機構雖已不存，但那些宮户、宮分人的身份並未改變；他們仍隸宮籍。於是，金朝始有宮籍監之設，用以管理這些宮户，並依照新機構的名稱，稱他們爲"宮籍監户"或"監户"。遼朝一部分專門在皇帝身邊服役的"宮户"又稱爲"著帳户"。散居州縣當中的宮户與民户一樣要向國家交納賦税，

説明這些宮户的身份已經發生了改變。統和十五年（997）三月"壬午，通括宮分人户，免南京逋税及義倉粟"。將"通括宮分人户"一事，與"免南京逋税及義倉粟"一併實行，是因爲此二事都與賦税徵收有關。宮户所受剥削和壓迫定是相當沉重的，以至他們被迫逃亡。據壽昌二年（1096）的《孟有孚墓誌銘》載："時朝廷命復慶陵之逋民，詔公乘驛以督之。"（《全遼文》卷九）宮籍起源甚早，遙輦氏時已經有宮分人存在。宮籍是一種法律上的身份，是不能輕易改變的。宮分人"出宮籍"需要經皇帝特許。如前面已經提到的韓德讓，就是即貴並且賜姓耶律之後纔"出宮籍"的。繼韓德讓之後，興宗時的漢人宮分人姚景行出宮籍也是在其官至翰林學士、樞密副使、參知政事以後。漢臣梁援，累世在遼朝作官，同時也具有宮籍。壽昌七年正月，道宗死後，由他充玄宮都部署，並撰謚册文。喪事既畢之後，始詔免其宮籍，而且"敕格餘人不以爲例，示特寵也"（《遼寧省博物館藏碑誌精粹》，文物出版社2000年版，第294—295頁）。

[2]仁德皇后（982—1032）：即聖宗齊天皇后，姓蕭氏，小字菩薩哥，睿智皇后弟隗因之女。年十二，選入掖庭。統和十九年册爲齊天皇后。生皇子二，皆早卒。開泰五年（1016）宮人耨斤生興宗，后養爲子。興宗即位後，耨斤自立爲皇太后，並逼其自縊，死時年五十。追尊仁德皇后。與欽愛並祔慶陵。本書卷七一有傳。

[3]欽愛：指欽愛皇后（？—1057）。小字耨斤，淳欽皇后弟阿古只五世孫。爲聖宗元妃，生宗真，仁德皇后無子，取而養之如己出。聖宗死後，宗真即位，耨斤自立爲皇太后，攝政，並殺害仁德皇后，謀廢興宗，立重元。本書卷七一有傳。【劉注】原作"欽哀"，據其本人的哀册篆蓋改。

重熙中其子涅哥爲近侍，坐事伏誅。帝以喜孫有翼戴功，且悼其子罪死，欲世其官，喜孫無所出之部，因見馬印文有品部號，使隸其部，拜南府宰相。尋出爲東北路詳穩，[1]卒。

[1]詳穩：遼朝軍官名。元帥府下設大詳穩司。本書卷一一六《國語解》："詳穩，諸官府監治長官。""詳穩"即漢語"將軍"的轉譯。【劉注】"詳穩"即漢語"將軍"的轉譯的説法似有值得商榷之處。在契丹小字中，"詳穩"作🔲，"將軍"作🔲、🔲、🔲；在契丹大字中，"詳穩"作🔲，"將軍"作🔲。"詳穩"不是漢語"將軍"的轉譯，而是音譯的契丹語，契丹語中"將軍"是漢語借詞。

論曰：孩里、引吉之爲臣也，當乙辛擅權、蕭革貪黷之日，雖與同官，而能以正自處，不少阿唯，其過人遠矣！傳曰："歲寒知松栢之後凋。"二子有焉。若斡特剌之戰功，竇景庸之讞獄，楊績之忠告，亦賢矣夫。

（李錫厚注　劉鳳翥校）

遼史　卷九八

列傳第二十八

蕭兀納　耶律儼　劉伸　耶律胡呂[1]

[1]"蕭兀納"至"耶律胡呂"：【劉校】原本、明抄本、南監本無，據北監本和殿本補。

　　蕭兀納一名撻不也，字特免，六院部人。[1]其先嘗爲西南面撻剌。[2]

[1]六院部：太祖析迭剌部爲五院部和六院部。太宗會同元年（938）改夷离堇爲大王。北院大王和南院大王即是五院部和六院部的首領。
[2]撻剌：契丹語"走卒"謂之"撻剌"，後爲軍官名。有掌旗鼓者，稱"旗鼓撻剌"，還有專司偵候、探報等職者。

　　兀納魁偉簡重，善騎射。清寧初兄圖獨以事入見，[1]帝問族人可用者，圖獨以兀納對，補祗候郎君。遷近侍敞史，[2]護衛太保。

[1]清寧：遼道宗耶律洪基年號（1055—1064）。

[2]近侍：皇帝身邊的奴僕。

大康初爲北院宣徽使。[1]時乙辛已害太子，[2]因言宋魏國王和魯斡之子淳可爲儲嗣，[3]群臣莫敢言，唯兀納及夷离畢蕭陶隗諫曰：“舍嫡不立，是以國與人也。”[4]帝猶豫不決。五年，帝出獵，乙辛請留皇孫，[5]帝欲從之，兀納奏曰：“竊聞車駕出遊將留皇孫，苟保護非人，恐有他變。果留，臣請侍左右。”帝乃悟，命皇孫從行，由此始疑乙辛。

[1]大康：遼道宗耶律洪基年號（1075—1084）。　宣徽使：遼朝官名。遼設北、南宣徽，分隸北、南樞密院之下。宣徽北院使常執行軍事使命。此外，宣徽使還掌領朝會、宴饗、禮儀、祭祀及御前祗應之事。

[2]乙辛（？—1083）：即耶律乙辛。字胡覩衮，五院部人。重熙中爲文班史。道宗清寧五年（1059）爲南院樞密使，改知北院，封趙王。九年重元亂平，拜北院樞密使，進封魏王。咸雍五年（1069）加守太師。詔四方有軍旅，許以便宜從事，勢震中外。大康元年（1075）誣皇后蕭觀音致死，三年又害死太子耶律濬。七年冬坐以禁物鬻入外國，幽於來州。九年謀奔宋及私藏兵甲事發，伏誅。本書卷一一〇有傳。

[3]和魯斡（1041—1110）：【劉注】人名。耶律弘本契丹語小名的音譯。興宗第二子，字阿輦。重熙十七年（1048）封越王。乾統初爲天下兵馬大元帥，加守太師，免拜，不名。三年（1103）册爲義和仁壽皇太叔祖叔。其事蹟詳載漢字和契丹小字《義和仁壽皇太叔祖叔哀册》。本書把“皇太叔祖叔”誤爲“皇太叔”。

[4]蕭陶隗（？—1083）：字烏古鄰，道宗時官至契丹行宮都

部署、西南面招討使。本書卷九〇有傳。

　　[5]皇孫：即天祚帝耶律延禧。

　　頃之同知南院樞密使事，[1]出乙辛、淳等。帝嘉其忠，封蘭陵郡王，[2]人謂近於古社稷臣，授殿前都點檢。[3]上謂王師儒、耶律固等曰：[4]“兀納忠純，雖狄仁傑輔唐、屋質立穆宗無以過也。[5]卿等宜達燕王知之。”[6]自是令兀納輔導燕王，益見優寵。大安初詔尚越國公主，[7]兀納固辭。改南院樞密使，奏請掾史宜以歲月遷敘，從之。壽隆元年拜北府宰相。[8]

　　[1]南院樞密使：即漢人樞密院之樞密使。爲南面官最高官職。詳見本書卷四七《百官志三》。

　　[2]蘭陵郡王：契丹外戚蕭氏封爵。蘭陵郡是蕭氏郡望。戰國楚置蘭陵縣，在今山東省蘭陵縣西南。西晉置蘭陵郡，治丞縣（今山東省棗莊市嶧城區南，在古蘭陵縣西）。此蕭氏與契丹蕭氏並無血緣關係。

　　[3]殿前都點檢：後周世宗設置殿前司，以都點檢、副都點檢爲正副長官，位在都指揮使之上，爲禁軍統帥。宋初廢。遼設殿前都點檢，爲南面軍官，當係模倣後周制。

　　[4]王師儒（1038—1101）：范陽（今北京市）人，字通夫。年二十有六舉進士。大康九年（1083）任梁王耶律延禧伴讀。《全遼文》卷一〇有墓誌。　耶律固：大康十年與王師儒受命傅導燕國王延禧。

　　[5]狄仁傑（630—700）：唐并州（今山西省太原市）人，武后時拜相。當時武后欲立武三思爲太子，仁傑固諫，勸武后召還廬陵王（中宗），武后卒從其請。《舊唐書》卷八九、《新唐書》卷一一五有傳。

［6］燕王：天祚帝即位前曾進封燕國王。

［7］大安：遼道宗耶律洪基年號（1085—1094）。　越國公主：遼道宗第三女特里，宣懿皇后生。初封越國公主，乾統初進封秦晉國大長公主，徙封梁宋國長公主。下嫁蕭酬斡，離之，大安初改適蕭特末。後與金人戰，被擒。

［8］壽隆：遼道宗耶律洪基年號（1095—1101）。據遼代碑刻和錢幣，此年號本爲“壽昌”。元代修《遼史》時誤書爲“壽隆”。

壽隆元年，拜北府宰相：【劉校】據中華點校本校勘記，“按《紀》在壽隆二年十二月。又前此大康六年十二月，以蕭撻不也爲北府宰相，至大安元年十月改南院樞密使。壽隆時似是再任”。北府宰相，契丹部族官名。契丹可汗之下有北、南二府，各部族則分屬二府，故北宰相亦稱北府宰相，南宰相亦稱南府宰相。

初，天祚在潛邸，[1]兀納數以直言忤旨，及嗣位出爲遼興軍節度使，[2]守太傅。以佛殿小底王華誣兀納借內府犀角，[3]詔鞫之。兀納奏曰：“臣在先朝，詔許日取帑錢十萬爲私費，臣未嘗妄取一錢，肯借犀角乎！”天祚愈怒，奪太傅官，降寧邊州刺史，[4]尋改臨海軍節度使。[5]

［1］潛邸：指皇帝即位前的住所。

［2］遼興軍：遼代軍號。治平州（今河北省盧龍縣）。

［3］內府：皇室的倉庫。

［4］寧邊州：遼置鎮西軍。治所在今內蒙古自治區清水河縣西南窰溝鄉下城灣古城。又據《明一統志》卷二一，寧邊州城在廢東勝州（今內蒙古自治區托克托縣）東南三百里。

［5］臨海軍：遼代軍號。治滄州（今屬河北省），不在遼境內。屬遙授。

兀納上書曰：“自蕭海里亡入女直，[1]彼有輕朝廷心，宜益兵以備不虞。”不報。天慶元年知黃龍府事，[2]改東北路統軍使，[3]復上書曰：“臣治與女直接境，觀其所爲，其志非小。宜先其未發舉兵圖之。”章數上，皆不聽。及金兵來侵，戰于寧江州，其孫移敵蹇死之，兀納退走入城。留官屬守禦，自以三百騎渡混同江而西，[4]城遂陷。後與蕭敵里拒金兵于長濼，[5]以軍敗免官。五年天祚親征，兀納殿，復敗績。後數日乃與百官入見，授上京留守。[6]六年耶律章奴叛，[7]來攻京城，兀納發府庫以賚士卒，諭以逆順，完城池，以死拒戰，章奴無所得而去。以功授副元帥，尋爲契丹都宮使。[8]

天祚以兀納先朝重臣，有定策勳，每延問以政，兀納對甚切。上雖優容，終不能用。以疾卒，年七十。

[1]女直：部族名。本作“女真”，因避遼興宗宗真名諱，改稱“女直”。遼時居東北地區東部。其在南者入遼籍，稱“熟女真”或“合蘇館女真”；在北者不入遼籍，稱“生女真”。

[2]天慶：遼天祚帝耶律延禧年號（1111—1120）。 黃龍府：遼六府之一。治所在今吉林省農安縣。

[3]東北路統軍使：遼末防禦女真的軍事機構東北路統軍司的主官。原來，對女真的防禦在遼朝的軍事部署中並不佔有重要地位，故一直由東京的軍事機構兼管。當“生女真”完顏部發動叛亂時，遼朝主持戰事始有東北路統軍司。該機構設在寧江州（今吉林省扶餘縣東南石頭城）。

[4]混同江：即松花江。

[5]長濼：遼時湖泊名。又作長泊，亦稱魚兒濼，是遼春捺鉢的地點，在長春州境內。宋大中祥符六年（遼開泰二年，1013），

晁迥使遼，回來後向宋廷報告此行至長泊所見遼帝四時捺鉢活動的情況。【劉注】長濼，據中華點校本校勘記，"《紀》天慶四年十一月作斡鄰濼"。亦稱魚兒濼，即位於今吉林省大安市月亮泡鎮的月亮泡。

[6]上京：遼五京之一。前期都城，稱臨潢府，故址在今内蒙古自治區巴林左旗林東鎮波羅城。

[7]耶律章奴（？—1115）：字特末衍，是季父房的後代。天慶四年授東北路統軍副使。次年當天祚親征女直時，以章奴爲都監。大軍渡鴨子河，章奴與魏國王耶律淳的妻兄蕭敵里及其外甥蕭延留等謀立淳爲帝，誘軍隊將領和士卒三百餘人從前綫逃回。但耶律淳不配合他們行動。叛軍攻打上京不克，章奴於是逃往北方。女直阿鶻産率兵追趕將其擊敗，章奴伏誅。卷一〇〇有傳。　六年耶律章奴叛：據中華點校本校勘記，本書卷一〇〇《耶律章奴傳》及卷二八《天祚皇帝紀二》並繫此事於天慶五年（1115）九月。

[8]尋爲契丹都宫使：【劉校】據中華點校本校勘記，本書卷二八《天祚皇帝本紀二》天慶六年六月作"契丹行宫都部署兼副元帥"。

　　耶律儼字若思，析津（今北京市）人，本姓李氏。父仲禧重熙中始仕，[1]清寧初同知南院宣徽使事。四年城鴨子、混同二水間，[2]拜北院宣徽使。咸雍初坐誤奏事，[3]出爲榆州刺史。[4]俄詔復舊職，遷漢人行宫都部署。[5]六年賜國姓，封韓國公，改南院樞密使。[6]時樞臣乙辛等誣陷皇太子，詔仲禧偕乙辛鞫之，蔓引無辜，未嘗雪正。乙辛薦仲禧可任，拜廣德軍節度使，[7]復爲南院樞密使，卒，謚欽惠。

[1]重熙：遼興宗耶律宗真年號（1032—1055）。

[2]鴨子河：即混同江，今稱松花江。本書卷一六《聖宗本紀
七》太平四年（1024）二月，“詔改鴨子河曰混同江”。

[3]咸雍：遼道宗耶律洪基年號（1065—1074）。

[4]榆州：【靳注】州名。治所在今遼寧省凌源市西郊十八
里堡。

[5]漢人行宮都部署：遼在北南面官系統中，分別設契丹行宮
都部署和漢人行宮都部署，其上則有諸行宮都部署。行宮都部署完
全是倣中原王朝官制設置的，它不同於專管斡魯朵事務的某宮都部
署的宮官。宋朝皇帝巡幸亦有行宮，且亦有行宮都部署之設。後避
英宗趙曙名諱，改稱行宮都總管。詳本書卷四七《百官志三》。

[6]“六年”至“改南院樞密使”：據中華點校本校勘記，“按
《紀》，七年十二月賜國姓，八年十二月封韓國公，九年八月爲南院
樞密使”。

[7]廣德軍：遼代軍號。治乾州（今遼寧省北鎮市廟前）。《明
一統志》卷二五《登州府》：“乾州城在廣寧衛西南七里，本漢無慮
縣地，遼置乾州廣德軍。”

儼儀觀秀整，好學有詩名，登咸雍進士第。守著作
佐郎，補中書省令史，以勤敏稱。大康初，歷都部署判
官、將作少監。後兩府奏事論群臣優劣，唯稱儼才俊，
改少府少監，知大理正，[1]賜紫。[2]六年遷大理少卿，奏
讞詳平。明年，陞大理卿。丁父憂，奪服，[3]同簽部署
司事。[4]

[1]大理正：大理寺長官。聖宗統和十二年（994）置。

[2]賜紫：即“賜紫金魚袋”。著紫色官服，佩金魚袋。宋代
趙昇《朝野類要》卷三《賜借緋紫》：“本朝之制，文臣自入仕著

緑；滿二十年，換賜緋，銀魚袋；又滿二十年，換賜紫，金魚袋。又有雖未及年而推恩特賜者，又有未及而所任職不宜緋緑而借紫、借緋者，即無魚袋也。若三公、三少，則玉帶金魚矣，惟東宮［之三公、三少］，魚亦玉爲之。"

[3]奪服：亦謂"起復"，指官員居喪未滿，朝廷令其停止服喪，起而視事。宋代吳曾《能改齋漫録》卷二《起復之禮》曰："予按前漢翟方進在喪，既葬二十六日除服，起視事；後漢桓焉爲太子太傅，以母憂，自乞聽以大夫行喪。踰年，詔使者賜牛酒，奪服。夫謂之起復者，就喪起之，復令視事耳。"

[4]同簽部署司事：遼南面宮官。漢人行宮都部署院（即南面行宮都部署院）設此官。掌行在諸宮之政令。【靳校】簽，原本作"僉"，今從中華點校本改。

大安初爲景州刺史。[1]繩胥徒、禁豪猾、撫老恤貧，未數月善政流播，郡人刻石頌德。二年改御史中丞，詔案上京滯獄，多所平反。同知宣徽院事，提點大理寺。六年冬改山西路都轉運使，[2]刮剔垢弊、奏定課額、益州縣俸給，事皆施行。壽隆初授樞密直學士。以母憂去官，尋召復舊職。宋攻夏，[3]李乾順遣使求和解，[4]帝命儼如宋平之，拜參知政事。[5]六年駕幸鴛鴦濼，[6]召至内殿，訪以政事。

[1]景州：州名。五代時，有另一景州州治在今河北省東光市。此爲遼在其境内僑置，治所在今河北省遵化市。

[2]山西路都轉運使：山西路都轉運司長官。屬南面財賦官。

[3]宋攻夏：【劉校】《羅校》謂："'夏'，元本誤'憂'。"明抄本、南監本、北監本和殿本均作"夏"。説明《羅校》正確，

據改。

[4] 李乾順（1083—1139）：即夏崇宗。西夏第四代皇帝。三歲即位。母梁氏與弟乙逋擅政。永安元年（1098）梁太后死，乾順親政，年十七，謹事遼朝，但與宋交惡。遼以宗室女封公主下嫁。遼亡前夕，他曾出兵援遼，後臣於金。

[5] 參知政事：官名。始見於唐前期，宋初作爲副宰相，至真宗以後，其地位更與宰相同平章事等。遼朝參知政事的地位類似宋朝的參知政事，與同中書門下平章事一樣，都是中書省長官，即宰相。

[6] 鴛鴦濼：湖名。在今北京市延慶區境内。舊時周八十里。其水停積不流，自遼金以來，爲放飛之所。即今野鴨湖。

帝晚年倦勤，用人不能自擇，令各擲骰子，[1] 以采勝者官之。儼嘗得勝采，上曰：“上相之徵也！”遷知樞密院事，賜經邦佐運功臣，封越國公。[2] 修《皇朝實錄》七十卷。

[1] 骰子：賭具。也用以占卜、行酒令或作遊戲。多以獸骨製成，爲小正方塊，六面分刻一、二、三、四、五、六點，一、四塗以紅色，餘塗黑色。擲之視所見點數或顏色爲勝負，故又稱投子、色子。擲骰子如果擲了個雙重四，即謂得“堂印”。

[2] 賜經邦佐運功臣，封越國公：【劉校】據中華點校本校勘記，按《遼文匯》卷八乾統元年（1101）所撰《道宗哀册》署銜作“經邦守正翊贊功臣、趙國公”。

帝大漸，儼與北院樞密使阿思同受顧命。乾統三年徙封秦國。[1] 六年封漆水郡王。天慶中以疾命乘小車入朝，疾甚，遣太醫視之。薨，贈尚父，謚曰忠懿。

[1]乾統：遼天祚帝耶律延禧年號（1101—1110）。

儼素廉潔，一芥不取於人。經籍一覽成誦。又善伺人主意，妻邢氏有美色，嘗出入禁中，儼教之曰："慎勿失上意！"由是權寵益固。三子：處貞，太常少卿；處廉，同知中京留守事；[1]處能，少府少監。

[1]中京：遼五京之一。稱大定府，故址在今内蒙古自治區寧城縣大明鎮。

劉伸，字濟時，宛平人。[1]少穎悟，長以辭翰聞。重熙五年，登進士第，歷彰武軍節度使掌書記、大理正。[2]因奏獄上適與近臣語，不顧，伸進曰："臣聞自古帝王必重民命，願陛下省臣之奏。"上大驚異，擢樞密都承旨，權中京副留守。

[1]宛平：縣名。遼南京析津府的附郭縣。治所在今北京市。
[2]彰武軍：遼代軍號。治霸州，後升興中府，治所在今遼寧省朝陽市。

詔徙富民以實春、泰二州，[1]伸以爲不可，奏罷之。遷大理少卿，人以不冤。陞大理卿，改西京副留守。[2]以父憂終制爲三司副使，加諫議大夫，提點大理寺。以伸明法而恕，案冤獄全活者衆，徙南京副留守。[3]俄改崇義軍節度使，[4]政務簡靜，民用不擾，致烏、鵲同巢之異，優詔褒之。改户部使，歲入羨餘錢三十萬緡，拜南院樞密副使。

[1]春：州名。即長春州，治所在今吉林省前郭爾羅斯蒙古族自治縣塔虎城。 泰：州名。即泰州，治所在今吉林省白城市東南。

[2]西京：遼五京之一。故址在今山西省大同市。

[3]南京：遼五京之一。故址在今北京市。

[4]崇義軍：遼代軍號。治宜州（今遼寧省義縣）。

　　道宗嘗謂大臣曰："今之忠直，耶律玦、劉伸而已！"宰相楊績賀其得人，拜參知政事。[1]上諭之曰："卿勿憚宰相！"時北院樞密使乙辛勢焰方熾，伸奏曰："臣於乙辛尚不畏，何宰相之畏！"乙辛銜之，相與排詆，出為保靜軍節度使。[2]上終欲大用，加守太子太保，遷上京留守。乙辛以事徙鎮雄武，[3]復以崇義軍節度使致仕。

　　適燕薊民飢，伸與致政趙徽、韓造日濟以糜粥，所活不勝筭。大安二年卒，上震悼，賵贈加等。

[1]拜參知政事：【劉校】據中華點校本校勘記，本書卷二二《道宗本紀二》咸雍二年（1066）十二月，以樞密副使劉詵參知政事。劉詵即劉伸。

[2]保靜軍：遼代軍號。治建州（今遼寧省朝陽市）。

[3]雄武：即雄武軍。遼代軍號。治歸化州，歸化州即武州，治所在今河北省張家口市宣化區。

　　耶律胡呂字蘇撒，弘義宮分人。[1]其先欲穩佐太祖有功，[2]爲迭烈部夷离堇。[3]父楊五左監門衛大將軍。

[1]弘義宮分人：弘義宮，遼太祖阿保機宮分。宮分人，有宮籍之人。有宮籍的宮分人，多是統治者的私奴，但宮分人中也有契丹權貴。宮籍是世襲的，未經統治者宣佈廢除，子孫則世代爲宮分人。遼朝諸宮衛有所管轄人丁的統計數字，但奴婢不計算在內，本書卷三一《營衛志上》："凡諸宮衛人丁四十萬八千，騎軍十萬一千。著帳釋宥、没入，隨時增損，無常額。"這些没有統計在諸宮衛人丁總數之內者即是奴婢，稱爲"宮户""宮分人"。他們自有"宮籍"，歸宮衛管理。遼亡之後，諸宮衛機構雖已不存，但那些宮户、宮分人的身份並未改變；他們仍隸宮籍。於是，金朝始有宮籍監之設，用以管理這些宮户，並依照新機構的名稱，稱他們爲"宮籍監户"或"監户"。遼朝一部分專門在皇帝身邊服役的"宮户"又稱爲"著帳户"。散居州縣當中的宮户與民户一樣要向國家交納賦税，説明這些宮户的身份已經發生了改變。統和十五年（997）三月"壬午，通括宮分人户，免南京逋税及義倉粟"。將"通括宮分人户"一事，與"免南京逋税及義倉粟"一併實行，是因爲此二事都與賦税徵收有關。宮户所受剥削和壓迫定是相當沉重的，以至他們被迫逃亡。據壽昌二年（1096）的《孟有孚墓誌銘》載："時朝廷命復慶陵之逋民，詔公乘驛以督之。"（《全遼文》卷九）宮籍起源甚早，遙輦氏時已經有宮分人存在。宮籍是一種法律上的身份，是不能輕易改變的。宮分人"出宮籍"需要經皇帝特許。如韓德讓，就是即貴並且賜姓耶律之後纔"出宮籍"的。繼韓德讓之後，興宗時的漢人宮分人姚景行出宮籍也是在其官至翰林學士、樞密副使、參知政事以後。漢臣梁援，累世在遼朝作官，同時也具有宮籍。壽昌七年正月，道宗死後，由他充玄宮都部署，並撰謚册文。喪事既畢之後，始詔免其宮籍，而且"勅格餘人不以爲例，示特寵也"（《遼寧省博物館藏碑誌精粹》，文物出版社2000年版，

第 284—285 頁）。

　　[2]欲穩：即耶律欲穩（？—926）。突呂不部人。字轄剌干。協助阿保機平定剌葛等叛亂，以功遷奚迭剌部夷离菫。本書卷七三有傳。

　　[3]迭烈部：契丹部族名。即迭剌部。據本書卷三二《營衛志中·部族上》，遙輦氏時期，原來耶律（即世里）有七部，後合併爲一，成爲迭剌部。　夷离菫：契丹部族官名。源於突厥語官名"俟斤"（Irkin）。突厥各部的最高元首稱"可汗"（Qaghan），其他各部酋長則稱爲俟斤。初，契丹"其君大賀氏，有勝兵四萬，臣於突厥，以爲俟斤"（《新唐書》卷二一九《契丹傳》）。後，契丹首領自立爲可汗，其下所屬各部酋長則稱爲"俟斤"，亦即夷离菫。契丹立國後，大部族之夷离菫稱王，小部族之夷离菫則稱爲節度使。舉凡一部之軍政、民政皆由其統掌。參韓儒林《穹廬集》（上海人民出版社 1982 年版，第 314—316 頁）。

　　胡呂性謙謹，於人無適莫。重熙末補寢殿小底。以善職，屢更華要，遷千牛衛大將軍。大安中北阻卜酋磨魯斯叛，[1]爲招討都監，與耶律那也率精騎二千討平之，以功爲漢人行宮副部署，兼知太和宮事。致仕，加同中書門下平章事，[2]卒。

　　[1]阻卜即達旦、韃靼。元人諱言達旦，而稱達旦爲阻卜。詳王國維《觀堂集林》卷一四《達旦考》。　磨魯斯：【劉校】據中華點校本校勘記，本書卷二五《道宗本紀五》大安八年（1092）十月作"磨古斯"。

　　[2]同中書門下平章事：唐制，大臣中有此名義者即爲事實上的宰相。遼襲唐制，在分設北南面官之後，以同中書門下平章事爲南面宰相。

論曰：兀納當道宗昏惑之會，擁佑皇孫，使乙辛姦計不獲復逞，而遼祚以續。比之屋質立穆宗，非溢美也。儼以俊才蒞政所至有能譽，纂述遼史具一代治亂，亦云勤矣。但其固寵，不能以禮正家，惜哉。劉伸三爲大理民無冤抑，一登戶部上下兼裕，至與耶律玦並稱"忠直"，不亦宜乎。

（李錫厚注　劉鳳翥校）

遼史　卷九九

列傳第二十九

蕭巖壽　耶律撒剌　蕭速撒　耶律撻不也　蕭撻不也
蕭忽古　耶律石柳[1]

[1]"蕭巖壽"至"耶律石柳"：【劉校】原本、明抄本、南監本無，據北監本和殿本補。

蕭巖壽，乙室部人。[1]性剛直，尚氣，仕重熙末。[2]道宗即位，皇太后屢稱其賢，由是進用。

[1]乙室部：契丹部族名。爲太祖阿保機時期二十部之一，統以本部夷离菫。會同二年（939）該部夷离菫稱大王，隸南府。其大王及都監率部鎮守西南境，負責防禦西夏。
[2]重熙：遼興宗耶律宗真年號（1032—1055）。

上出獵較，巖壽典其事，未嘗高下于心，帝益重之。歷文班太保、同知樞密院事。[1]咸雍四年從耶律仁先伐阻卜，[2]破之，有詔留屯，亡歸者衆，由是鐫兩官。

十年討敵烈部有功，[3]爲其部節度使。

[1]樞密院：官府名。遼有北、南樞密院，爲遼朝的實際宰輔機構，分別總領北、南面官。北樞密院又稱契丹樞密院，掌軍事、部族。南樞密院又稱漢人樞密院，掌漢人州縣之事。

[2]咸雍：遼道宗耶律洪基年號（1065—1074）。　咸雍四年從耶律仁先伐阻卜：本書卷二二《道宗本紀二》載咸雍五年（1069）春正月，"阻卜叛，以晉王仁先爲西北路招討使，領禁軍討之"。耶律仁先（1012—1072），契丹皇族。孟父房之後。重熙十一年（1042）升北院樞密副使，與劉六符使宋，定議增歲幣。十八年再舉伐夏，仁先與皇太弟重元爲前鋒。清寧九年（1063）重元謀逆，仁先受命討賊。事後，加尚父，進封宋王，爲北院樞密使。本書卷九六有傳。阻卜即達旦、韃靼。元人諱言達旦，而稱達旦爲阻卜。詳王國維《觀堂集林》卷一四《達旦考》。

[3]敵烈部：遼金時北邊族名。又譯迪烈、敵烈德、迭烈德、達里底。遼時以遊牧、捕獵爲業，分佈於臚朐河（今克魯倫河）流域。有八部，稱爲八部敵烈或八石烈敵烈。與烏古部並稱爲北邊大部。遼聖宗以敵烈部降人置迭魯敵烈部和北敵烈部。開泰四年（1015），築董城於臚朐河北，安置敵烈、烏古降人。壽昌二年（1096），徙敵烈、烏古於烏納水西。金末元初，敵烈人逐漸與女真人、蒙古人等同化。

大康元年同知南院宣徽使事，[1]遷北面林牙。[2]密奏"乙辛以皇太子知國政心不自安，[3]與張孝傑數相過從。[4]恐有陰謀，動搖太子"。上悟，出乙辛爲中京留守。[5]會乙辛生日，上遣近臣耶律白斯本賜物爲壽，[6]乙辛因私屬白上："臣見姦人在朝，陛下孤危。身雖在外，竊用寒心。"白斯本還，以聞。上遣人賜乙辛車，諭曰：

“無慮弗用，行將召矣。”由是反疑巖壽，出爲順義軍節度使。[7]

[1]大康：遼道宗耶律洪基年號（1075—1084）。　南院宣徽使：遼朝官名。遼設北、南宣徽院，分隸北、南樞密院之下。宣徽北院使常執行軍事使命。此外，宣徽使還掌領朝會、宴饗、禮儀、祭祀及御前祇應之事。

[2]林牙：契丹官名。掌文翰，相當於翰林學士。

[3]乙辛：即耶律乙辛（？—1083）。五院部人。字胡覩袞。重熙中爲文班吏。道宗清寧五年（1059）爲南院樞密使，改知北院，封趙王。九年重元亂平，拜北院樞密使，進封魏王。咸雍五年（1069）加守太師。詔四方有軍旅，許以便宜從事，勢震中外。大康元年（1075）誣皇后蕭觀音致死，三年又害死太子耶律濬。七年冬坐以禁物鬻入外國，幽於來州。九年謀奔宋及私藏兵甲事發，伏誅。本書卷一一〇有傳。

[4]張孝傑：建州永霸縣（今遼寧省朝陽市）人。咸雍三年參知政事，同知樞密院事，加工部侍郎。八年封陳國公。大康元年賜國姓。是年夏乙辛譖皇太子，誣害忠良，孝傑之謀居多。而道宗竟以其爲忠，可比狄仁傑，賜名仁傑。大安中死於鄉。本書卷一一〇有傳。

[5]中京留守：【劉校】據中華點校本校勘記，“中”原誤“上”。據本書卷二三《道宗本紀三》大康二年六月及卷九七《孩里傳》、卷一一〇《耶律乙辛傳》改。今從。

[6]耶律白斯本：本書卷二八、卷三〇均作“耶律白斯不”。

[7]順義軍：遼代軍號。治朔州（今屬山西省）。

乙辛復入爲樞密使，流巖壽于烏隗路，[1]終身拘作。巖壽雖竄逐，恒以社稷爲憂，時人爲之語曰：“以狼牧羊，何能久長！”三年乙辛誣巖壽與謀廢立事，執還殺之，年四十九。

[1]烏隗路：當位於東京轄區。據本書卷三三《營衛志下‧部族下》，烏隗部亦稱奧隗部，是契丹古老的部族組織。此外，契丹還有乙室奧隗部和楮特奧隗部，均係以所俘奚人設置。都活動於東京轄區。

乾統間贈同中書門下平章事，[1]繪像宜福殿。巖壽廉直，面折廷諍，[2]多與乙辛忤，故及於難。

[1]乾統：遼天祚帝耶律延禧年號（1101—1110）。 同中書門下平章事：唐制，大臣中有此名義者即爲事實上的宰相。遼襲唐制，在分設北南面官之後，以同中書門下平章事爲南府宰相。
[2]面折廷諍：語出《史記‧呂太后本紀》。直言敢諫之義。【劉校】折，《羅》謂：“‘折’，元本誤‘拆’。”明抄本、南監本、北監本和殿本均作“折”。中華點校本、修訂本和補注本徑改。今從改。

耶律撒剌字董隱，南院大王磨魯古之孫。[1]性忠直沉厚。清寧初累遷西南面招討使，[2]以治稱。咸雍九年改北院大王，[3]未幾爲契丹行宮都部署。[4]

[1]南院大王磨魯古之孫：【劉校】南院大王，據中華點校本校勘記，本書卷八二《磨魯古傳》作“北院大王”。
[2]清寧：遼道宗耶律洪基年號（1055—1064）。 西南面招討使：西南面招討司長官。駐西京大同（今山西省大同市），負責

對西夏防務。

[3]咸雍九年改北院大王：【劉校】北院大王，據中華點校本校勘記，本書卷二三《道宗本紀三》咸雍九年（1073）十二月作"南院大王"。

[4]契丹行宮都部署：遼北面行宮官。遼在北南面官系統中，分別設契丹行宮都部署和漢人行宮都部署，其上則有諸行宮都部署。行宮都部署完全是做中原王朝官制設置的，它不同於專管斡魯朵事務的某宮都部署的宮官。宋朝皇帝巡幸亦有行宮，且亦有行宮都部署之設。後避英宗趙曙名諱，改稱行宮都總管。

大康二年耶律乙辛爲中京留守，詔百官廷議，[1]欲復召之，群臣無敢正言。[2]撒剌獨奏曰："蕭巖壽言乙辛有罪，不可爲樞臣，故陛下出之。今復召，恐天下生疑。"進諫者三，不納，左右爲之震悚。乙辛復爲樞密使，見撒剌讓曰："與君無憾，何獨異議？"撒剌曰"此社稷計，何憾之有！"乙辛誣撒剌與速撒同謀廢立，詔按無迹，出爲始平軍節度使。[3]及蕭訛都斡誣首，[4]竟遣使殺之。乾統間，追封漆水郡王，[5]繪像宜福殿，仍追贈三子官爵。

[1]百官廷議：這次關於復召耶律乙辛的"廷議"，就是北南臣僚會議。首先，從時間方面論，此事發生在大康二年（1076）冬十月。本書卷二三《道宗本紀三》載："［大康二年］冬十月戊戌，召中京留守魏王耶律乙辛復爲北院樞密使。"當時正值冬捺鉢北南臣僚會議期間。其次，就參加這次"廷議"的人員而論，本書卷一一〇《耶律乙辛傳》記載，道宗詔近臣議復召乙辛事，"北面官屬無敢言者"。如果出席這次會議的衹有北面官而無南面官，則無須

強調"北面官屬"不敢表態的情況。因此，這一記載恰好可以證明這是一次在冬捺鉢期間召集的北南臣僚會議。關於"北南臣僚會議"，參本書卷三二《營衛志中》"行營"。

[2]群臣無敢正言：【劉校】《初校》謂："'羣'，《百》作'郡'，非。"明抄本、南監本、北監本和殿本均作"群"。中華點校本、修訂本和補注本徑改。今從改。

[3]始平軍：遼代軍號。治遼州（今遼寧省新民市東北五十八里遼濱塔村）。遼州隸屬東京道，原屬渤海，亦稱北白川州。《武經總要》前集卷一六下《戎狄舊地》北白川州，遼州，遼縣故地，本朝天禧中契丹建爲州，仍曰始平軍。東至乾州百二十里，西北至宜州四十里，南至海二百里，北至中京五百五十里，北至醫巫閭山八十里。

[4]蕭訛都斡：國舅少父房之後。咸雍中補牌印郎君。大康三年樞密使耶律乙辛令護衛太保耶律查剌誣告耶律撒剌等謀廢立。訛都斡按乙辛旨意，實其事。後與乙辛議論不合，被誅。本書卷一一一有傳。

[5]漆水郡王：遼宗室耶律氏的封爵。

蕭速撒字禿魯菫，突呂不部人。[1]性沉毅。重熙間累遷右護衛太保。蒲奴里叛，[2]從耶律義先往討，[3]執首亂陶得里以歸。清寧中歷北面林牙、彰國軍節度使，[4]入爲北院樞密副使。咸雍十年經略西南邊，撤宋堡障，戍以皮室軍，[5]上嘉之。

[1]突呂不部：契丹部族名。據本書卷三三《營衛志下》，該部爲太祖二十部之一，創建於阻午可汗之時，隸北府，節度使屬西北路招討司，司徒居長春州西。

[2]蒲奴里叛：蒲奴里，遼東北部族名。與越里篤、剖阿里、

奧里米和越里吉統稱五國部。【劉校】“叛”，《初校》謂：“‘叛’，《百》作‘判’，非。”明抄本、南監本、北監本和殿本均作“叛”。中華點校本、修訂本和補注本徑改。今從改。

[3]耶律義先（1010—1052）：于越仁先之弟。重熙初補祗候郎君班詳穩。十六年（1047）爲殿前都點檢，討蒲奴里，多所招降，獲其酋長陶得里以歸，以功改南京統軍使，封武昌郡王。二十一年拜惕隱，進王富春。本書卷九○有傳。

[4]彰國軍：遼代軍號。治應州（今山西省應縣）。

[5]皮室：契丹軍名。意爲“金剛”。初爲阿保機所置，稱“腹心部”。後有南、北、左、右皮室及黃皮室等，皆掌精甲。

大康二年知北院樞密使事。[1]耶律乙辛權寵方盛，附麗者多至通顯，速撒未嘗造門。乙辛銜之，誣構速撒首謀廢立，按之無驗，出爲上京留守。[2]乙辛復令蕭訛都斡以前事誣告，上怒，不復加訊，遣使殺之。時方盛暑，尸諸原野，容色不變，烏鵲不敢近。乾統間追封蘭陵郡王，繪像宜福殿。

[1]知北院樞密使事：【劉校】中華點校本校勘記云，“事”字原脫。本書卷二三《道宗本紀三》大康二年（1076）六月，“北院樞密副使蕭速撒知北院樞密使事”，據中華點校本補。今從。

[2]上京：遼五京之一。前期都城，稱臨潢府，故址在今内蒙古自治區巴林左旗林東鎮波羅城。

耶律撻不也，字撒班，繫出季父房。[1]父高家仕至林牙，重熙間破夏人于金肅軍有功，[2]優加賞賚。

[1]季父房：契丹以玄祖之後爲皇族，分爲三房：孟父房、仲父房和季父房。德祖之元子是爲太祖天皇帝，謂之横帳；次曰剌葛，曰迭剌，曰寅底石，曰安端，曰蘇，皆曰季父房。【劉校】"父"原本誤作"文"，明抄本、南監本、北監本和殿本均作"父"。中華點校本、修訂本、補注本和長箋本逕改。今從。

[2]金肅軍：亦作金肅州。治所在今内蒙古自治區准格爾旗西北。

　　撻不也清寧中補牌印郎君，累遷永興宫使。[1]九年平重元之亂，[2]以功知點檢司事，[3]賜平亂功臣，爲懷德軍節度使。[4]咸雍五年遷遥輦尅。

[1]永興宫：太宗德光宫分。

[2]重元之亂：耶律重元，遼聖宗次子。欽愛皇后稱制，曾密謀立重元。重元以所謀告於興宗，封爲皇太弟。賜以金券誓書。道宗即位，册爲皇太叔，爲天下兵馬大元帥，復賜金券。清寧九年（1063），與其子涅魯古謀亂，失敗自殺。

[3]點檢司：後周世宗設置殿前司，以都點檢、副都點檢爲正副長官，位在都指揮使之上，爲禁軍統帥。宋初廢。遼設殿前都點檢，爲南面軍官，當係模倣後周制。

[4]懷德軍：遼代軍號。治恩州。據《欽定熱河志》卷六〇，遼恩州故址在大定（寧城）縣恩化鎮。《武經總要》前集卷一六下《戎狄舊地》："恩州，德光所建，本烏桓舊地。南至中京六十里，西至馬孟（盂）山六十里，西北曼頭山三十里，山地至宜坤州五十里，西南至上京二百五十里，北至高州百二十里。"

　　大康三年授北院宣徽使。耶律乙辛謀害太子，撻不也知其姦，欲殺乙辛及蕭特里得、[1]蕭十三等。乙辛知之，令其黨誣構撻不也與廢立事，殺之。乾統間追封漆水郡王，繪像宜福殿。

[1]蕭特里得：【劉校】據中華點校本校勘記，本書卷一一一本傳作“蕭得里特”，本書卷七二《順宗濬傳》作“蕭特里特”。

蕭撻不也字斡里端，國舅郡王高九之孫。[1]性剛直。咸雍中補祗候郎君。大康元年爲彰愍宮使，[2]尚趙國公主，[3]拜駙馬都尉。

[1]國舅郡王高九之孫：【劉注】據契丹小字《梁國王墓誌銘》，“高九”是契丹語小名 𪚕 𠆤 𠕋 的音譯，其全名是 𪚕 𠆤 𠕋（六温·高九）。他是 𪚕 𪚕（解領·桃隗）的第三子。其遠祖爲淳欽皇后之弟阿古只。
[2]彰愍宮：遼景宗耶律賢宮分。
[3]趙國公主：據本書卷六五《公主表》，道宗第二女趙國公主嫁蕭撻不也，“撻不也坐昭懷太子事被害，其弟訛都斡欲逼尚公主，公主以訛都斡黨乙辛，惡之。未幾，訛都斡以事伏誅”。

三年改同知漢人行宮都部署。與北院宣徽使耶律撻不也善，乙辛嫉之，令人誣告謀廢立事。不勝搒掠，誣伏。上引問，昏瞶不能自陳，遂見殺。乾統間追封蘭陵郡王，繪像宜福殿。

蕭忽古字阿斯憐，性忠直，趫捷有力。甫冠補禁軍。咸雍初從招討使耶律趙三討番部之違命者，[1]及請降，來介有能躍馳峯而上者，以儇捷相詫。趙三問左右誰能此，忽古被重鎧而出，手不及峰一躍而上，使者大駭。趙三以女妻之。帝聞，召爲護衛。

[1]耶律趙三：本書卷二二《道宗本紀二》記載，咸雍元年（1065）爲北院大王；卷九三《蕭迂魯傳》也記載"咸雍初從招討使耶律趙三討番部之違命者"。

時北院樞密使耶律乙辛以狡佞得幸，肆行兇暴。忽古伏于橋下伺其過，欲殺之。俄以暴雨壞橋，不果。後又欲殺于獵所，爲親友所沮。大康三年復欲殺乙辛及蕭得里特等，[1]乙辛知而械繫之，考劾不服，流于邊。及太子廢，徙于上京，召忽古至，殺之。乾統初追贈龍虎衛上將軍。

[1]蕭得里特：其祖先是遙輦洼可汗時期的宮分人。清寧初年乙辛受重用執掌大權，得里特甚受重用，累經陞遷爲北面林牙、同知北院宣徽使事。是乙辛謀害太子的同夥。大康年間陞遷爲西南招討使。後因對道宗心懷不滿，全家籍没爲興聖宮宮分人，貶至西北統軍司。本書卷一一一有傳。

耶律石柳字酬宛，六院部人。[1]祖獨攧南院大王，父安十統軍副使。

[1]六院部：太祖析迭剌部爲五院部和六院部。太宗會同元年（938）改夷离堇爲大王。北院大王和南院大王即是五院部和六院部的首領。

石柳性剛直，有經世志。始爲牌印郎君，大康初爲夷离畢郎君。[1]時樞密使耶律乙辛誣殺皇后，謀廢太子，斥忠賢，進姦黨，石柳惡其所爲，乙辛覺之。太子既廢，以石柳附太子流鎮州。[2]

[1]夷离畢：遼官名。爲執政官，相當於副宰相參知政事。後來官分南、北，北面官有夷离畢院，主要掌刑政。

[2]鎮州：本古可敦城。故址在今蒙古國布爾干省青托羅蓋古城。遼置建安軍。陳得芝《耶律大石北行史地雜考》（《歷史地理》第二輯）説，遼朝統治漠北屬部的最高軍政機構是西北路招討司（又稱西北路都招討司）。遼聖宗統和十二年（994），因西北"阻卜"諸部作亂，以蕭撻凜爲西北路招討使，命隨皇太妃（齊王妃）出征，"屯西鄙臚駒兒河，西捍韃靼，盡降之"。蕭撻凜鑒於達旦諸部叛服不常，上表乞建三城以鎮之。統和二十二年三城完工，設置鎮、防、維三州。

天祚即位召爲御史中丞。時方治乙辛黨，有司不以爲意。石柳上書曰：

臣前爲姦臣所陷，斥竄邊郡。幸蒙召用，不敢隱默。恩賞明則賢者勸，刑罰當則姦人消。二者既舉，天下不勞而治。臣見耶律乙辛身出寒微，位居樞要，竊權肆惡，不勝名狀。蔽先帝之明，誣陷順聖，[1]構害忠讜，敗國罔上，自古所無。賴廟社之休，陛下獲纂成業，積年之冤一旦洗雪，政陛下英斷克成孝道之秋。如蕭得裏特實乙辛之黨，耶律合魯亦不爲早辨，[2]賴陛下之明，遂正其事。

[1]順聖：即昭懷太子耶律濬（1058—1077）。天祚帝之父。小字耶魯斡，是道宗獨生子，生母是宣懿皇后蕭觀音。因受姦臣乙辛陷害，於大康三年（1077）被廢，隨即被乙辛殺害。壽昌七年（1101）天祚即位後，上尊號爲大孝順聖皇帝，廟號順宗。本書卷七二有傳。

[2]耶律合魯：追隨耶律乙辛陷害太子。本書卷一一一有傳。

臣見陛下多疑，故有司顧望，不切推問。乙辛在先帝朝權寵無比。先帝若以順考爲實則乙辛爲功臣，陛下豈得立耶？先帝黜逐嬖后，[1]詔陛下在左右，是亦悔前非也。陛下詎可忘父讎不報、寬逆黨不誅！今靈骨未獲而求之不切，傳曰："聖人之德，無加于孝。"[2]昔唐德宗因亂失母，[3]思慕悲傷，孝道益著；周公誅飛廉、惡來，[4]天下大悅。今逆黨未除，大冤不報，上無以慰順考之靈，下無以釋天下之憤。怨氣上結，水旱爲沴。

[1]嬖后：指道宗惠妃蕭氏（？—1118），小字坦思，駙馬都尉蕭霞抹之妹。大康二年（1076）因受到乙辛讚譽，選入後宮，立爲皇后。八年皇孫延禧封梁王，坦思降爲惠妃，遷徙至乾陵。不久，其母燕國夫人厭魅，伏誅。天祚即位後，乾統二年（1102）貶惠妃爲庶人。天慶六年（1116）召其回宮，封太皇太妃。兩年後，逃奔黑頂山，死後葬於太子山。本書卷七一有傳。

[2]聖人之德，無加于孝：出自《孝經·聖治章》："曾子曰：敢問聖人之德，無以加於孝乎？"

[3]唐德宗：即李适，公元780年至805年在位。

[4]周公誅飛廉、惡來：語出《荀子·儒效》。飛廉，亦作蜚

廉，商紂王大臣。惡來，飛廉長子，紂王寵臣，後爲周武王所殺。
周公：西周初年政治家。姬姓，周武王之弟，名旦，亦稱叔旦。因
采邑在周（今陝西省岐山縣北），稱爲周公。曾助武王滅商。武王
死後，成王年幼，由他攝政。

　　臣願陛下下明詔，求順考之癏所，盡收逆黨以
正邦憲，快四方忠義之心，昭國家賞罰之用，然後
致治之道可得而舉矣。謹別録順聖升遐及乙辛等
事，昧死以聞。

　書奏不報，聞者莫不歎惋。乾統中遙授靜江軍節度
使，[1]卒。子馬哥，同中書門下平章事。

　論曰：《易》言"履霜，堅冰至"，[2]謹始也。使道
宗能從巖壽、撒剌之諫，后何得而誣、太子何得而廢
哉？速撒、撻不也以忠言見殺，國欲無亂得乎？石柳之
書亦幸出於乙辛既敗之後，獲行其説。[3]有國家者，可
不知人哉！

　　[1]靜江軍節度使：【靳注】官名。爲遙授虛職，非實銜。靜
江軍，唐、五代方鎮名。治桂州（今廣西壯族自治區桂林市）。北
宋初年廢。

　　[2]履霜，堅冰至：出自《周易·坤卦》。意思是说脚下有霜，
即表明將要遇到堅冰。

　　[3]獲行其説：無此事。本傳稱"書奏不報"，即石柳之言未
被采納。

（李錫厚注　劉鳳翥校）

遼史　卷一〇〇

列傳第三十

耶律棠古　蕭得里底　蕭酬斡　耶律章奴　耶律朮者[1]

[1]"耶律棠古"至"耶律朮者"：【劉校】原本、明抄本、南監本無，據北監本和殿本補。

耶律棠古字蒲速宛，六院郎君葛剌之後。[1]

[1]六院：契丹部族名。天贊元年（922），以迭剌部強大難制，析五石烈爲五院，六爪爲六院，各置夷离堇。會同元年（938），更夷离堇爲大王，部隸北府，以鎮南境。

大康中補本班郎君，[1]累遷至大將軍。性坦率，好別白黑，人有不善，必盡言無隱，時號"強棠古"。在朝數論宰相得失，由是久不得調，後出爲西北戍長。

[1]大康：遼道宗耶律洪基年號（1075—1084）。

乾統三年蕭得里底爲西北路招討使，[1]以后族慢侮僚吏。[2]棠古不屈乃罷之。棠古訟之朝，不省。天慶初烏古敵烈叛，[3]召拜烏古部節度使。至部，諭降之，遂出私財及發富民積，以振其困乏，部民大悅，加鎮國上將軍。會蕭得里底以都統率兵與金人戰，[4]敗績，棠古請以軍法論，且曰："臣雖老，願爲國破敵。"不納。

[1]乾統：遼天祚帝耶律延禧年號（1101—1110）。 西北路招討使：遼朝官名。西北路招討司的最高長官。該機構是遼朝統治漠北屬部的最高軍政機構，又稱西北路都招討司。

[2]以后族慢侮僚吏：【劉校】《初校》謂"'吏'、《百》、《南》作'史'，非。"《百》、《南》指百衲本和南監本。明抄本、北監本和殿本均作"史"，證明《初校》正確，據改。中華點校本、修訂本和補注本徑改。

[3]天慶：遼天祚帝耶律延禧年號（1111—1120）。 烏古：部族名。又稱嫗厥律、于厥律，居契丹西北。

[4]都統：官名。唐乾元中，始以都統爲官名，總諸道征伐。後若調諸道兵馬會戰，多置此職，爲臨時軍事長官，不賜旌節，事解即罷。遼設諸路兵馬都統署司，下有諸路兵馬都統署，都統爲其長官。

保大元年乞致仕。[1]明年天祚出奔，棠古謁於倒塌嶺，[2]爲上流涕，上慰止之，復拜烏古部節度使。及至部，敵烈以五千人來攻，[3]棠古率家奴擊破之，加太子太傅。[4]年七十二卒。

[1]保大：遼天祚帝耶律延禧年號（1121—1125）。
[2]倒塌嶺：地近阻卜，故遼在此駐軍守護西路群牧。

[3]敵烈：又譯迪烈、敵烈德、迭烈德、達里底。遼時以遊牧、捕獵爲業，分佈於臚朐河（今克魯倫河）流域。有八部，稱爲八部敵烈或八石烈敵烈。與烏古部並稱爲北邊大部。遼聖宗以敵烈部降人置迭魯敵烈部和北敵烈部。開泰四年（1015）築董城於臚朐河北，安置敵烈、烏古降人。壽昌二年（1096）徙敵烈、烏古於烏納水西。遼置烏古敵烈統軍司以應對阻卜諸部的反抗。金末元初，敵烈人逐漸與女真人、蒙古人等同化。

[4]加太子太傅：【劉校】據中華點校本校勘記，本書卷六四《皇子表》同。卷二九《天祚皇帝本紀三》保大二年（1122）七月作"加太子太保"。

蕭得里底字糺鄰，[1]晉王孝先之孫。[2]父撒鉢歷官使相。

[1]蕭得里底：中華點校本校勘記認爲，蕭得里底與本書卷一〇二有傳之蕭奉先事蹟有重複，疑是一人兩傳。按，此判斷不能成立。得里底系元妃蕭氏之叔，奉先與元妃則爲兄妹，故此非一人二傳。

[2]孝先：即蕭孝先。契丹駙馬。娶聖宗女南陽公主。重熙初，曾與太后謀廢立。本書卷八七有傳。

得里底短而僂，外謹内倨。大康中補祗候郎君，稍遷興聖宮副使兼同知中丞司事。[1]大安中燕王妃生子，[2]得里底以妃叔故，歷寧遠軍節度使、長寧宮使。[3]壽隆二年監討達里得、拔思母二部，[4]多俘而還，改同知南京留守事。[5]

[1]興聖宫：聖宗耶律隆緒宫分。

[2]大安：遼道宗耶律洪基年號（1085—1094）。

[3]寧遠軍：遼代軍號。治貴德州（今遼寧省撫順市城北高爾山前）。　長寧宫：應天皇太后述律氏宫分。

[4]壽隆：遼道宗耶律洪基年號（1095—1101）。據遼代碑刻和錢幣，此年號本爲“壽昌”。元代修《遼史》時誤書爲“壽隆”。【劉注】據中華修訂本前言，此係陳大任《遼史》避金欽慈皇后“壽昌”諱而改，後爲元修《遼史》所承襲。　拔思母：遼代部族名。唐時稱拔悉蜜、拔悉彌，原爲鐵勒諸部之一，後爲回紇役屬。遼時叛服無常，先後爲蕭阿魯帶及西南面招討司、夏國王李乾順所破。

[5]南京：遼五京之一。故址在今北京市。

　　乾統元年爲北面林牙、同知北院樞密事，[1]受詔與北院樞密使耶律阿思治乙辛餘黨。[2]阿思納賄，多出其罪，得里底不能制，亦附會之。

[1]林牙：契丹官名。掌文翰，相當於翰林學士。

[2]耶律阿思（1034—1108）：字撒班。重元之亂，與護衛蘇射殺涅魯古，賜號靖亂功臣，徙契丹行宫都部署。壽昌元年（1095）爲北院樞密使，監修國史。道宗崩，受顧命，加于越。受賂，包庇乙辛黨人。卒於乾統八年（1108）。本書卷九六有傳。【劉注】據漢字《耶律祺墓誌銘》殘石和契丹大字《耶律祺墓誌銘》，阿思爲契丹大字小名**正**的音譯，確切的譯法應爲“阿思里”，第二個名爲**月丙**（撒班），漢名爲祺。

　　四年知北院樞密事。夏王李乾順爲宋所攻，[1]遣使請和解，詔得里底與南院樞密使牛温舒使宋平之。[2]宋既許，得里底受書之日乃曰：「始奉命取要約歸，不見書辭豈敢徒還。」遂對宋主發函而讀。既還，朝議爲是。天慶三年加守司徒，封蘭陵郡王。

［1］李乾順（1083—1139）：即夏崇宗，西夏第四代皇帝。三歲即位。母梁氏與弟乙逋擅政。永安元年（1098）梁太后死，乾順親政，年十七，謹事遼朝，但與宋交惡。遼以宗室女封公主下嫁。遼亡前夕，他曾出兵援遼，後臣於金。

［2］牛温舒（？—1105）：范陽（今北京市）人。咸雍年間進士及第。兩度出任參知政事，乾統五年（1105）使宋，調解宋夏關係，歸來加中書令，卒。本書卷八六有傳。

女直初起，[1]廷臣多欲乘其未備舉兵往討，得里底獨沮之，以至敗衄。天祚以得里底不合人望，出爲西南面招討使。[2]八年召爲北院樞密使，寵任彌篤。是時諸路大亂，飛章告急者絡繹而至，得里底不即上聞，有功者亦無甄別。由是將校怨怒，人無鬭志。

［1］女直：部族名。本作「女真」，因避遼興宗宗真名諱，改稱「女直」。遼時居東北地區東部。其在南者入遼籍，稱「熟女真」或「合蘇館女真」；在北者不入遼籍，稱「生女真」。

［2］西南面招討使：西南面招討司長官。駐西京大同（今山西省大同市），負責對西夏防務。

保大二年金兵至嶺東，會耶律撒八、習騎撒跋等謀立晉王敖盧斡事泄，[1]上召得里底議曰：「反者必以此兒爲名，若不除去，何以獲安。」得里底唯唯，竟無一言申理。王既死，人心益離。金兵踰嶺，天祚率衛兵西遁。元妃蕭氏得里底之姪，[2]謂得里底曰："爾任國政，致君至此，何以生爲!"得里底但謝罪，不能對。明日天祚怒，逐得里底與其子麽撒。[3]

　　[1]晉王敖盧斡（？—1122）：天祚皇帝長子。生母是文妃蕭氏。有人望，內外歸心。保大元年（1121）蕭奉先使人誣告南軍都統耶律余覩與晉王母文妃密謀立晉王爲帝，余覩投降金朝，文妃被誅。二年天祚帝賜敖盧斡死。本書卷七二有傳，記事與本紀多有不合。

　　[2]元妃蕭氏：北府宰相常哥之女。小字貴哥，燕國妃之妹。年十七册爲元妃。以疾薨。

　　[3]得里底與其子麽撒：【劉校】據中華點校本校勘記，"麽撒，《外戚表》作磨撒。《金史·撻懶傳》，獲遼樞密使得里底及其子磨哥、那野。磨哥即麽撒"。

　　得里底既去，爲耶律高山奴執送金兵。得里底伺守者怠，脱身亡歸，復爲耶律九斤所得，送之耶律淳。[1]時淳已僭號，得里底自知不免，詭曰："吾不能事僭竊之君!"不食數日，卒。子麽撒，爲金兵所殺。

　　[1]耶律淳（？—1122）：興宗第四孫。南京留守、宋魏王和魯斡之子。乾統六年（1106）拜南府宰相，後又徙王魏。其父和魯斡薨，即以淳襲父守南京。冬夏入朝，寵冠諸王。天慶五年（1115）進封秦晉國王。保大二年（1122）天祚入夾山，在耶律大石等擁立下即位。號天錫皇帝，改保大二年爲建福元年，事未決，即病死，年六十。百官偽諡爲孝章皇帝，廟號宣宗，葬燕西香山永

安陵。本書卷三〇《天祚皇帝本紀四》附耶律淳傳。

蕭酬斡，字訛里本，國舅少父房之後。[1]祖阿剌終採訪使，父别里剌以后父封趙王。

[1]國舅少父房：據本書卷六七《外戚表序》："契丹外戚其先曰二審密氏：曰拔里，曰乙室己。至遼太祖娶述律氏。述律，本回鶻糯思之後。大同元年，太宗自汴將還，留外戚小漢爲汴州節度使，賜姓名曰蕭翰，以從中國之俗，由是拔里、乙室己、述律三族皆爲蕭姓。拔里二房，曰大父、少父；乙室己亦二房，曰大翁、小翁；世宗以舅氏塔列葛爲國舅别部。"又本書卷四五《百官志一》不稱"房"，稱"帳"，各設常衮以治之。

酬斡貌雄偉，性和易。年十四尚越國公主，[1]拜駙馬都尉，爲祗候郎君班詳穩。[2]年十八封蘭陵郡王。[3]時帝欲立皇孫爲嗣，恐無以解天下疑，出酬斡爲國舅詳穩，降皇后爲惠妃，[4]遷于乾州。[5]初，酬斡母入朝擅取驛馬，至是覺，奪其封號。復與妹魯姐爲巫蠱，伏誅。詔酬斡與公主離婚，籍興聖宮，流烏古敵烈部。

[1]越國公主：道宗第三女特里，生母爲宣懿皇后。封越國公主。乾統初進封秦晉國大長公主，徙封梁宋國大長公主。下嫁蕭酬斡。大康八年（1082）以酬斡得罪，離之。大安初改適蕭特末。後爲金人俘獲。
[2]詳穩：遼朝軍官名。元帥府下設大詳穩司。本書卷一一六《國語解》："詳穩，諸官府監治長官。""詳穩"即漢語"將軍"的轉譯。【劉注】"詳穩"即漢語"將軍"的轉譯的説法似有值得商

榷之處。在契丹小字中，“詳穩”作⿰􏿿􏿿，“將軍”作􏿿􏿿􏿿􏿿，或􏿿􏿿􏿿􏿿、􏿿􏿿􏿿􏿿；在契丹大字中，“詳穩”作􏿿􏿿，“將軍”作􏿿􏿿。“詳穩”不是漢語“將軍”的轉譯，而是音譯的契丹語，契丹語中“將軍”是漢語借詞。

[3]蘭陵郡王：契丹外戚蕭氏封爵。蘭陵郡是蕭氏郡望。戰國楚置蘭陵縣，在今山東省蘭陵縣西南。西晉置蘭陵郡，治丞縣（今山東省棗莊市嶧城區南，在古蘭陵縣西）。此蕭氏與契丹蕭氏並無血緣關係。

[4]惠妃：即道宗惠妃蕭氏（？—1118）。駙馬都尉蕭霞抹之妹。小字坦思。大康二年因受到乙辛讚譽，選入後宮，立爲皇后。八年皇孫延禧封梁王，坦思降爲惠妃，遷徙至乾陵。不久，其母燕國夫人厭魅，伏誅。貶惠妃爲庶人。天慶六年（1116）召其回宮，封太皇太妃。兩年後逃奔黑頂山，死後葬於太子山。本書卷七一有傳。

[5]乾州：州名。遼乾亨四年（982）置，治奉陵縣。故址在今遼寧省北鎮市西南十二里觀音洞附近。《明一統志》卷二五《登州府》：“乾州城在廣寧衛西南七里，本漢無慮縣地，遼置乾州廣德軍。”

天慶中以妹復尊爲太皇太妃，召酬斡爲南女直詳穩，遷征東副統軍。時廣州渤海作亂，[1]乃與駙馬都尉蕭韓家奴襲其不備，[2]平之，復敗敵將侯樂于川州。[3]是歲東京叛，遇敵來擊，師潰，獨酬斡率麾下數人力戰，歿於陣，追贈龍虎衛上將軍。

[1]廣州：州名。遼開泰七年（1018）置，治昌義縣。金改章（彰）義縣。故址在今遼寧省瀋陽市西南大高華堡。《金史》卷二

四《地理志》瀋州章義縣 "遼舊廣州，皇統三年降爲縣，來屬。有遼河、東梁河、遼河大口"。《松漠紀聞》卷二記載從金上京至燕京的行程，途經 "瀋州六十里至廣州"。即廣州在瀋州西南六十里處。

[2]駙馬都尉蕭韓家奴：昭懷太子女、天祚帝之妹延壽之夫。此女初封楚國公主，徙封許國。乾統元年（1101）進封趙國公主，加秦晉國長公主。

[3]川州：即白川州。遼代州名。據《大清一統志》卷二八，舊城在朝陽縣東北六十七里（今遼寧省北票市）。初置川州，會同中改爲白川州。【劉注】遼代川州，前期治所爲今遼寧省北票市南八家子鄉四家板村古城址；後期治所爲今遼寧省北票市黑城子鎮駐地黑城子村古城址。

耶律章奴字特末衍，季父房之後。[1]父查剌養高不仕。

[1]季父房：契丹以玄祖之後爲皇族，分爲三房：孟父房、仲父房和季父房。德祖之元子是爲太祖天皇帝，謂之橫帳；次曰剌葛，曰迭剌，曰寅底石，曰安端，曰蘇，皆曰季父房。

章奴明敏善談論。大安中補牌印郎君。乾統元年累遷右中丞，[1]兼領牌印宿直事。六年以直宿不謹，降知內客省事。[2]天慶四年授東北路統軍副使。[3]五年改同知咸州路兵馬事。[4]

[1]右中丞：【靳注】即北院右中丞。遼官名。屬北樞密院，爲總知中丞司事佐官。

[2]客省：官署名。會同元年（938）置，掌接待諸國使節。

設官有都客省、客省使、左右客省使等。

[3]東北路統軍副使：遼末防禦女真的軍事機構東北路統軍司的官員，次於東北路統軍使。原來，對女真的防禦在遼朝的軍事部署中並不佔有重要地位，故一直由東京的軍事機構兼管。當"生女真"完顏部發動叛亂時，遼朝主持戰事始有東北路統軍司。該機構設在寧江州（今吉林省松原市寧江區伯都訥古城）。

[4]咸州：州名。治所在今遼寧省鐵嶺市東北。

及天祚親征女直，蕭胡篤爲先鋒都統，[1]章奴爲都監。大軍渡鴨子河，[2]章奴與魏國王淳妻兄蕭敵里及其甥蕭延留等謀立淳，誘將卒三百餘人亡歸。既而天祚爲女直所敗，章奴乃遣敵里、延留以廢立事馳報淳。淳猶豫未決。會行宮使者乙信持天祚御札至，[3]備言章奴叛命，淳對使者號哭，即斬敵里、延留首以獻天祚。

[1]蕭胡篤：字合尤隱。其先撒葛只爲太和宮分人。清寧初補近侍。大安元年（1085）爲彰愍宮太師。天慶初累遷至殿前副點檢。五年（1115）從天祚東征，爲先鋒都統，後遷知北院樞密使事，卒。卷一〇一有傳。

[2]鴨子河：即混同江，今稱松花江。

[3]行宮：亦稱行帳，即遼朝皇帝轉徙隨行的車帳組成的朝廷，契丹語稱"捺鉢"，遼中葉逐漸形成"四時捺鉢"制度。

章奴見淳不從，誘草寇數百攻掠上京，[1]取府庫財物。至祖州，[2]率僚屬告太祖廟云："我大遼基業由太祖百戰而成，今天下土崩。竊見興宗皇帝孫魏國王淳道德隆厚，能理世安民，臣等欲立以主社稷。會淳適好草

旬，大事未遂。邇來天祚惟耽樂是從，不恤萬機。強敵
肆侮，師徒敗績，加以盜賊蜂起，邦國危于累卵。臣等
忝預族屬，世蒙恩渥，上欲安九廟之靈，下欲救萬民之
命，乃有此舉。實出至誠，冀累聖垂祐。"西至慶州，[3]
復祀諸廟，仍述所以舉兵之意，移檄州縣、諸陵官僚，
士卒稍稍屬心。

[1]上京：遼五京之一。遼前期都城，稱臨潢府，故址在今內
蒙古自治區巴林左旗林東鎮波羅城。

[2]祖州：州名。遼置，因阿保機的高祖、曾祖、祖、父皆出
生於此，故名。治所在今內蒙古自治區巴林左旗查干哈達蘇木石房
子嘎查。轄境相當今巴林左旗、巴林右旗的一部分。金天會八年
（1130）改爲奉州。阿保機秋季多在此狩獵。這是一座漢城，據
《武經總要》前集卷一六下《戎狄舊地》："祖州，阿保機既創西樓，
又西南築一城，以貯漢人，今名祖州，在唐置饒樂府西北祖山之
陽，因爲州名。阿保機葬所也，今號天成軍。南至饒州百八十里，
北至上京四十里。"

[3]慶州：州名。州城遺址在今內蒙古自治區巴林右旗索博日
嘎鎮。

時饒州渤海及侯槩等相繼來應，眾至數萬，趨廣平
淀。[1]其黨耶律女古等暴橫不法，劫掠婦女財畜。章奴
度不能制，內懷悔恨。又攻上京不克，北走降虜。[2]順
國女直阿鶻産率兵追敗之，殺其將耶律彌里直，擒貴族
二百餘人，其妻子配役繡院，或散諸近侍爲婢，餘得脫
者皆遁去。章奴詐爲使者，欲奔女直，爲邏者所獲，縛
送行在，伏誅。

[1]廣平淀：亦稱平淀，在永州東南三十里（今内蒙古自治區翁牛特旗東北），遼中期以後冬捺鉢所在地。詳本書卷三二《營衛志中》。

[2]北走降虜：【劉校】據中華點校本校勘記，按"虜"下原有"上"字，衍文從删。今從。

　　耶律朮者字能典，于越蒲古只之後，[1]魁偉雄辨。乾統初補祗候郎君。六年因柴册加觀察使。[2]天慶五年受詔監都統耶律斡里朵戰。及敗，左遷銀州刺史，[3]徙咸州糺將。

[1]于越：契丹語音譯詞。官名。爲契丹貴官，非有大功德者不授。位在北、南院大王之上。　蒲古只：本書卷七五《耶律鐸臻傳》"耶律鐸臻字敵輦，六院部人。祖蒲古只，遙輦氏時再爲本部夷离堇。耶律狼德等既害玄祖，暴横益肆。蒲古只以計誘其黨，悉誅夷之。"

[2]柴册：即柴册禮。此禮源於中國傳統的"燔柴告天"，是古代天子祭天之禮。據《爾雅·釋天》："祭天曰燔柴。"行禮時，積薪於壇，取玉及牲置於柴上焚燒。此禮與契丹的再生禮合併舉行，是爲契丹部落聯盟選汗和遼建國後新皇帝即位舉行的禮儀。相傳遙輦氏阻午可汗始制此儀，遼朝建國後有所增飾。

[3]銀州：州名。治所在今遼寧省鐵嶺市。本書卷三八《地理志二》云："本渤海富州，太祖以銀冶更名。"

　　嘗與耶律章奴謀立魏國王淳。及聞章奴自鴨子河亡去，即引麾下數人往會之。道爲游兵所執，送行在所。上問曰："予何負卿而反？"朮者對曰："臣誠無憾，但以天下大亂已非遼有，小人滿朝，賢臣竄斥。誠不忍見天皇帝艱難之業一旦土崩，[1]臣所以痛入骨髓而有此舉，非爲身計。”後數日復問，尤者厲聲數上過惡，陳社稷危亡之本，遂殺之。

[1]天皇帝：遼朝開國皇帝耶律阿保機的謚號爲大聖大明神烈天皇帝。詳本書卷二《太祖本紀下》。

論曰：遼末同事之臣，其善惡何相遠也！棠古骨鯁不屈權要，兩鎮烏古，恩威並著。酬斡平亂渤海，又以討叛力戰而死，忠可尚矣。得里底縱女直而不討，寢變告而不聞。其蔽主聰明，爲國階亂，莫斯之甚也。章奴、尤者乘時多艱，潛謀廢立，將求寵倖，以犯大逆，其得免於天下之戮哉！

（李錫厚注　劉鳳翥校）

遼史　卷一〇一

列傳第三十一

蕭陶蘇斡　耶律阿息保　蕭乙薛　蕭胡篤[1]

[1]"蕭陶蘇斡"至"蕭胡篤":【劉校】原本、明抄本、南監本無,據北監本和殿本補。

蕭陶蘇斡字乙辛隱,突呂不部人。[1]四世祖因吉髮長五尺,時呼爲"長髮因吉"。祖里拔奧隗部節度使。[2]

[1]突呂不部:契丹部族名。據本書卷三三《營衛志下》,該部爲太祖二十部之一,創建於阻午可汗之時,隸北府,節度使屬西北路招討司,司徒居長春州西。

[2]奧隗部:據本書卷三三《營衛志下・部族下》,奧隗部亦稱烏隗部,是契丹古老的部族組織。此外,契丹還有乙室奧隗部和楮特奧隗部,均係以所俘奚人設置。都活動於東京轄區。

陶蘇斡謹愿,不妄交。伯父留哥坐事免官,聞重元亂,[1]挈家赴行在。時陶蘇斡雖幼,已如成人,補筆硯小底。累遷祗候郎君，轉樞密院侍御。[2]咸雍五年遷崇德宮使。[3]會有訴北南院聽訟不直者，事下陶蘇斡，悉改正之，爲耶律阿思所忌。[4]帝欲召用，輒爲所沮。八年歷漠北滑水馬群太保，[5]數年不調，嘗曰："用才未盡，不若閑。"乾統中遷漠南馬群太保，[6]以大風傷草馬多死，鞭之三百，免官。九年徙天齊殿宿衛。明年穀價翔踴，宿衛士多不給，陶蘇斡出私廩賙之，召同知南院樞密使事。

[1]重元亂：重元即宗元（？—1063），因避興宗諱，改重元，小字孛吉只，亦作孛己只，聖宗次子。太平三年（1023）封秦國王。聖宗死後，欽愛皇后稱制，曾密謀立重元。重元以所謀告於興宗，封爲皇太弟。賜以金券誓書。道宗即位，册爲皇太叔，爲天下兵馬大元帥，復賜金券。清寧九年（1063）與其子涅魯古謀亂，失敗自殺。本書卷一一二有傳。

[2]樞密院：官府名。遼有北、南樞密院，爲遼朝的實際宰輔機構，分別總領北、南面官。北樞密院又稱契丹樞密院，掌軍事、部族；南樞密院又稱漢人樞密院，掌漢人州縣之事。

[3]咸雍：遼道宗耶律洪基年號（1065—1074）。 崇德宮：承天皇太后宮院。

[4]耶律阿思（1034—1108）：字撒班。【劉注】據漢字《耶律祺墓誌銘》殘石和契丹大字《耶律祺墓誌銘》，阿思爲契丹大字小名𝌆𝌆的音譯，確切的譯法應爲"阿思里"，第二個名爲𝌆𝌆（撒班），漢名爲祺。清寧初補祗候郎君。重元之亂，與護衛蘇射殺涅魯古，賜號靖亂功臣，徙契丹行宮都部署。壽昌元年（1095）爲北院樞密使，監修國史。道宗崩，受顧命，加于越。受賂，包庇乙辛黨人。本書卷九六有傳。

　　[5]馬群太保：遼代群牧官。屬北面官系統。

　　[6]乾統：遼天祚帝耶律延禧年號（1101—1110）。

　　天慶四年，[1]爲漢人行宮副部署。[2]時金兵初起，攻陷寧江州。[3]天祚召群臣議，陶蘇斡曰：“女直國雖小其人勇而善射，[4]自執我叛人蕭海里勢益張。[5]我兵久不練，若遇強敵，稍有不利諸部離心，不可制矣。爲今之計，莫若大發諸道兵以威壓之，庶可服也。”北院樞密使蕭得里底曰：[6]“如陶蘇斡之謀，徒示弱耳。但發滑水以北兵，[7]足以拒之。”遂不用其計。

　　[1]天慶：遼天祚帝耶律延禧年號（1111—1120）。

　　[2]漢人行宮副部署：遼在北南面官系統中，分別設契丹行宮都部署和漢人行宮都部署，其上則有諸行宮都部署。行宮都部署完全是做中原王朝官制設置的，它不同於專管斡魯朵事務的某宮都部署的宮官。宋朝皇帝巡幸亦有行宮，且亦有行宮都部署之設。後避英宗趙曙名諱，改稱行宮都總管。詳本書卷四七《百官志三》。

　　[3]寧江州：州名。治所在今吉林省扶松原市東南石頭城。

　　[4]女直：部族名。本作“女真”，因避遼興宗宗真名諱，改稱“女直”。遼時居東北地區東部。其在南者入遼籍，稱“熟女真”或“合蘇館女真”；在北者不入遼籍，稱“生女真”。

　　[5]蕭海里（？—1097）：遼叛將。壽昌二年（1096）冬十月乙卯蕭海里劫乾州武庫器甲，命北面林牙郝家奴捕之，蕭海里亡入女真陪尤水阿典部。翌年，女真將其殺害，並將其首級獻與遼朝。

　　[6]蕭得里底（？—1122）：晉王蕭孝先之孫。字糺鄰。本書卷一〇〇有傳。

　　[7]發滑水以北兵：【劉校】據中華點校本校勘記，本書卷二七《天祚皇帝本紀一》天慶四年（1114）七月作“發渾河北諸軍”。

數月間邊兵屢北，人益不安。饒州渤海結構頭下城以叛，[1]有步騎三萬餘，招之不下。陶蘇斡帥兵往討，擒其渠魁，斬首數千級，得所掠物悉還其主。及耶律章奴叛，[2]陶蘇斡與留守耶律大悲奴爲守禦。[3]章奴既平，陶蘇斡請曰：「今邊兵懈弛，若清暑嶺西則漢人嘯聚，民心益搖。臣愚以爲宜罷此行。」不納。乃命陶蘇斡控扼東路，招集散卒。後以太子太傅致仕，卒。

[1]饒州：州名。遼太祖時置。治長樂縣。金廢。《武經總要》前集卷一六下《戎狄舊地》：「饒州，唐建饒樂府都督以處奚人部落，契丹建爲饒州。在潢水之北，石橋傍，以渤海人居之。西南至平地松林百里，南至中京五百里，北至沱河十里，東至上京三十里，西北至祖州七十里。」潢水即西拉木倫河，石橋遺址爲長樂縣故城，在今內蒙古自治區林西縣新城子鎮黃土坑村南一公里處西拉木倫河上。　頭下城：塞外草原上漢人、渤海人居民點的通稱。頭下城是由頭下户組建的城。契丹俘獲漢人及渤海人等從事農耕的人户，即以之在塞外建定居點予以安置。作爲征服者，契丹人對待所俘獲的「生口」，其手段是很殘酷的。他們將被俘的漢人「以長繩連頭系之於木，漢人夜多自解逃去」（《新五代史》卷七二《四夷附録第一》），那些未逃脱者就成了契丹貴族的俘奴。這些俘奴少數用於非生産性領域，多數則用於農業及手工業生産。當契丹貴族普遍以俘奴創建漢城、頭下時，爲獲得穩定的經濟收入，就不得不考慮如何維持和發展生産的問題了。阿保機在灤河上游建立漢城，率漢人耕種，「如幽州制度」（《新五代史》卷七二《四夷附録第一》）。蘇轍在宋哲宗元祐四年（遼道宗大安五年，1089）使遼，途中賦詩云：「燕疆不過古北關，連山漸少多平田。奚人自作草屋住，契丹駢車依水泉。橐駞羊馬散川谷，草枯水盡時一遷。漢人何年被流徙，衣服漸變存語言。力耕分獲世爲客，賦役稀少聊偷安。」

（《欒城集》卷一六《奉使契丹二十八首·出山》）這首詩描寫漢人流徙到中京地區是世代爲客，他們祇能與主人分享收穫。除了靠近幽薊的奚族地區之外，東京地區也是漢人流民較多的地區。東京地區地勢平坦，雨量適中，適宜於發展農業生產。這一地區開發較早，秦漢以來即有漢人移居，是以漢族居民爲主的農業區。也有自遼初以來輾轉遷徙來的大量漢族人户以及許多頭下城。

［2］耶律章奴（？—1115）：字特末衍，是季父房的後代。遼末，章奴與魏國王耶律淳的妻兄蕭敵里及其外甥蕭延留等謀立淳爲帝失敗。章奴逃往北方，順國女直阿鶻産率兵追趕將其擊敗，章奴伏誅。本書卷一〇〇有傳。

［3］耶律大悲奴：出身契丹皇族孟父房，官至彰國軍節度使。本書卷九五有傳。

耶律阿息保字特里典，五院部人。[1]祖胡劣太祖時徙居西北部，[2]世爲招討司吏。

［1］五院部：契丹部族名。天贊元年（922），以迭剌部强大難制，析五石烈爲五院，六爪爲六院，各置夷離堇。會同元年（938），更夷離堇爲大王，部隸北府，以鎮南境。

［2］太祖時徙居西北部：【劉校】據中華點校本校勘記，"祖"原誤"子"。依道光殿本據《大典》改。今從。

阿息保慷慨有大志，年十六以才幹補內史。天慶初轉樞密院侍御。金人起兵城境上，遣阿息保問之，金人曰："若歸阿疎，[1]敢不聽命。"阿息保具以聞。金兵陷寧江州，邊兵屢敗，遣阿息保與耶律章奴等齎書而東，冀以脅降。阿息保曰："臣前使依詔開諭，略無所屈。

將還，謂臣曰：'若所請不遂，無相見。'今臣請獨往。"
不聽。將行，別蕭得里底曰："不肖適異國，必無生還，
願公善輔國家。"既至，阿息保見執，久乃遁歸。

[1]阿踈：女直紇石烈部首領。壽昌二年（1096），唐括部跋
葛勃菫被温都部人跋忒殺害，生女直完顏部首領盈哥命其侄阿骨打
率師討伐跋忒，然而竟爲紇石烈部的阿踈所阻。當盈哥親自率師前
來討伐時，阿踈則向遼求援。乾統三年（1103）盈哥病故，其兄劾
里鉢之子烏雅束襲位，在位十一年。這期間，完顏部進一步加強了
對生女真各部的控制。天慶三年（1113）十月烏雅束病故，阿骨打
襲位，稱"都勃極烈"。阿骨打襲位後，亦遣使至遼要求遣送阿踈。
天慶四年再次派遣宗室習古廼及完顏銀朮可向遼索還阿踈。其實，
他們的真實使命是要探聽遼朝虛實，索還叛人不過是個藉口。同年
九月，阿骨打進軍寧江州。天慶六年阿踈反遼，失敗。《金史》卷
六七有傳。

及天祚敗績遷都巡捕使。六年從阿踈討耶律章奴，
加領軍衛大將軍。阿踈將兵而東，阿息保送至軍乃還。
天祚怒其專，鞭之三百。尋爲奚六部禿里太尉。[1]後阿
踈反，阿息保以偏師進擊，[2]臨陣墜馬被擒，因阿踈有
舊得免。時阿踈頗好殺，阿息保謂曰："欲舉大事，何
以殺爲！"由是全活者衆。會阿踈敗乃還，以戰失利，
囚中京數歲。[3]

[1]奚六部：據《五代會要》卷二八《奚》："奚，本匈奴別
種，即東胡之地，人物風俗與突厥同。族有五姓：一曰阿會部，管
縣六；二曰啜米部，管縣四；三曰奧質部，管縣六；四曰奴皆部，

管縣四；五曰黑訖支部，管縣三。每部有刺史，每縣有令，酋長號奚王。"此奚王是被契丹降伏以後的奚部族酋長。《新五代史》卷七四《四夷附錄第三》所記奚各部名稱與《五代會要》相同：奚"分爲五部：一曰阿薈部，二曰啜米部，三曰粵質部，四曰奴皆部，五曰黑訖支部。後徙居琵琶川，在幽州東北數百里。地多黑羊，馬趫前蹄堅善走，其登山逐獸，下上如飛"。奚本來祇有五部，阿保機降伏五部奚之後設置墮瑰部，而成六部。詳本書卷三三《營衛志下·部族下》。

　　[2]偏師：非主力之師。《左傳·桓公八年》：季梁曰："楚人上，左君必左。無與王遇，且攻其右。右無良焉，必敗。偏敗，衆乃攜矣。"

　　[3]中京：遼五京之一。稱大定府，故址在今内蒙古自治區寧城縣大明鎮。

　　保大二年金兵至中京始出獄，尋爲敵烈皮室詳穩。[1]是時魏王淳僭號，屢遣人以書來招，阿息保封書以獻，因諫曰："東兵甚鋭，[2]未可輕敵。"及石輦鐸之敗，[3]天祚奔竄，召阿息保不時至，疑有貳心，並怒爲淳所招，殺之。初，阿息保知國將亡，前後諫甚切。及死以非罪，人尤惜之。

　　[1]皮室：契丹軍名。"皮室"意爲"金剛"。初爲阿保機所置，稱"腹心部"。後有南、北、左、右皮室及黃皮室等，皆掌精甲。　詳穩：遼朝軍官名。元帥府下設大詳穩司。本書卷一一六《國語解》："詳穩，諸官府監治長官。""詳穩"即漢語"將軍"的轉譯。【劉注】"詳穩"即漢語"將軍"的轉譯的説法似有值得商榷之處。在契丹小字中，"詳穩"作 𘭿，"將軍"作 𘬐 𘬵，

或**⿰⺀⿰**、**⿰⺀⿰**；在契丹大字中，"詳穩"作**⿰**，"將軍"作**⿰**。"詳穩"不是漢語"將軍"的轉譯，而是音譯的契丹語，契丹語中"將軍"是漢語借詞。

[2]東兵：女真兵。

[3]石輦鐸之敗：事在保大元年（1121），見本書卷一一四《蕭特烈傳》。《金史》七四《宗望傳》作石輦驛："上聞遼主在大魚濼，自將精兵萬人襲之。蒲家奴、宗望率兵四千爲前鋒，晝夜兼行，馬多乏，追及遼主於石輦驛，軍士至者才千人，遼軍餘二萬五千。方治營壘，蒲家奴與諸將議。余覩曰：'我軍未集，人馬疲劇，未可戰。'宗望曰：'今追及遼主而不亟戰，日入而遁，則無及。'遂戰，短兵接，遼兵圍之數重，士皆殊死戰。遼主謂宗望兵少必敗，遂與嬪御皆自高阜下平地觀戰。余覩示諸將曰：'此遼主麾蓋也。若萃而薄之，可以得志。'騎兵馳赴之，遼主望見大驚，即遁去，遼兵遂潰。宗望等還。上曰：'遼主去不遠，亟追之。'宗望以騎兵千餘追之，蒲家奴爲後繼。"

蕭乙薛字特免，國舅少父房之後。[1]性謹愿。壽隆間累任劇官。[2]

[1]國舅少父房：據本書卷六七《外戚表序》："契丹外戚，其先曰二審密氏：曰拔里，曰乙室己。至遼太祖，娶述律氏。述律，本回鶻糯思之後。大同元年，太宗自汴將還，留外戚小漢爲汴州節度使，賜姓名曰蕭翰，以從中國之俗，由是拔里、乙室己、述律三族皆爲蕭姓。拔里二房，曰大父、少父；乙室己亦二房，曰大翁、小翁；世宗以舅氏塔列葛爲國舅別部。"又本書卷四五《百官志一》不稱"房"，稱"帳"，各設常衮以治之。

[2]壽隆：遼道宗耶律洪基年號（1095—1101）。據遼代碑刻和錢幣，此年號本爲"壽昌"。元代修《遼史》時誤書爲"壽隆"。

天慶初知國舅詳穩事，遷殿前副點檢。金兵起，爲行軍副都統，[1]以戰失利罷職。六年出爲武定軍節度使，[2]遷西京留守。[3]明年，討劇賊董庬兒，[4]戰易水西，大破之，以功爲北府宰相，[5]加左僕射兼東北路都統。[6]十年金兵陷上京，詔兼上京留守、東北路統軍使。[7]爲政寬猛得宜，民之窮困者輒加振恤，衆咸愛之。

[1]副都統：官名。唐乾元中，始以都統爲官名，總諸道征伐。後若調諸道兵馬會戰，多置都統，爲臨時軍事長官，不賜旌節，事解即罷。遼設諸路兵馬都統署司，下有諸路兵馬都統署，都統爲其長官，副都統爲副貳。

[2]武定軍：遼代軍號。治奉聖州（今河北省涿鹿縣）。

[3]西京：遼五京之一。故址在今山西省大同市。

[4]董庬兒：天慶七年（1117）二月間，淶水縣（今屬河北省）農民董庬兒（又名董才）聚衆造反，宋朝則乘機插手。據朱勝非《秀水閒居錄》載：“政和末，知雄州和詵奏，契丹益發燕雲之兵，燕民日離叛。有董庬兒者率衆爲劇寇，契丹不能制……董才者，易州遼水人，少貧賤，沉雄果敢，號董庬兒，募鄉兵戰女真，敗績，主將欲斬之，才由是亡命山谷，遂爲盜，剽掠州縣，衆至千人。契丹患其蹂踐，才逾飛狐、靈丘，入雲、應、武、朔，斬牛欄監軍，函其首來獻。政和七年，知岢嵐軍解潛招降之，並其黨以聞。其表有云：‘受之則全君臣之大義，不受則生胡越之異心。’上召見，董才陳契丹可取之狀甚切，賜姓趙名詡。”（《三朝北盟會編》政宣上帙一）又《宋史》卷三四八《趙通傳》：“淶水人董才得罪亡命，因聚衆爲賊，攻敗城邑，遼人不能制。中山帥府陰與才通，誘使來歸。才尋爲遼所破，遂上書請取全燕以自効。王黼、童貫大喜，將許之，通言不可。”董才後降金。《金史》卷三《太宗本紀》載：天會四年（1126）正月丁卯“降臣郭藥師、董才皆賜

姓完顏氏"。

[5]北府宰相：契丹部族官名。契丹可汗之下有北、南二府，各部族則分屬二府，故北宰相亦稱北府宰相，南宰相亦稱南府宰相。

[6]左僕射：唐官名。唐不設尚書令，最初以左、右僕射與中書令、侍中同爲宰相。中宗以後，不加同中書門下平章事者即不爲宰相。遼襲唐制，爲南面官。

[7]東北路統軍使：遼末防禦女真的軍事機構東北路統軍司的主官。原來，對女真的防禦在遼朝的軍事部署中並不佔有重要地位，故一直由東京的軍事機構兼管。當生女真完顏部發動叛亂時，遼朝主持戰事始有東北路統軍司。該機構設在寧江州（今吉林省松原市東南石頭城）。

保大二年金兵大至，[1]乙薛軍潰，左遷西南面招討使，[2]以部民流散，不赴。及天祚播遷，給侍從不闕，拜殿前都點檢。[3]凡金兵所過，諸營敗卒復聚上京，遣乙薛爲上京留守以安撫之。

[1]保大：遼天祚帝耶律延禧年號（1121—1125）。

[2]西南面招討使：西南面招討司長官。駐西京大同（今山西省大同市），負責對西夏防務。

[3]殿前都點檢：後周世宗設置殿前司，以都點檢、副都點檢爲正副長官，位在都指揮使之上，爲禁軍統帥。宋初廢。遼設殿前都點檢，爲南面軍官，當係模倣後周制。

明年盧彥倫以城叛，[1]乙薛被執數月，以居官無過，得釋。後爲耶律大石所殺。[2]

[1] 盧彥倫（1082—1151）：臨潢（今内蒙古自治區巴林左旗）人。遼天慶初授殿直、勾當兵馬公事。遼兵敗於出河店，還至臨潢，散居民家，令給養之，彥倫不滿。遼授彥倫團練使、勾當留守司公事。據《金史》卷七五本傳，天慶十年（1120）彥倫從上京留守撻不野出降。

[2] 耶律大石（1094—1143）：字重德，遼太祖阿保機八代孫，通漢文及契丹文字，且善騎射，是遼末契丹皇室中少有的文武全才。登天慶五年進士第。燕京陷落後，大石在保大四年（1124）七月脫離天祚。最初，他活動於今内蒙古東部地區，要在契丹初興之地復興遼朝。但是由於抵擋不住金軍的攻擊，他也只好步步向西北的遊牧部族地區退却，並在那裏"置北、南面官屬，自立爲王，率所部西去"。號召遊牧各部與他"共救君父"。大石沿襲遼朝傳統的政治體制，建立了有南北面官的政權。這個政權的實際首領雖是大石，但它仍然承認天祚皇帝作爲遼朝合法君主的地位，這一政權爲以後西遼在中亞立國做了準備。大石約於 1132 年在八拉沙袞稱帝改元。號葛兒罕。復上漢尊號曰天祐皇帝，改元延慶。本書卷三〇《天祚皇帝本紀四》有傳，但所記時間未可盡信。

蕭胡篤字合尤隱。其先撒葛只，太祖時願隸宮分，遂爲太和宮分人。[1]

[1] 宮分人：有宮籍之人。有宮籍的宮分人，多是統治者的私奴，但宮分人中也有契丹權貴。宮籍是世襲的，未經統治者宣佈廢除，子孫則世代爲宮分人。遼朝諸宮衛（斡魯朵）有所管轄人丁的統計數字，但奴婢不計算在内，本書卷三一《營衛志一》："凡諸宮衛人丁四十萬八千，騎軍十萬一千。著帳釋宥、没入，隨時增損，無常額。"這些没有統計在諸宮衛人丁總數之内者即是奴婢，稱爲"宮户""宮分人"。他們自有"宮籍"，歸宮衛管理。遼亡之後，

諸宮衛機構雖已不存，但那些宮戶、宮分人的身份並未改變，他們仍隸宮籍。於是，金朝始有宮籍監之設，用以管理這些宮戶，並依照新機構的名稱，稱他們爲"宮籍監戶"或"監戶"。遼朝一部分專門在皇帝身邊服役的"宮戶"又稱爲"著帳戶"。散居州縣當中的宮戶與民戶一樣要向國家交納賦稅，説明這些宮戶的身份已經發生了改變。統和十五年（997）三月"壬午，通括宮分人戶，免南京逋稅及義倉粟"。將"通括宮分人戶"一事，與"免南京逋稅及義倉粟"一併實行，是因爲此二事都與賦稅徵收有關。宮戶所受剥削和壓迫定是相當沉重的，以至他們被迫逃亡。據壽昌二年（1096）的《孟有孚墓誌銘》載："時朝廷命復慶陵之逋民，詔公乘驛以督之。"（《全遼文》卷九）宮籍起源甚早，遙輦氏時已經有宮分人存在。宮籍是一種法律上的身份，是不能輕易改變的。宮分人"出宮籍"需要經皇帝特許。如前面已經提到的韓德讓，就是即貴並且賜姓耶律之後纔"出宮籍"的。繼韓德讓之後，興宗時的漢人宮分人姚景行出宮籍也是在其官至翰林學士、樞密副使、參知政事以後。漢臣梁援，累世在遼朝作官，同時也具有宮籍。壽昌七年正月，道宗死後，由他充玄官都部署，並撰諡册文。喪事既畢之後，始詔免其宮籍，而且"勅格餘人不以爲例，示特寵也"（《遼寧省博物館藏碑誌精粹》，文物出版社 2000 年版，第 284—285 頁）。

曾祖敵魯明醫，人有疾，觀其形色即知病所在。統和中宰相韓德讓貴寵，[1]敵魯希旨，言德讓宜賜國姓，籍橫帳，[2]由是世預太醫選，子孫因之入官者衆。

[1]統和：遼聖宗耶律隆緒年號（983—1012）。

[2]韓德讓（942—1011）：韓匡嗣第四子。統和初年承天稱制，韓德讓以南院樞密使的身份"總宿衛事"。十七年（999）北院樞密使、魏王耶律斜軫病故，承天太后以韓德讓兼知北院樞密使

事，至此，遼朝的蕃漢軍政大權就集於其一身了。二十二年賜韓德讓姓耶律，徙封晉王，並且仍舊爲大丞相，事無不統。次年十一月又詔德讓"出宮籍，屬於橫帳"。二十八年更名耶律隆運。　橫帳：契丹以玄祖之後爲皇族，分爲三房：孟父房、仲父房和季父房。本書卷四五《百官志一》："玄祖伯子麻魯無後，次子巖木之後曰孟父房；叔子釋魯曰仲父房；季子爲德祖，德祖之元子是爲太祖天皇帝，謂之橫帳；次曰剌葛，曰迭剌，曰寅底石，曰安端，曰蘇，皆曰季父房。"本書卷一六《聖宗本紀七》：開泰八年（1019）冬十月癸巳，詔"橫帳、三房不得與卑小帳族爲婚；凡嫁娶，必奏而後行"。

　　胡篤爲人便佞，與物無忤。清寧初補近侍。[1]大安元年爲彰愍宮太師，[2]壽隆二年轉永興宮太師，[3]天慶初累遷至殿前副點檢。五年從天祚東征，爲先鋒都統，臨事猶豫，凡隊伍皆以圍場名號之。進至剌离水與金兵戰敗，大軍亦却。及討耶律章奴，以籍私奴爲軍，遷知北院樞密使事，卒。

　　[1]清寧：遼道宗耶律洪基年號（1055—1064）。
　　[2]大安：遼道宗耶律洪基年號（1085—1094）。　彰愍宮：遼景宗耶律賢宮分。
　　[3]永興宮：太宗德光宮分。

　　胡篤長于騎射，見天祚好游畋，每言從禽之樂，以逢其意。天祚悦而從之。國政隳廢，自此始云。
　　論曰：甚矣，承平日久，上下狃於故常之可畏也！天慶之間女直方熾，惟陶蘇斡明於料敵、善於忠諫，惜乎天祚痼蔽，不見信用。阿息保不死阿踈之難，乙薛甘忍盧彥倫之執，大節已失矣，他有所長，亦奚足取。胡篤以游畋逢迎天祚而墮國政，可勝罪哉！

（李錫厚注　劉鳳翥校）

遼史　卷一○二

列傳第三十二

蕭奉先　李處温　張琳　耶律余覩[1]

[1]“蕭奉先”至“耶律余覩”：【劉校】原本、明抄本、南監本無，據北監本和殿本補。

蕭奉先，[1]天祚元妃之兄也。[2]外寬内忌。因元妃爲上眷倚，累官樞密使，[3]封蘭陵郡王。[4]

[1]蕭奉先：中華點校本校勘記認爲，蕭奉先與本書卷一○○的蕭得里底事蹟重複，疑是一人兩傳。按，此判斷不能成立。二蕭氏事蹟不同，與元妃蕭氏親屬關係各異故非一人二傳。

[2]天祚元妃：小字貴哥，天祚皇后蕭氏之妹。年十七，册爲元妃。性沉靜。從天祚西狩，以疾薨。

[3]樞密使：官名。樞密院之首長。遼有北、南樞密院，爲遼朝的實際宰輔機構，分別總領北、南面官。北樞密院又稱契丹樞密院，掌軍事、部族；南樞密院又稱漢人樞密院，掌漢人州縣之事。

[4]蘭陵郡王：遼代封爵名。【靳注】蘭陵爲漢姓蕭氏郡望。遼代后族蕭氏亦以蘭陵爲郡望，且將本族附會成漢代蕭何後裔。本

書卷七一《后妃》："以乙室、拔里比蕭相國，遂爲蕭氏。"

天慶二年上幸混同江鈞魚，[1] 故事生女直酋長在千里内者皆朝行在。[2] 適頭魚宴，[3] 上使諸酋次第歌舞爲樂，至阿骨打但端立直視，辭以不能。再三旨諭，不從。上密謂奉先曰："阿骨打跋扈若此，可託以邊事誅之。"奉先曰："彼麤人不知禮義，且無大過，殺之傷向化心。設有異志，蕞爾小國亦何能爲！"上乃止。

[1]天慶：遼天祚帝耶律延禧年號（1111—1120）。　鈞魚：鑿冰捕魚。

[2]生女直：部族名。本作"女真"，因避遼興宗宗真名諱，改稱"女直"。遼時居東北地區東部。其在南者入遼籍，稱"熟女真"或"合蘇館女真"；在北者不入遼籍，稱"生女真"。

[3]頭魚宴：遼俗，春季在混同江上鑿冰鈞魚，舉行宴會，爲一歲之盛禮，屆時貴族、近臣皆以獲准出席這一盛禮爲莫大榮幸。宋仁宗至和元年（遼重熙二十三年，1054）九月王拱辰使遼，曾出席頭魚宴，見《長編》卷一七七至和元年九月記載。

四年阿骨打起兵犯寧江州，[1] 東北路統軍使蕭撻不也戰失利。[2] 上命奉先弟嗣先爲都統，[3] 將番、漢兵往討，[4] 屯出河店。[5] 女直乃潛渡混同江，乘我師未備來襲，[6] 嗣先敗績，軍將往往遁去。奉先懼弟被誅，乃奏"東征潰軍逃罪，所至劫掠，若不肆赦將嘯聚爲患"。[7] 從之。嗣先詣闕待罪，止免官而已。由是士無鬭志，遇敵輒潰，郡縣所失日多。

[1]寧江州：州名。治所在今吉林省松原市東南石頭城。

[2]蕭撻不也（？—1067）：遼外戚，尚趙國公主，拜駙馬都尉。本書卷九九有傳。

[3]都統：官名。唐乾元中，始以都統爲官名，總諸道征伐。後若調諸道兵馬會戰，多置此職，爲臨時軍事長官，不賜旌節，事解即罷。遼設諸路兵馬都統署司，下有諸路兵馬都統署，都統爲其長官。

[4]漢兵：也稱“漢軍”。遼朝有衆多的漢軍，其中有阿保機收編的“山北八軍”以及趙延壽的軍隊。此外，遼朝還有自己按照中原軍隊編制組建的漢軍，其中最重要的是燕京等地的禁軍。據《長編》卷五五宋真宗咸平六年（1003）七月己酉記李信云：“國中所管幽州漢兵，謂之神武、控鶴、羽林、驍武等，約萬八千餘騎。”其中“羽林”“控鶴”是唐、五代禁軍舊有的名號。因此可以斷定李信所説的遼燕京的“漢兵”就是戍衛京城的禁軍。

[5]出河店：地名。在今黑龍江省肇源縣。

[6]乘我師未備來襲：【劉校】來襲，據中華點校本校勘記，原作“擊之”。據《宏簡録》卷二一三及本傳上下文義改。今從。

[7]肆赦：猶緩刑，赦免。《舊唐書》卷一四《憲宗紀上》：“癸巳，以册儲，肆赦繫囚，死罪降從流，流以下遞降一等。”

初，奉先誣耶律余覩結駙馬蕭昱謀立其甥晉王，[1]事覺殺昱。余覩在軍中聞之懼，奔女直。保大二年余覩爲女直監軍，[2]引兵奄至，上憂甚。奉先曰：“余覩乃王子班之苗裔，此來實無亡遼心，欲立晉王耳。若以社稷計，不惜一子誅之，可不戰而退。”遂賜晉王死。中外莫不流涕，人心益解體。

[1]晉王（？—1122）：即天祚皇帝長子敖盧斡，生母是文妃

蕭氏。保大元年（1121）蕭奉先使人誣告南軍都統耶律余覩與晉王母文妃密謀立晉王爲帝，余覩投降金朝，文妃被誅。二年天祚帝賜敖盧斡死。本書卷七二有傳，記事與本紀多有不合。

[2]保大：遼天祚帝耶律延禧年號（1121—1125）。

　　當女直之兵未至也，奉先逢迎天祚，言"女直雖能攻我上京，[1]終不能遠離巢穴。"而一旦越三千里直擣雲中，[2]計無所出，惟請播遷夾山。[3]天祚方悟，顧謂奉先曰："汝父子誤我至此，殺之何益！汝去，毋從我行。[4]恐軍心忿怒，禍必及我。"奉先父子慟哭而去，爲左右執送女直兵。女直兵斬其長子昂，送奉先及次子昱於其國主。道遇我兵奪歸，天祚並賜死。

　　[1]上京：遼五京之一。前期都城，稱臨潢府，故址在今内蒙古自治區巴林左旗林東鎮波羅城。

　　[2]雲中：即雲州，治所在今山西省大同市。

　　[3]夾山：據陳得芝《耶律大石北行史地雜考》（《歷史地理》第二輯），夾山應在天德軍附近之漁陽嶺以北。據《長春真人西遊記》漁陽嶺在豐州之西五十里，當即今内蒙古自治區呼和浩特市西北之吳公壩。是夾山應指吳公壩北武川縣附近地區。

　　[4]毋從我行：【劉校】"毋"，原本和北監本誤作"母"。《羅校》謂："'母'當作'毋'。"明抄本、南監本和殿均作"母"。中華點校本、修訂本和補注本徑改。今從改。

　　李處溫，析津（今北京市）人。[1]伯父儼大康初爲將作少監，[2]累官參知政事，[3]封漆水郡王，[4]雅與北樞密使蕭奉先友舊。執政十餘年，善逢迎取媚，天祚又寵任之。儼卒，奉先薦處溫爲相，處溫因奉先有援己力，傾心阿附以固權位，而貪污尤甚，凡所接引類多小人。

[1]析津：遼南京析津府，在今北京市。

[2]大康：遼道宗耶律洪基年號（1075—1084）。

[3]參知政事：始見於唐前期，宋初作爲副宰相，至真宗以後，其地位更與宰相同平章事等。遼朝參知政事的地位類似宋朝的參知政事，與同中書門下平章事一樣，都是中書省長官，都是宰相。

[4]漆水郡王：遼宗室耶律氏的封爵。

保大初金人陷中京，[1]諸將莫能支。天祚懼奔夾山，兵勢日迫。處溫與族弟處能、子奭，[2]外假怨軍聲援，[3]結都統蕭幹謀立魏國王淳，[4]召番、漢官屬詣魏王府勸進。魏國王將出，奭乃持赭袍衣之，令百官拜舞稱賀。魏王固辭不得，遂稱天錫皇帝。以處溫守太尉，處能直樞密院，奭爲少府少監，左企弓以下及親舊與其事者賜官有差。[5]

[1]中京：遼五京之一。稱大定府，故址在今内蒙古自治區寧城縣大明鎮。

[2]處溫與族弟處能：【劉校】據中華點校本校勘記，“族”當作“從”。按傳文稱處溫“伯父儼”，本書卷九八《耶律儼傳》稱“子處能”，應作“從”。

[3]怨軍：遼末在遼東地區招募的一支軍隊。《三朝北盟會編》卷一〇載：“遼人始以征伐女真，爲女真所敗，多殺其父兄，乃立是軍，使之報怨女真，故謂之怨軍。”然而“每女真兵入，則怨軍從以爲亂，女真退則因而復服，常以爲苦，天祚與群下謀殺怨軍，

除其患，故其中郭藥師等反，殺其首領而降都統蕭幹，遂拜金吾大將軍，俾守涿州"。郭藥師是渤海鐵州人，與多數"怨軍"將領一樣，也是一個反復之徒。保大二年（1122）耶律淳稱帝，改怨軍爲常勝軍。

[4]蕭幹：即奚回離保（？—1123）。一名翰，字揆懶，奚王怭鄰的後代。大安年間補護衛，稍陞遷爲鐵鷂軍詳穩。保大二年金兵來攻，天祚逃亡，回離保率官吏、民衆擁立秦晉國王耶律淳爲帝。同年，金兵由居庸關進入燕京，回離保知北樞密院。三年，其於箭笴山自立，號稱奚國皇帝，改元天復。後爲郭藥師的常勝軍所敗，於是一軍離心離德，回離保爲其同黨所殺。本書卷一一一四有傳。　魏國王：【劉校】《羅校》謂："當作'秦晉國王'。"是。

[5]左企弓（1051—1124）：字君材。燕京（今北京市）人，天慶末拜廣陵軍節度使，同中書門下平章事、知樞密院事。天祚自駕鴛鴦濼亡入夾山，秦晉國王耶律淳於保大二年三月自立於燕，企弓守司徒。耶律淳死，德妃攝政，企弓加侍中。三年初金占燕京，企弓等奉表降。金既定燕京，根據當初約定，以燕京與宋人。企弓獻詩，略曰："君王莫聽捐燕議，一寸山河一寸金。"是時，金置樞密院於廣寧府。保大四年五月企弓等將赴廣寧，過平州，被張覺殺於栗林下，年七十三。《金史》卷七五有傳。

　　會魏國王病，自知不起，密授處温番漢馬步軍都元帥，[1]意將屬以後事。及病亟，蕭幹等矯詔南面宰執入議，[2]獨處温稱疾不至，陰聚勇士爲備，給云奉密旨防他變。魏國王卒，蕭幹擁契丹兵，宣言當立王妃蕭氏爲太后，權主軍國事，衆無敢異者。幹以后命，召處温至，時方多難，未欲即誅，但追毀元帥劄子。處能懼及禍，落髮爲僧。

[1]馬步軍都元帥:【靳注】官名。本書僅此一見。

[2]南面宰執:南面官系統的最高官員。包括南院樞密使及參知政事等。

尋有永清人傅遵説隨郭藥師入燕被擒,[1]具言處温嘗遺易州富民趙履仁書達宋將童貫,[2]欲挾蕭后納土歸宋。后執處温問之,處温曰:"臣父子於宣宗有定策功,宜世蒙宥容,可使因讒獲罪?"后曰:"向使魏國王如周公,[3]則終享親賢之名於後世。誤王者皆汝父子,何功之有!"并數其前罪惡。處温無以對,乃賜死,奭亦伏誅。

[1]永清:縣名。今屬河北省。 傅遵説:【劉校】"傅",原本、南監本作"傅",北監本、明抄本、殿本均作"傅"。中華點校本和修訂本徑改。今據改。

[2]易州:州名。治所在今河北省易縣。 童貫(1054—1126):字道夫(一作道輔),開封(今屬河南省)人,北宋宦官,初任供奉官,得徽宗信任。蔡京爲相,薦其爲西北監軍,領樞密院事,掌兵權二十年,權傾内外。宣和四年(1122),攻遼失敗,乞金兵代取燕京,然後以百萬貫贖燕京等空城。

[3]周公:西周初年政治家。姬姓,周武王之弟,名旦,亦稱叔旦。因采邑在周(今陝西省岐山縣北),稱爲周公。曾助武王滅商。武王死後,成王年幼,由他攝政。

張琳瀋州人,[1]幼有大志。壽隆末爲秘書中允。[2]天祚即位累遷户部使,頃之,擢南府宰相。[3]

[1]瀋州：州名。治所在今遼寧省瀋陽市。

[2]壽隆：遼道宗耶律洪基年號（1095—1101）。據遼代碑刻和錢幣，此年號本爲"壽昌"。元代修《遼史》時誤書爲"壽隆"。【劉注】據中華修訂本前言，此係陳大任《遼史》避金欽慈皇后"壽昌"諱而改，後爲元修《遼史》所承襲。 秘書中允：【靳注】遼朝官名。屬南面官，秘書監官員。

[3]南府宰相：契丹部族官名。契丹可汗之下有北、南二府，各部族則分屬二府，故北宰相亦稱北府宰相，南宰相亦稱南府宰相。

初，天祚之敗於女直也，意謂蕭奉先不知兵，乃召琳付以東征事。琳以舊制"凡軍國大計，漢人不與"辭之，上不允，琳奏曰："前日之敗，失於輕舉。若用漢兵二十萬分道進討，無不克者。"上許其半，仍詔中京、上京、長春、遼西四路計户産出軍。[1]時有起至二百軍者，生業蕩散，民甚苦之。四路軍甫集，尋復遁去。

及中京陷，天祚幸雲中，留琳與李處温佐魏國王淳守南京。處温父子召琳，欲立淳爲帝，琳曰："王雖帝胄，初無上命。攝政則可，即真則不可。"處温曰："今日之事天人所與，豈可易也！"琳雖有難色，亦勉從之。

淳既稱帝，諸將咸居權要，琳獨守太師，十日一朝，平章軍國大事。陽以元老尊之，實則不使與政。琳由是欝悒而卒。

[1]長春：州名。今吉林省松原市境内塔虎城。

耶律余覩一名余都姑，國族之近者也。慷慨尚氣義。保大初歷官副都統。

其妻天祚文妃之妹。[1]文妃生晉王，最賢，國人皆屬望；時蕭奉先之妹亦爲天祚元妃，生秦王。奉先恐秦王不得立，深忌余覩，將潛圖之。適耶律撻葛里之妻會余覩之妻於軍中，奉先諷人誣余覩結駙馬蕭昱、撻葛里，謀立晉王，尊天祚爲太上皇。事覺，殺昱及撻葛里妻，賜文妃死。余覩在軍中聞之，懼不能自明被誅，即引兵千餘并骨肉軍帳叛歸女直。

[1]天祚文妃（？—1121）：蕭氏。小字瑟瑟，國舅大父房之女。乾統三年（1103）冬立爲文妃。生蜀國公主、晉王敖盧斡。本書卷七一有傳。

會大霖雨，道途留阻。天祚遣知奚王府蕭遐買、北宰相蕭德恭、大常袞耶律諦里姑、歸州觀察使蕭和尚奴、四軍太師蕭幹追捕甚急，[1]至閭山及之。[2]諸將議曰：“蕭奉先恃寵蔑害官兵，[3]余覩乃宗室雄才，素不肯爲其下。若擒之，則他日吾輩皆余覩矣。不如縱之。”還，紿云追襲不及。

[1]歸州：州名。治所在今遼寧省蓋州市西南歸州鎮。《清一統志》卷三九《奉天府》：“歸州故城在蓋平縣西南九十里。遼初置州，後廢。統和十九年復置，治歸勝縣。金廢州，降縣爲鎮，隸後州。今有土堡曰歸州城，週一里有奇，即其故址。”
[2]閭山：即醫巫閭山，遼西地區的名山。在今遼寧省北鎮市。
[3]恃寵：【劉校】原本作“時寵”，《羅校》謂：“‘恃’，元本誤‘時’。”南監本、北監本、明抄本、殿本均作“恃”。中華點校

本、修訂本和補注本徑改。今從改。

余覩既入女直，爲其國前鋒，引婁室字董兵攻陷州郡，[1]不測而至。天祚聞之大驚，知不能敵，率衛兵入夾山。

[1]婁室字董：即完顔婁室（1077—1130），字斡里衍，金女真完顔部人。年二十一代父爲雅撻懶等七水部長。從阿骨打（金太祖）起兵，屢勝遼軍。以萬户守黄龍府。進爲都統，從完顔杲取中京（今内蒙古自治區寧城縣大明鎮），與闍母破西京（今山西省大同市），擒獲遼天祚帝後，取河中府（今山西省永濟市西）、京兆府（今陝西省西安市附近）、鳳翔（今屬陝西省），進克延安府（今陝西省延安市），降境内諸州、寨、堡。與婆盧火守延安。進爲右副元帥，總陝西征伐軍事。死於涇州（今甘肅省涇川縣），追封金源郡王，謚壯義。爲金朝開國功臣之一。《金史》卷七二有傳。

余覩在女直爲監軍，久不調，意不自安，乃假遊獵遁西夏。[1]夏人問："汝來有兵幾何？"余覩以二三百對，夏人不納，卒。

[1]西夏：即夏國（1038—1227），是以党項民族爲主體建立的政權。1038年，元昊叛宋稱帝，建立大夏王朝，傳十代，至1227年爲蒙古所滅。元昊稱帝以前，其作爲北宋境内的地方割據政權，已經具有獨立性。故遼亦稱之爲夏國或西夏。

論曰：遼之亡也，雖孽降自天，亦柄國之臣有以誤之也。當天慶而後，政歸后族。奉先沮天祚防微之計，陷晉王非罪之誅，夾山之禍已見於此矣。處溫逼魏王以僭號，結宋將以賣國，迹其姦佞，如出一軌。嗚呼！天祚之所倚毗者若此，國欲不亡得乎？張琳娖娖守位，[1]余覩反覆自困，則又何足議哉！

[1]娖（chuō）娖：【靳注】謹慎的樣子。

（李錫厚注　劉鳳翥校）

遼史　卷一〇三

列傳第三十三

文學上

蕭韓家奴　李澣[1]

[1]"蕭韓家奴"至"李澣"：【劉校】原本、明抄本、南監本、北監本和殿本無，據中華點校本補。

遼起松漠，[1]太祖以兵經略方内，禮文之事固所未遑。及太宗入汴，[2]取晉圖書、禮器而北，然後制度漸以修舉。至景、聖間，則科目聿興，[3]士有由下僚擢陞侍從，駸駸崇儒之美。但其風氣剛勁，三面鄰敵，歲時以蒐、獮爲務，[4]而典章文物視古猶闕。然二百年之業，非數君子爲之綜理，則後世惡所考述哉。作《文學傳》。

[1]松漠：契丹原住地。即今内蒙古自治區東部西遼河上游地區，又稱"平地松林"，唐初在此置松漠都督府以統契丹諸部。

[2]太宗入汴：事在公元946年歲末，後晉將領張彥澤等率領大軍投降契丹，開封隨即陷落。會同十年（947）正月初一，德光進入開封城，他借助“通事”用胡語向開封人宣告他的勝利。《通鑑》卷二八六後漢高祖天福十二年（947）正月有這樣的記載：“契丹主入門，民皆驚呼而走。契丹主登城樓，遣通事諭之曰：‘我亦人也，汝曹勿懼！會當使汝曹蘇息。我無心南來，漢兵引我至此耳。’至明德門，下馬拜而後入宮。以其樞密副使劉密權開封尹事。日暮，契丹主復出，屯於赤岡。”

[3]科目：原指科舉考試之門類。顧炎武《日知録》卷一六《科目》：“唐制取士之科有秀才，有明經，有進士，有俊士，有明法，有明字，有明算，有一史，有三史，有開元禮……見於史者凡五十餘科，故謂之科目。明代止進士一科，則有科而無目矣，猶沿其名，謂之科目，非也。”

[4]蒐、獼：“春蒐”和“秋獼”，於農事間隙整軍講武之義。《史記》卷一二〇《主父偃列傳》：“《司馬法》曰：‘國雖大，好戰必亡；天下雖平，忘戰必危。’天下既平，天子大凱，春蒐、秋獼，諸侯春振旅、秋治兵，所以不忘戰也。”《集解》引宋均曰：“天子、諸侯必春秋講武，簡閱車徒，以順時氣，不忘戰也。”“歲時以蒐、獼爲務。”

蕭韓家奴字休堅，涅剌部人，[1]中書令安搏之孫。少好學，弱冠入南山讀書，[2]博覽經史，通遼、漢文字。[3]統和十四年始仕。[4]家有一牛不任驅策，其奴得善價鬻之。韓家奴曰：“利己誤人非吾所欲。”乃歸直取牛。二十八年爲右通進，[5]典南京栗園。[6]

[1]涅剌部：其先曰涅勒，阻午可汗分其營爲部。節度使屬西南路招討司，居黑山北，司徒居郝里河側。

[2]弱冠：男子年二十。《漢書》卷一〇〇上《敘傳》：“有子曰固，弱冠而孤。”師古曰：“固年二十也。”

[3]遼、漢文字：即契丹文字和漢文字。遼代契丹族有自己創製的文字。神册五年（920），創製“契丹大字”。此後，太祖阿保機弟迭剌又創製“契丹小字”。契丹大字是一種採用漢字筆畫結構創製的，基本上是表意文字，但其中也有拼音字。契丹小字是拼音文字。自金明昌二年（1191），契丹文字已被明令停止使用，後逐漸湮没無聞。近數十年來，兩種契丹文字的碑刻皆有發現，但因與漢字對譯的資料很少，特別是還没有發現契丹文字的字典，所以釋讀工作非常艱難。

[4]統和：遼聖宗耶律隆緒年號（983—1012）。

[5]右通進：官名。遼朝置。爲南面官，屬門下省通進司。另遼金有御院通進。本書卷一〇九《宦官傳》，趙安仁“統和中爲黄門令、秦晉國王府祇候。王蕘，授内侍省押班、御院通進”。《金史》卷五六《百官志一》，“閤門”設御院通進四員，從七品。掌諸進獻禮物及薦享編次位序。

[6]南京栗園：《日下舊聞考》卷九五《郊坰》載：“原廣恩寺，遼之奉福寺也，在白雲觀西南，地名栗園。按《遼史》南京有栗園，蕭韓家奴嘗典之，疑即此地也。土人目寺爲三教寺，中有石幢，題曰‘守司空圝國公中書令爲故太尉大師特建佛頂尊勝陀羅尼幢記’，講僧真延撰並書。末云‘清寧九年歲次癸卯七月庚子朔十三日壬子記’。幢南有碑，正統初太監僧保錢安立。”

重熙初同知三司使事。[1]四年遷天成軍節度使，[2]徙彰愍宫使。[3]帝與語，才之，命爲詩友。嘗從容問曰：“卿居外有異聞乎？”韓家奴對曰：“臣惟知炒栗，小者熟則大者必生，大者熟則小者必焦。使大小均熟始爲盡美，不知其他。”蓋嘗掌栗園，故託栗以諷諫。帝大笑。

詔作《四時逸樂賦》，帝稱善。

[1]重熙：遼興宗耶律宗真年號（1032—1055）。　三司使：唐宋以鹽鐵、度支、戶部爲三司，主理財賦。其長官爲三司使。《通鑑》卷二六五唐天祐三年（906）三月戊寅："以朱全忠爲鹽鐵、度支、戶部三司都制置使。三司之名始于此。"遼代在南京設三司使司。此外，在上京設鹽鐵使司，東京設戶部使司，中京設度支使司，西京設計司。

[2]天成軍：遼代軍號。治祖州（今内蒙古自治區巴林左旗查干哈達蘇木石房子嘎查）。

[3]彰愍宫：遼景宗耶律賢宫分。

時詔天下言治道之要，制問："徭役不加于舊，征伐亦不常有，年穀既登、帑廩既實而民重困，豈爲吏者慢、爲民者惰歟？今之徭役何者最重？何者尤苦？何所蠲省則爲便益？[1]補役之法何可以復？[2]盜賊之害何可以止？"

[1]蠲（juān）：減免。

[2]補役之法：身在軍籍之男子，到達法定成丁年齡，官府令其服役，稱爲"補役"。《晉書》卷七五《范汪傳》："官制謫兵，不相襲代，頃者小事，便從補役，一愆之違，辱及累世，親戚傍支……禮，十九爲長殤，以其未成人也。十五爲中殤，以爲尚童幼也。今以十六爲全丁，則備成人之役矣。以十三爲半丁，所任非復童幼之事矣。"明人董紀《西郊笑端集》卷一《親戚情話詩》："最苦軍籍名猶存，丁男未大要補役，往往移文催不息。"

韓家奴對曰：

臣伏見比年以來，高麗未賓，[1]阻卜猶强，[2]戰守之備誠不容已。乃者，選富民防邊自備糧糗，道路脩阻，動淹歲月，比至屯所費已過半，隻牛單轂鮮有還者；其無丁之家倍直傭僦，人憚其勞，半途亡竄，故戍卒之食多不能給，求假于人則十倍其息，至有鬻子割田不能償者。或逋役不歸、在軍物故則復補以少壯，其鴨渌江之東，戍役大率如此。[3]況渤海、女直、高麗合從連衡，[4]不時征討，富者從軍，貧者偵候，加之水旱菽粟不登，民以日困，蓋勢使之然也。

[1]高麗：古國名。即王建創建的高麗王朝（918—1392）。統治地域在今朝鮮半島，首都在開京（今朝鮮開城市）。

[2]阻卜：即達旦、韃靼。元人諱言達旦，而稱達旦爲阻卜。詳王國維《觀堂集林》卷一四《達旦考》。

[3]鴨渌江：即今鴨綠江。

[4]渤海：靺鞨粟末部在今東北地區建立的政權。唐武后聖曆元年（698），靺鞨粟末部首領大祚榮建立振國（亦稱震國）。唐玄宗先天二年（713，當年12月改元“開元”）遣使封大祚榮爲左驍衛大將軍、渤海郡王，又設置忽汗州，加授大祚榮爲忽汗州大都督，並改稱渤海。寶應元年（762）晉爲國。天顯元年（926）爲遼所滅，改稱東丹。此處“渤海、女直、高麗合從連衡”指的是渤海遺民聯合女真、高麗的反抗鬥爭。【劉注】渤海國最初的國號爲“靺鞨”，不爲“震國”或“振國”。《新唐書》卷二一九《渤海傳》：“睿宗先天中（應爲‘玄宗先天二年’），遣使拜祚榮爲左驍衛大將軍、渤海郡王。以所統爲忽汗州，領忽汗州都督，自是始去

靺鞨號，專稱渤海。"這裏不稱"始去震國之號，專稱渤海"，而稱"始去靺鞨之號，專稱渤海"。可見，稱"大祚榮建立震國"是混淆了封號與國號的區別。《新唐書》卷二一九《渤海傳》稱"武后封乞四比羽爲許國公，乞乞仲象（大祚榮之父）爲震國公"。"許國公"和"震國公"都是封號，並不意味着有"許國""震國"等政权。乞乞仲象死後。他兒子大祚榮繼承了"震國公"的封號，但他不滿足"公"級別，所以"自號震國王"。"震國王"僅僅是封號，並不意味着有"震國"。少數民族往往以其民族名爲國號，如"契丹""蒙古"等。渤海也應如此。　女直：部族名。本作"女真"，因避遼興宗宗真名諱，改稱"女直"。遼時居東北地區東部。其在南者入遼籍，稱"熟女真"或"合蘇館女真"；在北者不入遼籍，稱"生女真"。

方今最重之役無過西戍。如無西戍，雖遇凶年困弊不至於此。若能徙西戍稍近，則往來不勞，民無深患。議者謂徙之非便：一則損威名，二則召侵侮，三則棄耕牧之地。臣謂不然。阻卜諸部自來有之，曩時北至臚朐河、南至邊境，[1]人多散居，無所統壹，惟往來抄掠。及太祖西征至於流沙，[2]阻卜望風悉降，[3]西域諸國皆願入貢。因遷種落內置三部，以益吾國，不營城邑，不置戍兵，阻卜累世不敢爲寇。統和間皇太妃出師西域，[4]拓土既遠，降附亦衆。自後一部或叛，鄰部討之，使同力相制，正得馭遠人之道。及城可敦，開境數千里，西北之民徭役日增，生業日殫。警急既不能救，叛服亦復不恒，空有廣地之名，而無得地之實。若貪土不已，漸至虛耗，其患有不勝言者。況邊情不可深信，亦不可頓絕，得不爲益，捨不爲損。國家大敵惟在南方，今雖連和，難保他日。若南方有變，屯戍遼邈，卒難赴援。我進則敵退，我還則敵來，不可不慮也。方今太平已久，正可恩結諸部，釋罪而歸地，內徙戍兵以增堡障，外明約束以正疆界。每部各置酋長，歲修職貢，叛則討之，服則撫之，諸部既安，必不生釁。如是則臣雖不能保其久而無變，知其必不深入侵掠也。或云棄地則損威，殊不知殫費竭財以貪無用之地，使彼小部抗衡大國，萬一有敗，損威豈淺？或又云沃壤不可遽棄。臣以爲土雖沃民不能久居，一旦敵來則不免內徙，豈可指爲吾土而惜之？

[1]臚朐河：今黑龍江支流。據清人齊召南《水道提綱》卷二五：“克魯倫河即臚朐河，源出肯忒山東南百餘里支峰西南麓。”

[2]流沙：指我國西部一帶的廣大沙漠地區。古代亦稱今新疆維吾爾自治區境內白龍堆沙漠一帶爲流沙。

[3]阻卜望風悉降：達旦（韃靼）在本書中又作“阻卜”。王國維《觀堂集林》卷一四《韃靼考》有云，“唐末五代以來見於史籍者，衹有近塞韃靼，此族東起陰山，西逾黃河、額濟納河流域”。這一部分，早就附於唐，並和契丹有接觸，《新五代史》卷七四《四夷附錄第三》載，“其俗善騎射，畜多馲、馬。其君長、部族名字，不可究見，惟其嘗通於中國者可見云。同光中，都督折文遍，數自河西來貢馲、馬。明宗討王都於定州，都誘契丹入寇，明宗詔達靼入契丹界，以張軍勢，遣宿州刺史薛敬忠以所獲契丹團牌二百五十及弓箭數百賜雲州生界達靼，蓋唐常役屬之”。除這一部分外，唐時還有居突厥東北的三十姓韃靼及居西方的九姓韃靼。

《遼史》將這兩部分韃靼亦都稱爲阻卜。阿保機對他們都進行過征服戰爭。天贊三年（924）六月，阿保機大舉征吐渾、党項、阻卜等部。詔礱辟遏可汗故碑，以契丹、突厥、漢字紀其功。王國維認爲阿保機征服的這一阻卜，"可擬唐時之西韃靼"，亦即"九姓韃靼"。此外，阿保機還征服過另一部分阻卜。臚朐河即今蒙古國的克魯倫河，王國維稱唐代這一地區的韃靼爲"東韃靼"，亦即三十姓韃靼。

[4]皇太妃：中華點校本卷一三校勘記引陳漢章《索隱》謂"皇太妃"當作"王太妃"。其實，作"皇太妃"並不誤。此人即齊妃，太宗第二子罨撒葛之妻。景宗即位，進封罨撒葛爲"齊王"，保寧四年（972）閏二月戊申薨，"追册爲皇太叔"，故其妻稱"皇太妃"。

　　夫帑廩雖隨部而有，[1]此特周急部民，一偏之惠不能均濟天下。如欲均濟天下，則當知民困之由而窒其隙，節盤遊、簡驛傳、薄賦斂、戒奢侈，[2]期以數年則困者可蘇、貧者可富矣。蓋民者國之本，兵者國之衛。兵不調則曠軍役，[3]調之則損國本。且諸部皆有補役之法。昔補役始行，居者、行者類皆富實，故累世從戍，易爲更代。近歲邊虞數起，民多匱乏，既不任役事，隨補隨缺。苟無上户則中户當之，曠日彌年，其窮益甚，所以取代爲艱也。非惟補役如此，在邊戍兵亦然。譬如一抔之土，豈能填尋丈之壑！[4]欲爲長久之便，莫若使遠戍疲兵還於故鄉，薄其徭役，使人人給足，則補役之道可復故也。

[1] 帑廪：國庫。《舊唐書》卷一七二《牛僧孺傳附徽傳》徽謂所親曰：“國步方艱，皇居初復，帑廪皆虛，正賴群臣協力同心王室，而於破敗之餘，圖雄霸之舉。”金帛所藏之舍，謂之“帑”；糧倉謂之“廪”。《漢書》卷四《昭帝紀》：“詔曰：廼者民被水災，頗匱於食。朕虛倉廪，使使者振困乏。”師古曰：“倉，新穀所藏也；廪，穀所振入也。”

[2] 盤遊：遊樂。《六臣注文選》卷一五張平子（張衡）《歸田賦》：“極盤（善本作‘般’）遊之至樂，雖日夕而忘劬；感老氏之遺誡，將（五臣作‘且’）迴駕乎蓬廬（善曰：《尚書》曰‘般遊無度’）。”注曰：“精神安靜，馳騁呼吸，精散氣亡，故發狂。劉向《雅琴賦》曰：‘潛坐蓬廬之中、巖石之下。’翰曰：‘劬，勞也。’老子曰：‘馳騁田獵，令人心發狂。感此誠而歸於蓬廬。’”

驛傳：我國歷代皆有驛傳之設，“驛傳”是供官員往來和遞送公文用的交通機構，《史記》卷九五《田儋列傳》“未至三十里至尸鄉厩置”。集解引應劭曰：尸鄉在偃師。瓚曰：厩置置馬，以傳驛也。

[3] 兵不調則曠軍役：不調發百姓充軍，則軍役廢曠。遼有宮衛騎軍，從諸宮衛所轄州縣、部族徵調，稱爲“調發”。本書卷三一《營衛志上·宮衛》載：“遼國之法，天子踐位置宮衛：分州縣、析部族、設官府、籍户口、備兵馬……有調發，則丁壯從戎事，老弱居守。”

[4] 豈能填尋丈之壑：【劉校】《羅校》謂：“‘丈’，元本誤‘文’。”明抄本、南監本、北監本和殿本均作“丈”。中華點校本、修訂本和補注本徑改。今從改。

　　臣又聞自昔有國家者不能無盜。比年以來群黎凋弊，利於剽竊，良民往往化爲凶暴，甚者殺人無忌，至有亡命山澤，基亂首禍。所謂民以困窮皆爲盜賊者，誠如聖慮。今欲芟夷本根，願陛下輕徭省役使民務農，衣食既足，安習教化而重犯法，則民趨禮義，刑罰罕用矣。臣聞唐太宗問群臣治盜之方，皆曰："嚴刑峻法。"太宗笑曰："寇盜所以滋者，由賦斂無度，民不聊生。今朕內省嗜欲，外罷游幸，使海內安靜，則寇盜自止。"由此觀之，寇盜多寡，皆由衣食豐儉。徭役重輕耳

今宜徙可敦城於近地，[1]與西南副都部署烏古敵烈、隗烏古等部聲援相接；[2]罷黑嶺二軍，并開、保州，皆隸東京；[3]益東北戍軍及南京總管兵。[4]增修壁壘候尉相望，繕完樓櫓，[5]浚治城隍，以爲邊防。此方今之急務也，願陛下裁之。

[1]可敦城：即鎮州。州城故址在今蒙古國布爾干省青托羅蓋古城。陳得芝《耶律大石北行史地雜考》（《歷史地理》第二輯）說，遼朝統治漠北屬部的最高軍政機構是西北路招討司（又稱西北路都招討司），遼聖宗統和十二年（994），因西北"阻卜"諸部作亂，以蕭撻凜爲西北路招討使，命隨皇太妃（齊王妃）出征，"屯西鄙臚駒兒河，西捍韃靼，盡降之"。蕭撻凜鑒於達旦諸部叛服不常，上表乞建三城以鎮之。統和二十二年三城完工，設置鎮、防、維三州。

[2]西南副都部署：西南面都部署的副職。遼設西南面都部署司，負責對夏防務。　烏古敵烈：原爲二部。烏古又稱嫗厥律、于厥律，居契丹西北；敵烈又譯迪烈、敵烈德、迭烈德、達里底。遼時以遊牧、捕獵爲業，分佈於臚朐河（今克魯倫河）流域。有八部，稱爲八部敵烈或八石烈敵烈。與烏古部並稱爲北邊大部。遼聖宗以敵烈部降人置迭魯敵烈部和北敵烈部。開泰四年（1015）築董

城於臚朐河北，安置敵烈、烏古降人。壽昌二年（1096）徙敵烈、烏古於烏納水西。遼置烏古敵烈統軍司以應對阻卜諸部的反抗。金末元初，敵烈人逐漸與女真人、蒙古人等同化。　隗烏古：本書卷一一四《蕭特烈傳》作“隗古部”。

〔3〕開州：州名。治所在今遼寧省鳳城市。金廢。《武經總要》前集卷一六下《戎狄舊地》載：“開州，渤海古城也。遼主東討，新羅國都其城，要害，建爲州，仍曰開遠軍。西至來遠城一百二十里，西南至吉州七十里，東南至石城六十里。遼中庚戌年討新羅國，得要害地，築城以守之，即中國大中祥符三年也。東至新羅興化鎮四十里，南至海三十里，西至保州四十里。”　保州：州名。治來遠縣。在今朝鮮新義州市。《武經總要》前集卷一六下《戎狄舊地》載：“保州，渤海古城，東控鴨綠江新羅國界，仍置榷場，通互市之利。東南至宣化軍四十里，南至海五十里，北至大陵河二十里。”《滿洲源流考》卷一〇：“遼聖宗開泰三年伐高麗，取其保、定二州。保州在平壤西北百餘里，金初割還朝鮮，今安州是也；定州在平壤西北三百餘里，遼末亦入朝鮮，今仍爲定州。”　東京：遼五京之一。故址在今遼寧省遼陽市。

〔4〕南京：遼五京之一。故址在今北京市。

〔5〕樓櫓：《後漢書》卷八九《南匈奴傳》：“初，帝造戰車可駕數牛，上作樓櫓，置於塞上以拒匈奴。”注：“櫓即樓也。《釋名》曰：樓無屋爲櫓。”

擢翰林都林牙，[1]兼修國史。仍詔諭之曰：“文章之職國之光華，非才不用。以卿文學，爲時大儒，是用授卿以翰林之職，朕之起居悉以實錄。”自是日見親信，每入侍，賜坐。遇勝日，帝與飲酒賦詩，以相醻酢，[2]君臣相得無比。韓家奴知無不言，雖諧謔不忘規諷。

[1]林牙：契丹官名。掌文翰，相當於翰林學士。

[2]醻（chóu）酢（zuò）：賓主互相敬酒。泛指交際應酬。

十三年春上疏曰："臣聞先世遙輦可汗洼之後，[1]國祚中絕；自夷离堇雅里立阻午，[2]大位始定。然上世俗朴，未有尊稱，臣以爲三皇禮文未備，[3]正與遙輦氏同。後世之君以禮樂治天下，而崇本追遠之義興焉。近者唐高祖創立先廟，尊四世爲帝。[4]昔我太祖代遙輦即位，乃製文字、修禮法、建天皇帝名號，制宮室以示威服，興利除害，混一海內。厥後累聖相承，自夷离堇湖烈以下大號未加，天皇帝之考夷离堇的魯猶以名呼。臣以爲宜依唐典追崇四祖爲皇帝，則陛下弘業有光、墜典復舉矣。"疏奏，帝納之，始行追冊玄、德二祖之禮。[5]

[1]遙輦可汗洼：遙輦氏第一任可汗。

[2]夷离堇：契丹部族官名。源於突厥語官名"俟斤"（Irkin）。突厥各部的最高元首稱"可汗"（Qaghan），其他各部酋長則稱爲俟斤。初，契丹"其君大賀氏，有勝兵四萬，臣於突厥，以爲俟斤"（《新唐書》卷二一九《契丹傳》）。後，契丹首領自立爲可汗，其下所屬各部酋長則稱爲"俟斤"，亦即夷离堇。契丹立國後，大部族之夷离堇稱王，小部族之夷离堇則稱爲節度使。舉凡一部之軍政、民政皆由其統掌。參韓儒林《穹廬集》（上海人民出版社 1982 年版，第 314—316 頁）。 雅里：遼太祖阿保機之始祖。又稱涅里、泥里。開元二十三年（735），可突于殘黨泥里殺李過折，立阻午可汗，傳九世，至公元 907 年阿保機建國。遙輦九可汗繼位後各建宮衛，遼朝立國後，有遙輦九帳大常衮司之設，掌遙輦九世宮分之事務。 阻午：契丹遙輦氏當政時期的第二任可汗。

[3]三皇：傳説中的上古帝王。所指説法不一。《尚書正義·考證》：晉皇甫謐所撰之《帝王世紀》依孔安國説，以伏羲、神農、黃帝爲三皇。

[4]唐高祖創立先廟，尊四世爲帝：此説不確。按《舊唐書》卷一《高祖本紀》，高祖李淵祇追尊上兩代，餘爲高宗儀鳳間追尊。"高祖神堯大聖大光孝皇帝姓李氏，諱淵。其先隴西狄道人，涼武昭王暠七代孫也。暠生歆。歆生重耳，仕魏爲弘農太守。重耳生熙，爲金門鎮將，領豪傑鎮武川，因家焉。儀鳳中，追尊宣皇帝。熙生天錫，仕魏爲幢主。大統中，贈司空。儀鳳中，追尊光皇帝。皇祖諱虎，後魏左僕射，封隴西郡公，與周文帝及太保李弼、大司馬獨孤信等以功參佐命，當時稱爲'八柱國家'，仍賜姓大野氏。周受禪，追封唐國公，謚曰襄。至隋文帝作相，還復本姓。武德初，追尊景皇帝，廟號太祖，陵曰永康。皇考諱昞，周安州總管、柱國大將軍，襲唐國公，謚曰仁。武德初，追尊元皇帝，廟號世祖，陵曰興寧。"

[5]始行追册玄、德二祖之禮：【劉校】中華點校本校勘記云，"按《紀》，追册玄、德二祖均在重熙二十一年"。此是帶敘。

　　韓家奴每見帝獵，未嘗不諫。會有司奏獵秋山，[1]熊虎傷死數十人，韓家奴書于册。帝見，命去之。既出，韓家奴復書。[2]他日，帝見之曰："史筆當如是。"帝問韓家奴："我國家創業以來，孰爲賢主？"韓家奴以穆宗對。帝怪之曰："穆宗嗜酒，喜怒不常，視人猶草芥，卿何謂賢？"韓家奴對曰："穆宗雖暴虐，省徭輕賦，人樂其生。終穆之世，無罪被戮，未有過今日秋山傷死者。臣故以穆宗爲賢。"帝默然。

[1]秋山：即秋捺鉢，主要活動是狩獵。聖宗以後，其主要地點是在慶州（今内蒙古自治區巴林右旗索博日嘎鎮瓦林茫哈地方）西部諸山。

[2]既出，韓家奴復書：【劉校】各本均作"韓家奴既出，復書"。據前後文意改。

詔與耶律庶成録遙輦可汗至重熙以來事跡，[1]集爲二十卷，進之。十五年復詔曰："古之治天下者明禮義、正法度。我朝之興世有明德，雖中外嚮化，然禮書未作無以示後世。卿可與庶成酌古準今制爲禮典，事或有疑，與北、南院同議。"韓家奴既被詔，博考經籍，自天子達于庶人，情文制度可行於世不繆于古者，譔成三卷進之。又詔譯諸書，韓家奴欲帝知古今成敗，譯《通曆》《貞觀政要》《五代史》。[2]

[1]耶律庶成：季父房之後。通曉契丹文及漢文，善於作詩。聖宗時曾參與修訂律、令，興宗時又參與修史。曾奉命譯方脉書行於遼，自此以後，雖諸部族亦知醫事。本書卷八九有傳。

[2]《通曆》：書名。【靳注】一名《通紀》。唐馬總撰。十卷。概述上古三代至隋歷代興亡事蹟的紀傳體通史性質的史學著作。今傳本闕前三卷。宋初佚名作者有續作。　《貞觀政要》：書名。唐代吳兢撰，吳兢於太宗實録外，採其與群臣問答之語作此書。總四十篇，《新唐書》著録十卷，與今本合。　《五代史》：有二書。《舊五代史》一百五十卷，併目録二卷，宋代薛居正等撰，開寶七年（974）成書。其後歐陽脩别録《五代史記》七十五卷，藏於家。修歿後，官爲刊印，學者始不專習薛史。然二書猶並行於世。至金章宗泰和七年（1207）詔學官止用《歐陽史》，於是《薛史》

遂微。元明以來罕有援引其書者，傳本亦漸就湮没。今本是四庫館臣從《永樂大典》輯出。

時帝以其老，不任朝謁，拜歸德軍節度使。[1]以善治聞。帝遣使問勞，韓家奴表謝。召修國史，卒，年七十二。有《六義集》十二卷行于世。

[1]歸德軍：遼代軍號。治來州（今遼寧省綏中縣）。《武經總要》前集卷一六下《戎狄舊地》："來州，號歸德軍。女真國五部落相率來降，胡中因建州以居之。東至隰州七十里，西至遼州七十里，南至大海四十里，北至建州三百五十里。"

李澣初仕晉爲中書舍人，晉亡歸遼。當太宗崩、世宗立，恟恟不定，澣與高勳等十餘人羈留南京。[1]久之，從歸上京，[2]授翰林學士。

[1]高勳（？—978）：字鼎衛，初仕後晉爲閤門使。會同九年（開運三年，946）隨杜重威降遼，後北遷。世宗即位爲樞密使，總漢軍。穆宗應曆間封趙王，任上京留守、南京留守。景宗即位以定策功封秦王。後謀殺蕭思温事發伏誅。本書卷八五有傳。

[2]上京：遼五京之一。遼前期都城，稱臨潢府，故址在今内蒙古自治區巴林左旗林東鎮波羅城。

穆宗即位累遷工部侍郎。時澣兄濤在汴爲翰林學士，[1]密遣人召澣。澣得書，託求醫南京，易服夜出，欲遁歸汴，[2]至涿爲徼巡者所得，[3]送之南京下吏。澣伺獄吏熟寢，以衣帶自經不死，防之愈嚴。械赴上京，自投潢河中流，[4]爲鐵索牽掣，又不死。及抵上京，帝欲殺之。時高勳已爲樞密使，救止之，屢言於上曰："瀚本非負恩，以母年八十，急於省覲致罪。且瀚富於文學，方今少有倫比，若留掌詞命，可以增光國體。"帝怒稍解，仍令禁錮于奉國寺凡六年，[5]艱苦萬狀。

[1]兄濤：即李濤。《通鑑》卷二九〇後周紀一太祖廣順二年（952）六月記此事：太子賓客李濤之弟李瀚，在契丹爲勤政殿學士，與幽州節度使蕭海真善。海真，契丹主兀欲之妻弟也，瀚説海真内附，海真欣然許之。瀚因定州諜者田重霸齎絹表以聞，且與濤書，言："契丹主童駿，專事宴遊，無遠志，非前人之比，朝廷若能用兵，必克；不然，與和，必得。二者皆利於速，度其情勢，他日終不能力助河東者也。"壬寅，重霸至大梁，會中國多事，不果從。

[2]汴：即汴州，治所在今河南省開封市。

[3]涿：即涿州，今屬河北省。

[4]潢河：河流名。此指今内蒙古自治區境内的西拉木倫河，即西遼河上游。

[5]奉國寺：坐落在遼寧省義縣城内。據碑文記載，寺原名咸熙寺，創建於遼開泰九年（1020）。寺内遼代建築現僅存大殿一座，1961年定爲全國重點文物保護單位。面闊9間，通長55米，進深5間，通寬33米，總高度24米，建築面積1800多平方米，爲現存遼代木構建築中之最大者。奉國寺殿内供奉"過去七佛"（毗婆尸、尸棄、毗舍浮、拘留孫、拘那含牟尼、迦葉、釋迦牟尼）並存一堂，高度均在9米以上，千年來仍然保存完好。梁架上42幅遼代彩繪飛天是國内極爲罕見的，是中國最古老建築彩畫實例。

會上欲建《太宗功德碑》，[1]高勳奏曰："非李瀚無可秉筆者。"詔從之。文成以進，上悅，釋囚。尋加禮部尚書，宣政殿學士，卒。

[1]《太宗功德碑》：此前已有《太宗聖德神功碑》，立於今山西省太原市汾河岸邊，爲後晉所建，桑維翰爲文，紀耶律德光助石敬瑭立晉"功德"。原碑被後周所毀。今存《聖德神功碑》是北漢重建。

論曰：統和、重熙之間，務修文治，而韓家奴對策落落累數百言，槩可施諸行事，亦遼之晁、賈哉。[1]李澣雖以詞章見稱，而其進退不足論矣。

[1]晁、賈：指晁錯和賈誼。西漢文帝時晁錯有《論貴粟疏》，見《漢書·食貨志》，論述了"貴粟"（重視糧食），主張重農抑商，入粟於官可拜爵除罪。賈誼亦漢人，生平見《史記·屈原賈生列傳》。誼有《過秦論》，分析秦王朝的過失，以作爲漢王朝建立制度、鞏固統治的借鑒。

（李錫厚注　劉鳳翥校）

遼史　卷一〇四

列傳第三十四

文學下

王鼎　耶律昭　劉輝　耶律孟簡　耶律谷欲[1]

　　[1]"王鼎"至"耶律谷欲"：【劉校】原本、明抄本、南監本、北監本和殿本無，據中華點校本補。

　　王鼎字虛中，涿州人。[1]幼好學，居太寧山數年，博通經史。時馬唐俊有文名燕薊間，[2]適上巳，[3]與同志被禊水濱，[4]酌酒賦詩。鼎偶造席，唐俊見鼎樸野，置下坐，欲以詩困之，先出所作索賦，鼎援筆立成。唐俊驚其敏妙，因與定交。

　　[1]涿州：州名。治所在今河北省涿州市。
　　[2]燕薊：今京津地區是古燕國，薊是其都城，故這一地區稱"燕薊"。《漢書》卷二八下《地理志》："燕王太子丹遣勇士荊軻西

刺秦王，不成而誅，秦遂舉兵滅燕。薊，南通齊、趙、勃、碣之間，一都會也。”師古曰：“薊縣，燕之所都也。勃，勃海也。碣，碣石也。”

[3]上巳：節日名。以農曆三月上旬巳日爲“上巳”節，起源甚久遠。《毛詩集解》卷一一引韓詩注云：“鄭國之俗，三月上巳之辰往溱、洧兩水之上招魂續魄，秉蘭草以祓除不祥。”宋代王觀國《學林》卷五《節令》：“魏晉以來始不用巳日而專用三月三日，至今循之以爲故事。若專用三日則不可謂之‘上巳’矣。蓋名存而實亡也。”

[4]祓禊（fú xì）：舊時民俗，上巳日在水邊舉行祭禮時，洗濯去垢，消除不祥，謂之“祓禊”。

　　清寧五年擢進士第。[1]調易州觀察判官，[2]改淶水縣令，[3]累遷翰林學士。當代典章多出其手。上書言治道十事，帝以鼎達政體，事多咨訪。鼎正直不阿，人有過必面詆之。

[1]清寧：遼道宗耶律洪基年號（1055—1064）。　清寧五年擢進士第：【劉校】據中華點校本校勘記，本書卷二二《道宗本紀二》云，王鼎擢進士第在清寧八年（1062）。

[2]易州：州名。治所在今河北省易縣。

[3]淶水：縣名。治所在今河北省淶水縣。　改淶水縣令：【劉校】據中華點校本校勘記，“淶水”，原誤作“漆水”。本書《地理志》無“漆水”，淶水屬易州，據改。今從。

　　壽隆初陞觀書殿學士。[1]一日宴主第，醉與客忤，怨上不知己，坐是下吏。狀聞，上大怒，杖黥奪官，[2]流鎮州。[3]居數歲，有赦，鼎獨不免。會守臣召鼎爲賀表，因以詩貽使者，有“誰知天雨露，獨不到孤寒”之句，上聞而憐之，即召還復其職。乾統六年卒。[4]

[1]壽隆：遼道宗耶律洪基年號（1095—1101）。據遼代碑刻和錢幣，此年號本爲“壽昌”。元代修《遼史》時誤書爲“壽隆”。

壽隆初陞觀書殿學士：【劉校】據中華點校本校勘記，“按《焚椒録·序》於大安五年已稱前觀書殿學士王鼎，似非壽隆初陞”。

[2]黥：墨刑，於面部或前額刺字，塗墨。

[3]鎮州：本古可敦城。置建安軍。州城故址在今蒙古國布爾干省青托羅蓋古城。陳得芝《耶律大石北行史地雜考》（《歷史地理》第二輯）説：遼朝統治漠北屬部的最高軍政機構是西北路招討司（又稱西北路都招討司），遼聖宗統和十二年（994）因西北“阻卜”諸部作亂，以蕭撻凜爲西北路招討使，命隨皇太妃（齊王妃）出征，“屯西鄙臚駒兒河，西捍韃靼，盡降之”。蕭撻凜鑒於達旦諸部叛服不常，上表乞建三城以鎮之。統和二十二年三城完工，設置鎮、防、維三州。王鼎流放鎮州期間，著《焚椒録》。

[4]乾統：遼天祚帝耶律延禧年號（1101—1110）。 乾統六年卒：【劉校】據中華點校本校勘記，“卒”字，依道光殿本據《大典》補。今從。

鼎宰縣時憩于庭，俄有暴風舉臥榻空中。鼎無懼色，但覺枕榻俱高，乃曰：“吾中朝端士，邪無干正，可徐置之。”須臾，榻復故處，風遂止。

耶律昭字述寧，博學，善屬文。統和中坐兄國留事，[1]流西北部。

[1]統和：遼聖宗耶律隆緒年號（983—1012）。　國留：事見本書卷八三《烏不呂傳》及卷八八《耶律資忠傳》。

會蕭撻凛爲西北路招討使，[1]愛之，奏免其役，禮致門下。欲召用，以疾辭。撻凛問曰："今軍旅甫罷，三邊宴然，惟阻卜伺隙而動。[2]討之則路遠難至，縱之則邊民被掠，增戍兵則饋餉不給。欲苟一時之安，不能終保無變，計將安出？"昭以書答曰：

[1]蕭撻凛（？—1004）：字駝寧，蕭思温之再從侄。保寧初爲宿直官。統和四年（986）以諸軍副部署，從樞密使耶律斜軫敗楊繼業於朔州。十一年與東京留守蕭恒德伐高麗，破之。後攻西夏、阻卜皆有功。二十二年攻宋，進至澶淵，未接戰，中伏弩卒。本書卷八五有傳。　西北路招討使：遼朝官名。西北路招討司的最高長官。該機構是遼朝統治漠北屬部的最高軍政機構，又稱西北路都招討司。

[2]阻卜：即達旦、韃靼。元人諱言達旦，而稱達旦爲阻卜。詳王國維《觀堂集林》卷一四《達旦考》。

竊聞治得其要則仇敵爲一家，失其術則部曲爲行路。夫西北諸部，每當農時一夫爲偵候，一夫治公田，二夫給糺官之役，大率四丁無一室處。芻牧之事仰給妻孥，[1]一遭寇掠貧窮立至。春夏賑恤，吏多雜以糠秕，重以掊克，不過數月，又復告困。且畜牧者富國之本，有司防其隱没，聚之一所，不得各就水草便地。兼以逋亡戍卒隨時補調，不習風土，故日瘠月損，馴至耗竭。

[1]妻孥：【劉校】“孥”原本誤作“挐”，明抄本、南監本、北監本和殿本均作“挐”。中華點校本、修訂本、補注本和長箋本徑改。今據改。

　　爲今之計莫若振窮薄賦，給以牛種，使遂耕獲。置遊兵以防盜掠，頒俘獲以助伏臘，[1]散畜牧以就便地。期以數年，富彊可望。然後練簡精兵以備行伍，何守之不固，何動而不克哉？然必去其難制者，則餘種自畏；若捨大而謀小，避強而攻弱，非徒虛費財力，亦不足以威服其心。此二者，利害之機不可不察。

[1]伏臘：《後漢書》卷二《明帝紀》永平十二年（69）五月，“伏臘無糟糠，而牲牢兼於一奠”。李賢注：《史記》曰：“秦德公始爲伏祠。”《歷忌》曰：“伏者何也？金氣伏藏之日也。四氣代謝，皆以相生，至於立秋，以金代火。金畏於火，故庚日必伏。”《月令》：“孟冬之月臘先祖。”《説文》云：“臘，冬至後祭百神。”始皇更臘曰“嘉平”。奠，喪祭也。

　　昭聞古之名將，安邊立功在德不在衆，故謝玄以八千破苻堅百萬，[1]休哥以五隊敗曹彬十萬。[2]良由恩結士心，得其死力也。閣下膺非常之遇，專方面之寄，宜遠師古人以就勳業。上觀乾象，下盡人謀，察地形之險易，料敵勢之虛實，慮無遺策，利施後世矣。

　　撻凜然之。開泰中獵于拔里堵山，[3]爲羯羊所觸，卒。

[1]謝玄以八千破苻堅百萬：即著名的淝水之戰。《晉書》卷九《孝武帝紀》載，太元八年（383）"八月苻堅帥衆渡淮，［晉］遣征討都督謝石、冠軍將軍謝玄、輔國將軍謝琰、西中郎將桓伊等距之……冬十月苻堅弟融陷壽春。乙亥諸將及苻堅戰於肥水，大破之。俘斬數萬計，獲堅輿輦及雲母車"。

[2]休哥：即耶律休哥（？—998）。字遜寧，耶律釋魯之孫。南院夷离菫耶律綰恩之子。乾亨元年（979）與耶律斜軫分左右翼，擊敗宋軍於高梁河。是年冬休哥率本部兵從韓匡嗣等戰於滿城。匡嗣敗績。休哥整兵進擊，敵乃却。詔總南面戍兵，爲北院大王。聖宗即位，太后稱制，令休哥總南面軍務，多有戰功。本書卷八三有傳。 曹彬（931—999）：北宋將領。字國華。真定靈壽（今屬河北省）人。後周時累官至引進使。宋初參加滅蜀及征北漢之役，皆有功。開寶七年（974）受命率軍滅南唐，自出師至凱旋，士衆畏服，無肆意殺掠者。未幾拜樞密使、檢校太尉、忠武軍節度使。宋太宗即位，加同平章事，封魯國公，益得信任。雍熙三年（986），宋分兵三路攻遼，曹彬任幽州（今北京市）道行營前軍馬步水陸都部署，率宋軍主力自雄州（今河北省雄縣）向涿州（今屬河北省）進發。大敗於岐溝關（今河北省淶水縣東）。致使其他兩路軍也被迫退兵。《宋史》卷二五八有傳。

[3]開泰：遼聖宗年號（1012—1021）。

劉輝，好學善屬文，疏簡有遠略。大康五年第進士。[1]

[1]大康：遼道宗耶律洪基年號（1075—1084）。

大安末爲太子洗馬。[1]上書言："西邊諸番爲患，士卒遠戍，中國之民疲于飛輓，非長久之策。爲今之務，莫若城于鹽濼，[2]實以漢戶，使耕田聚糧以爲西北之費。"言雖不行，識者韙之。

[1]大安：遼道宗耶律洪基年號（1085—1094）。 太子洗馬：太子儀衞之先導。宋代程大昌《演繁露》卷一〇《先馬》：《荀子·正論》"天子乘大路，諸侯持輪挾輿，先馬。"注："先馬，導馬也。"後世太子洗馬，釋者曰：洗，先也。亦此先馬之義也。天子出則有先驅，太子則有洗馬。言騎而爲太子儀衞之先也。

[2]鹽濼：湖泊名。亦名廣濟湖。即今内蒙古自治區東烏珠穆沁旗西南達布蘇鹽池（額吉淖爾鹽池）。宋人曾公亮《武經總要》前集卷一六下《戎狄舊地》："大鹽泊，周圍三百里。東至上京一千五百里。契丹中更名廣濟湖虜中呼爲麋到斯裊。"

壽隆二年復上書曰："宋歐陽脩編《五代史》附我朝於四夷，[1]妄加貶訾。且宋人賴我朝寬大，許通和好，得盡兄弟之禮。今反令臣下妄意作史，恬不經意。臣請以趙氏初起事跡詳附國史。"上嘉其言，遷禮部郎中。

[1]宋歐陽脩編《五代史》附我朝於四夷：歐陽脩《五代史記》（《新五代史》）將契丹史事附於卷七二《四夷附録第一》和卷七三《四夷附録第二》。

詔以賢良對策，[1]輝言多中時病。擢史館脩撰，卒。

[1]賢良：唐宋考試選拔人才的科目。宋代徐度《却掃編》卷

下："國朝制科初因唐制，有賢良方正，能直言極諫；經學優深，可爲師法；詳明吏理，達於教化。凡三科，應内外職官、前資見任、黄衣草澤人並許諸州及本司解送上吏部對御試策一道，限三千字以上。"宋代高承《事物紀原》卷三《學校舉貢部》："漢唐逮今，取士之制有賢良方正、茂才異等六科，謂之制舉，亦曰大科，通謂之賢良。其制蓋自漢文帝始。《史記·文紀》一年十二月日食，令舉賢良方正能直言極諫，以輔不逮。"遼朝策賢良，蓋承唐制。

耶律孟簡字復易，于越屋質之五世孫。[1]父劉家奴官至節度使。

[1]于越：契丹語官名。爲契丹貴官，非有大功德者不授。位在北、南院大王之上。　　屋質（916—973）：即耶律屋質。字敵輦，遼宗室，會同間爲惕隱。太宗死後，世宗初立，屋質調解太后與世宗的矛盾，得以避免大規模内戰。天禄二年（948）助世宗挫敗天德、蕭翰等謀反。三年又表列泰寧王察割陰謀事，世宗不聽。後平定察割之亂及立穆宗，皆有功。本書卷七七有傳。

孟簡性穎悟。六歲，父晨出獵，俾賦《曉天星月詩》，孟簡應聲而成，父大奇之。既長善屬文。大康初樞密使耶律乙辛以姦憸竊柄，[1]出爲中京留守，孟簡與耶律庶箴表賀。[2]未幾乙辛復舊職，銜之，謫巡磁窰關。時雖以讒見逐，不形辭色。遇林泉勝地，終日忘歸。明年流保州。[3]及聞皇太子被害，[4]不勝哀痛，以詩傷之，作《放懷詩》二十首。自序云："禽獸有哀樂之聲，螻蟻有動靜之形，在物猶然，況於人乎！然賢達哀樂不在窮通、禍福之間。《易》曰：'樂天知命，故不憂。'[5]是以顏淵簞瓢自得，此知命而樂者也。予雖流放，以道自安，又何疑耶？"

[1]大康：遼道宗耶律洪基年號（1075—1084）。 耶律乙辛（？—1083）：五院部人。字胡覩袞。重熙中爲文班吏。道宗清寧五年（1059）爲南院樞密使，改知北院，封趙王。九年重元亂平，拜北院樞密使，進封魏王。咸雍五年（1069）加守太師。詔四方有軍旅，許以便宜從事，勢震中外。大康元年（1075）誣皇后蕭觀音致死，三年又害死太子耶律濬。七年冬坐以禁物鬻入外國，幽於來州。九年謀奔宋及私藏兵甲事發，伏誅。本書卷一一〇有傳。

[2]耶律庶箴：季父房後。庶成弟。有傳，附本書卷九八《耶律庶成傳》。

[3]保州：州名。治所在今朝鮮新義州市。《武經總要》前集卷一六下《戎狄舊地》："保州，渤海古城，東控鴨綠江新羅國界，仍置榷場，通互市之利。東南至宣化軍四十里，南至海五十里，北至大陵河二十里。"

[4]皇太子：即昭懷太子耶律濬（1058—1077）。小字耶魯斡，是道宗獨生子，生母是宣懿皇后蕭觀音。六歲封梁王。八歲立爲皇太子。大康元年兼管北南樞密院事。因受姦臣乙辛陷害，於大康三年被廢，隨即被乙辛殺害。壽昌七年（1101）天祚即位後，上尊號爲大孝順聖皇帝，廟號順宗。本書卷七二有傳。

[5]樂天知命，故不憂：見《周易·繫辭》，"樂天知命，故不憂"，注："順天之化，故曰樂也。"

大康中始得歸鄉里。詣闕上表曰："本朝之興幾二百年，宜有國史以垂後世。"乃編耶律曷魯、屋質、休哥三人行事以進。[1]上命置局編修。孟簡謂餘官曰："史筆天下之大信，一言當否百世從之，苟無明識、好惡徇情則禍不測。故左氏、司馬遷、班固、范曄俱罹殃禍,[2]可不慎歟!"

[1]耶律曷魯（872—918）：契丹迭剌部人。阿保機"佐命功臣"之一。其父偶思,與阿保機之父撒剌的爲從兄弟。阿保機即位後以曷魯爲"阿魯敦于越"。本書卷七三有傳。

[2]左氏：左丘明,著《春秋左氏傳》。 司馬遷：生當漢武帝時,字子長,夏陽（今陝西省韓城市南）人。所著《史記》130篇（卷）,上起遠古,下迄西漢武帝,是我國第一部紀傳體通史。 班固：東漢人。字孟堅,扶風安陵（今陝西省咸陽市東北）人,生於東漢光武帝建武八年（32）。所著《漢書》,是我國第一部紀傳體斷代史。 范曄（398—445）：【劉注】字蔚宗,南朝宋順陽（今河南省淅川縣）人。范曄早年曾任彭城王劉義康的參軍,後官至尚書吏部郎,宋文帝元嘉元年（424）因事觸怒劉義康,左遷爲宣城郡（郡治在今安徽省宣城市）太守。後來他又幾次升遷,官於左衛將軍、太子詹事。元嘉二十二年,因有人告發他密謀擁立劉義康,於是以謀反的罪名被處以死刑。范曄是南北朝時期著名史學家,著有《後漢書》,記事上起漢光武帝劉秀建武元年,下訖漢獻帝建安二十五年（220）,囊括東漢一代196年的歷史。

乾統中遷六院部太保。[1]處事不拘文法,時多笑其迂。孟簡聞之曰："上古之時,無簿書法令而天下治。蓋簿書法令適足以滋姦倖,非聖人致治之本。"改高州觀察使,[2]修學校,招生徒。遷昭德軍節度使。[3]以中京饑,詔與學士劉嗣昌減價糶粟。事未畢,卒。

[1]六院部：太祖析迭剌部爲五院部和六院部。太宗會同元年

（938）改夷离堇爲大王。北院大王和南院大王即是五院部和六院部的首領。

　　[2]高州：州名。統和八年（990）更名武安州，隸大定府。治所在今内蒙古自治區敖漢旗東。

　　[3]昭德軍：遼代軍號。治瀋州（今遼寧省瀋陽市）。《武經總要》前集卷一六下《戎狄舊地》：“瀋州，德光所建，仍曰昭德軍，契丹舊地也，東至大遼水。水東即女眞界。西南至東京一百三十里，北至雙州八十里。”

　　耶律谷欲字休堅，六院部人。父阿古只官至節度使。谷欲沖澹有禮法，工文章。統和中爲本部太保，開泰中稍遷塌母城節度使。[1]鞫霸州疑獄稱旨，[2]授啓聖軍節度使。[3]太平中復爲本部太保。[4]謝病歸，俄擢南院大王。歎風俗日頹，請老，不許。

　　[1]塌母城：本書卷四六《百官志二》：遼有塌母城節度使司，屬西路諸司，即塌母城當在西部。

　　[2]霸州：後升興中府，治所在今遼寧省朝陽市。　稱旨：【劉注】《初校》謂：“‘旨’《百》作‘眞’，非。”明抄本、南監本、北監本和殿本均作“旨”。中華點校本、修訂本和補注本徑改。今從改。

　　[3]啓聖軍：儀坤州軍號。治所在今内蒙古自治區翁牛特旗西北。《武經總要》前集卷一六下《戎狄舊地》：“宜坤州，契丹爲啓聖軍節度，即應天太后所生地也。東至長泊十五里，西南至上京二百里，北至踏弩河二千里，河北至大水泊五十里。”

　　[4]太平：遼聖宗耶律隆緒年號（1021—1031）。

　　興宗命爲詩友，數問治要，多所匡建。奉詔與林牙耶律庶成、蕭韓家奴編遼國上世事跡及諸帝《實録》，未成而卒，年九十。

論曰：孔子言："誦《詩》三百，授之以政，不達……雖多，亦奚以爲？"[1]王鼎忠直達政，劉輝侍青宮建言國計，昭陳邊防利害，皆洞達闓敏。孟簡疾乙辛姦邪，黜而不怨。孰謂文學之士無益於治哉。

[1]"誦《詩》三百"至"亦奚以爲"：見《論語·子路》："子曰：誦《詩》三百，授之以政，不達；使於四方，不能專對。雖多，亦奚以爲？"注："專，猶獨也。"《正義》曰："此章言人之才學，貴於適用。若多學而不能用，則如不學也。"

（李錫厚注　劉鳳翥校）

遼史　卷一〇五

列傳第三十五

能吏

大公鼎　蕭文　馬人望　耶律鐸魯斡　楊遵勗　王棠[1]

[1]"大公鼎"至"王棠":【劉校】原本、明抄本、南監本、北監本和殿本無，據中華點校本補。

漢以璽書賜二千石，[1]唐疏刺史、縣令于屏，以示獎率，故二史有《循吏》《良吏》之傳。[2]

[1]璽書:皇帝下達詔命，謂之"賜璽書"。因詔書必以囊盛之，加封，又用璽，故謂之璽書。參宋代王觀國《學林》卷五《尺一》。　二千石:漢稱郡守爲"二千石"。《漢書》卷六一《李廣利傳》:"諸侯相、郡守、二千石百餘人，千石以下千餘人。"《漢書》卷九二《遊俠傳·陳遵傳》:"及宣帝即位，用遂（遵祖父）稍遷至太原太守，乃賜遂璽書。"

[2]二史有《循吏》《良吏》之傳:《史記》《漢書》皆有《循

吏傳》。《晉書》則有《良吏傳》。後世紀傳體史書多宗班馬，作《循吏傳》。

遼自太祖創業，太宗撫有燕薊，[1]任賢使能之道亦略備矣。然惟朝廷參置國官，吏州縣者多遵唐制。歷世既久，選舉益嚴。時又分遣重臣巡行境內，察賢否而進退之，是以治民、理財、決獄、弭盜，各有其人。考其德政，雖未足以與諸循、良之列，抑亦可謂能吏矣，作《能吏傳》。

[1]燕薊：今京津地區是古燕國，薊是其都城，故這一地區稱"燕薊"。《漢書》卷二八下《地理志》："燕王太子丹遣勇士荆軻西刺秦王，不成而誅，秦遂舉兵滅燕。薊，南通齊、趙、勃、碣之間，一都會也。"師古曰："薊縣，燕之所都也。勃，勃海也。碣，碣石也。"

大公鼎，渤海人，[1]先世籍遼陽率賓縣。[2]統和間徙遼東豪右以實中京，[3]因家于大定。曾祖忠禮賓使，父信興中主簿。[4]

[1]渤海人：【靳注】此指內遷到今遼寧南部地區的原渤海國遺民。天顯三年（928），遼將東丹國建制及其渤海貴族人家與大多數渤海民衆，盡行遷徙至遼南地區落戶定居，并在稅賦方面給予優待。穆宗時，東丹國被撤銷，聖宗時對遼南渤海人加以重稅盤剝，激起民憤。太平九年（1029），守衛東京遼陽府（今遼寧省遼陽市）的渤海人軍官大延琳率衆反叛，斬殺遼廷酷吏。遼聖宗指派蕭孝穆統領重兵、耗時一年方纔平叛。事後，遼南渤海人再度被遷徙

至遼上京臨潢府（今内蒙古自治區巴林左旗）附近及遼東灣沿海的來、隰、遷、潤等州（今遼寧省興城市、綏中縣以及河北省秦皇島市一帶）居住，與漢人雜居，逐漸融合。詳參滿岩《遼王朝對渤海國遺民的治理策略》，載《蘭臺世界》，2015 年 9 月下旬版。

[2]率賓縣：縣名。治所在今遼寧省北鎮市境内。按本書卷三八《地理志二》，該縣隸屬康州，遷率賓府人户置。率賓府原屬渤海西京。據《新唐書》卷二一九《渤海傳》：“高麗故地爲西京……率賓故地爲率賓府，領華、益、建三州。”大公鼎祖先是在渤海亡後，落籍遼東的。

[3]統和：遼聖宗耶律隆緒年號（983—1012）。 中京：遼五京之一。稱大定府，故址在今内蒙古自治區寧城縣大明鎮。

[4]興中：即興中府，治所在今遼寧省朝陽市。

公鼎幼莊愿，長而好學。咸雍十年登進士第，[1]調瀋州觀察判官。[2]時遼東雨水傷稼，北樞密院大發瀕河丁壯以完隄防，[3]有司承令峻急，公鼎獨曰：“邊障甫寧，大興役事非利國便農之道。”乃疏奏其事，朝廷從之，罷役，水亦不爲災。瀕河千里，人莫不悦。改良鄉令，[4]省徭役，務農桑，建孔子廟學，部民服化。累遷興國軍節度副使。[5]

[1]咸雍：遼道宗耶律洪基年號（1065—1074）。

[2]瀋州：州名。治所在今遼寧省瀋陽市。《武經總要》前集卷一六下《戎狄舊地》：“瀋州，德光所建，仍曰昭德軍，契丹舊地也，東至大遼水。水東即女真界。西南至東京一百三十里，北至雙州八十里。”

[3]北樞密院：官府名。遼有北、南樞密院，爲遼朝的實際宰

輔機構,分別總領北、南面官。北樞密院又稱契丹樞密院,掌軍事、部族。南樞密院又稱漢人樞密院,掌漢人州縣之事。

[4]良鄉:縣名。治所在今北京市房山區境内。三河、良鄉都是趙德鈞鎮幽州時所置,據《新五代史》卷七二《四夷附録第一》:"莊宗之末,趙德鈞鎮幽州,於鹽溝置良鄉縣,又於幽州東五十里築城,皆戍以兵。及破賀邈等,又於其東置三河縣。由是幽、薊之人,始得耕牧,而輸餉可通。"

[5]興國軍:遼代軍號。治所在龍化州(今内蒙古自治區奈曼旗東北)。

　　時有隸鷹坊者以羅畢爲名擾害田里,[1]歲久民不堪。公鼎言于上,即命禁戢。會公鼎造朝,大臣諭上嘉納之意,公鼎曰:"一郡獲安誠爲大幸,他郡如此者衆,願均其賜于天下。"從之。徙長春州錢帛都提點。[2]車駕如春水,[3]貴主例爲假貸,[4]公鼎曰:"豈可輟官用、徇人情?"拒之。頗聞怨詈語,曰:"此吾職,不敢廢也。"俄拜大理卿,[5]多所平反。

[1]鷹坊:遼在北面坊場局中設有鷹坊,居遼水東,掌羅捕飛鳥。

[2]長春州:州名。治所在今吉林省白城市洮北區德順蒙古族鄉城四家子古城。《武經總要》前集卷一六下《戎狄舊地》:"長春州,契丹國舊地,仍曰昭陽軍,亦爲罪謫者配隸之所。北至黃龍府百里,東北至龍化州四百里,南至微州三百五十里,西至新州四百里,西北至上京二百里。" 錢帛都提點:遼在鹽鐵諸利日以滋殖,而得燕、代之後益加富饒,於是在諸州、路設錢帛司。都提點爲錢帛司的長官。

[3]春水:春捺鉢的地點多在長春州魚兒濼,又稱長濼、長泊。

因其活動多在水上，故稱"春水"。

[4]貴主例爲假貸：【劉校】"假"原本誤作"暇"，明抄本、南監本、北監本和殿本均作"假"。中華點校本、修訂本、補注本和長箋本徑改。今據改。

[5]大理卿：大理寺長官。察理刑獄、掌刑辟。

天祚即位，歷長寧軍節度使、南京副留守，[1]改東京户部使。[2]時盜殺留守蕭保先，始利其財，因而倡亂。民亦互生猜忌，家自爲鬭。公鼎單騎行郡，陳以禍福，衆皆投兵而拜曰："是不欺我，敢弗聽命。"安輯如故。拜中京留守，賜貞亮功臣，乘傳赴官。時盜賊充斥，有遇公鼎于路者，即叩馬乞自新。公鼎給以符約，俾還業，聞者接踵而至。不旬日，境内清肅。天祚聞之，加賜保節功臣。時人心反側，公鼎慮生變，請布恩惠以安之，爲之肆赦。[3]

[1]長寧軍：遼代軍號。治川州（今遼寧省北票市西南）。據《大清一統志》卷二八："白川州故城在朝陽縣東北六十七里。遼置川州，會同中改爲白川州……治咸康縣。……今縣境東北之四角阪有廢城，週二里餘，蒙古名卓索喀喇城，城内有遼開泰二年《佛頂尊勝陀羅尼石幢記》，爲白川州官吏所建，知即故白川州地。"南京：遼五京之一。故址在今北京市。

[2]東京：遼五京之一。故址在今遼寧省遼陽市。　户部使：户部使司之長官。屬南面官。掌東京路賦税、度支、鹽鐵事。

[3]肆赦：猶緩刑，赦免。《舊唐書》卷一四《憲宗紀上》："癸巳，以册儲，肆赦繫囚，死罪降從流，流以下遞降一等。"

公鼎累表乞歸，不許。會奴賊張撒八率無賴嘯聚，公鼎欲擊而勢有不能。歎曰：“吾欲謝事久矣。爲世故所牽，不幸至此，豈命也夫！”因憂憤成疾。保大元年卒，[1]年七十九。

[1]保大：遼天祚帝耶律延禧年號（1121—1125）。

子昌齡，左承制；[1]昌嗣，洺州刺史；[2]昌朝，鎮寧軍節度。[3]

[1]左承制：官名。朝會、典禮時承制官負責承接、宣達皇帝詔旨。

[2]洺州：州名。治所在今河北省永年縣。

[3]鎮寧軍：五代方鎮名。據《太平寰宇記》卷五七，後晉於澶州（今河南省濮陽市南）置鎮寧軍。北宋初廢。

蕭文字國華，外戚之賢者也。父直善安州防禦使。[1]

[1]安州：州名。渤海國安邊府治所，在今俄羅斯境内奧耳加城。　防禦使：原爲唐官名。在遼爲防禦州的長官，官階低於團練使而高於刺史。

文篤志力學，喜愠不形。大康初掌秦越國王中丞司事，[1]以才幹稱。尋知北面貼黃。[2]王邦彦子爭廕數歲不能定，有司以聞，上命文詰之，[3]立決。車駕將還宮，承詔閲習儀衛，雖執事林林指顧如一。遷同知奉國軍節度使，[4]歷國舅都監。[5]

[1]大康：遼道宗耶律洪基年號（1075—1084）。　秦越國王：即耶律阿璉（？—1087），阿璉是契丹語名字的音譯。據漢字《耶律弘世墓誌銘》，其漢語名爲弘世。字康時。興宗之子，仁懿皇后生。重熙十七年（1048）封許王。清寧初徙陳王、秦王，進封秦越國王。清寧中出爲遼興軍節度使。咸雍間歷西京、上京留守。死於大安三年（1087），追封秦魏國王。

[2]尋知北面貼黃：【劉校】“貼黃”，原本、明抄本、南監本、北監本和殿本均作“帖黃”。按本書卷四五《百官志一》有“知北院貼黃”，今據改。

[3]上命文詰之：【劉校】《初校》謂：“‘詰’，《百》作‘誥’，非。”明抄本、南監本、北監本和殿本均作“詰”。中華點校本、修訂本和補注本徑改。今從改。

[4]奉國軍：本高麗蓋牟城（即蓋州故城，在今遼寧省蓋州市）。渤海改爲蓋州又改辰州，以辰韓得名。井邑駢列，最爲冲會。遼徙其民於祖州。初曰長平軍。户二千。隸東京留守司。

[5]國舅都監：國舅乙室己大翁帳詳穩司的長官，位在國舅詳穩之下。

壽隆末知易州兼西南面安撫使。[1]高陽土沃民富，[2]吏其邑者每黷于貨，民甚苦之。文始至悉去舊弊，務農桑、崇禮教、民皆化之。時大旱，百姓憂甚，文禱之輒雨。屬縣又蝗，議捕除之，文曰：“蝗，天灾，捕之何益！”但反躬自責，蝗盡飛去；遺者亦不食苗，散在草莽爲烏鵲所食。會霪雨不止，文復隨禱而霽，是歲大熟。朝廷以文可大用，遷唐古部節度使，[3]高陽勒石頌之。後不知所終。

[1]壽隆：遼道宗耶律洪基年號（1095—1101）。據遼代碑刻和錢幣，此年號本爲“壽昌”。元代修《遼史》時誤書爲“壽隆”。易州：州名。治所在今河北省易縣。　西南面安撫使：西南面安撫使司的軍政長官。宋稱經略安撫使。《宋史》卷一六七《職官志》：“經略安撫司，經略安撫使一人，以直秘閣以上充，掌一路兵民之事，皆帥其屬而聽其獄訟、頒其禁令、定其賞罰、稽其錢穀甲械出納之名籍，而行以法。”

[2]高陽：縣名。治所在今河北省高陽縣。

[3]唐古部：當係遼朝西南部的吐蕃部族。聖宗時有匿訖唐古部、北唐古部、南唐古部、鶴剌唐古部等部。大石西行所歷諸部中也有唐古部。詳本書卷三三《營衛志下·部族下》。

馬人望字儼叔，高祖胤卿爲石晉青州刺史。[1]太宗兵至堅守不降，城破被執，太宗義而釋之，[2]徙其族于醫巫閭山，[3]因家焉。曾祖廷煦南京留守，祖淵中京副留守，父詮中京文思使。[4]

[1]青州：州名。治所在今山東省青州市。

[2]“太宗兵至”至“太宗義而釋之”：【劉校】據中華點校本校勘記，“宗”原誤作“祖”。按用兵石晉爲太宗時事，據改。今從。

[3]醫巫閭山：遼西地區的名山。位於今遼寧省北鎮市。

[4]父詮：【劉校】據《羅校》，“詮”，本書卷四八《百官志四》作“佺”。　文思使：【靳注】官名。中京文思院長官。

人望穎悟，幼孤，長以才學稱。咸雍中第進士，爲松山縣令。[1]歲運澤州官炭,[2]獨役松山,人望請于中京留守蕭吐渾均役他邑。吐渾怒,下吏,繫幾百日,復引詰之,人望不屈。蕭喜曰:"君爲民如此,後必大用。"以事聞于朝,悉從所請。

[1]松山:縣名。治所在今内蒙古自治區赤峰市松山區。

[2]澤州:州名。遼太祖俘蔚州民,在松亭關以北立寨居之,採煉陷河銀冶。開泰中大延琳反叛被鎮壓之後,原東京海州下轄的刺史州澤州民被遷移至此,置澤州。治神山縣,在今河北省平泉縣西南察罕城。

徙知涿州新城縣。[1]縣與宋接境,驛道所從出,人望治不擾,吏民畏愛。近臣有聘宋還者,帝問以外事,多薦之,擢中京度支司鹽鐵判官。[2]轉南京三司度支判官,公私兼裕。遷警巡使,[3]京城獄訟填委,人望處決,無一冤者。會檢括户口,未兩旬而畢,同知留守蕭保先怪而問之,人望曰:"民産若括之無遺,他日必長厚斂之弊,大率十得六七足矣。"保先謝曰:"公慮遠,吾不及也。"

[1]涿州:州名。治所在今河北省涿州市。 新城縣:縣名。治所在今河北省高碑店市。

[2]度支司:指遼在中京所設的度支使司,是主理財賦的機構之一。

[3]警巡使:遼於諸京設警巡院、軍巡院,負責維持治安。其長官稱警巡使、軍巡使。

先是樞密使乙辛竊弄威柄,[1]卒害太子。及天祚嗣位將報父仇，選人望與蕭報恩究其事。人望平心以處，所活甚衆。改上京副留守。會劇賊趙鐘哥犯闕，劫宮女、御物，人望率衆捕之右臂中矢，炷以艾，力疾馳逐，賊棄所掠而遁。人望令關津譏察行旅，悉獲其盜，尋擢樞密都承旨。

[1]乙辛：即耶律乙辛（？—1083）。字胡覩袞，五院部人。重熙中爲文班吏。道宗清寧五年（1059）爲南院樞密使，改知北院，封趙王。九年重元亂平，拜北院樞密使，進封魏王。咸雍五年（1069）加守太師。詔四方有軍旅，許以便宜從事，勢震中外。大康元年（1075）誣皇后蕭觀音致死，三年又害死太子耶律濬。七年冬坐以禁物鬻入外國，幽於來州。九年謀奔宋及私藏兵甲事發，伏誅。卷一一〇有傳。

宰相耶律儼惡人望與己異，[1]遷南京諸宮提轄制置，歲中爲保靜軍節度使。[2]有二吏兇暴，民畏如虎。人望假以辭色，陰令發其事，黥配之。[3]是歲諸處飢乏，惟人望所治粒食不闕，路不鳴桴。遙授彰義軍節度使。[4]遷中京度支使，[5]始至府廩皆空，視事半歲積粟十五萬斛、錢二十萬緡。徙左散騎常侍，累遷樞密直學士。

[1]耶律儼（？—1113）：析津（今北京市）人，字若思。本姓李氏。咸雍進士。壽昌初授樞密直學士。拜參知政事。修《皇朝實錄》七十卷。本書卷九八有傳。
[2]保靜軍：遼代軍號。治建州（今遼寧省朝陽市）。
[3]黥：墨刑，於面部或前額刺字，塗墨。
[4]彰義軍：遼代軍號。治蔡州（今河南省汝南縣），不在遼

境内，爲遥授。

　　[5]度支使：度支使司的長官。

　　未幾拜參知政事，[1]判南京三司使事。[2]時錢粟出納之弊惟燕爲甚，人望以縑帛爲通曆，凡庫物出入皆使別籍，名曰“臨庫”。姦人黠吏莫得軒輊，乃以年老揚言道路，朝論不察，改南院宣徽使，[3]以示優老。踰年天祚手書“宣馬宣徽”四字詔之，[4]既至，諭曰：“以卿爲老，誤聽也。”遂拜南院樞密使。人不敢干以私，用人必公議所當與者。如曹勇義、虞仲文嘗爲姦人所擠，[5]人望推薦，皆爲名臣。當時民所甚患者，驛遞馬牛、旗鼓、鄉正、廳隸、倉司之役，至破産不能給。人望使民出錢，官自募役，時以爲便。久之請老，以守司徒、兼侍中致仕。卒，謚曰文獻。

　　[1]參知政事：始見於唐前期，宋初作爲副宰相，至真宗以後，其地位更與宰相同平章事等。遼朝參知政事的地位類似宋朝的參知政事，與同中書門下平章事一樣，都是中書省長官，都是宰相。

　　[2]三司使：三司使司長官。唐宋以鹽鐵、度支、户部爲三司，主理財賦。其長官爲三司使。《通鑑》卷二六五唐天祐三年（906）三月戊寅：“以朱全忠爲鹽鐵、度支、户部三司都制置使。三司之名始于此。”遼在南京設三司使司，此外上京設鹽鐵使司，東京設户部使司，中京設度支使司，西京設計司。

　　[3]宣徽使：遼朝官名。遼設北、南宣徽，分隸北、南樞密院之下。宣徽北院使常執行軍事使命。此外，宣徽使還掌領朝會、宴饗、禮儀、祭祀及御前祇應之事。

　　[4]四字詔之：【劉校】據馮家昇《遼史初校》，“詔”當作

"召"。

[5]曹勇義、虞仲文：皆爲遼南京官員。南京陷，虞仲文、曹勇義、康公弼降金，保大四年（1124）金人令其東遷。路經平州時，被張穀處死。虞、曹二人，《金史》卷七五有傳。張穀，《金史》作張覺，卷一三三有傳。

人望有操守，喜怒不形，未嘗附麗求進。初除執政，家人賀之。人望愀然曰："得勿喜，失勿憂；抗之甚高，擠之必酷。"其畏慎如此。

耶律鐸魯斡字乙辛隱，季父房之後。[1]廉約重義。

[1]季父房：契丹以玄祖之後爲皇族，分爲三房：孟父房、仲父房和季父房。德祖之元子是爲太祖天皇帝，謂之橫帳；次曰剌葛，曰迭剌，曰寅底石，曰安端，曰蘇，皆曰季父房。

重熙末給事誥院。[1]咸雍中累遷同知南京留守事。被召，以部民懇留，乃賜詔褒獎。大康初改西南面招討使，[2]爲北面林牙，[3]遷左夷離畢。[4]大安五年拜南府宰相。[5]壽隆初致仕，卒。

[1]重熙：遼興宗耶律宗真年號（1032—1055）。 誥院：五代後周有官誥院。《五代會要》卷二二《吏曹裁製》："每年及第舉人自於官誥院納官錢一千，買綾紙五張并縹軸，於當曹寫印縫，縫給於官誥院。"

[2]西南面招討使：西南面招討司的主官，駐西京大同（今山西省大同市），負責對西夏防務。

［3］林牙：契丹官名。掌文翰，相當於翰林學士。

［4］夷离畢：遼官名。爲執政官，相當於副宰相參知政事。後來官分南、北，北面官有夷离畢院，主要掌刑政。

［5］大安：遼道宗耶律洪基年號（1085—1094）。 南府宰相：契丹部族官名。契丹可汗之下有北、南二府，各部族則分屬二府，故北宰相亦稱北府宰相，南宰相亦稱南府宰相。

鐸魯斡所至有聲，吏民畏愛。及退居鄉里，子普古爲烏古部節度使，[1]遣人來迎。既至，見積委甚富。謂普古曰：“辭親入仕，當以裕國安民爲事。枉道欺君，以苟貨利，非吾志也。”命駕而歸。普古後爲盜所殺。

［1］烏古部：部族名。又稱嫗厥律、于厥律，居契丹西北。

楊遵勗字益誡，[1]涿州范陽人。[2]重熙十九年登進士第，調儒州軍事判官，[3]累遷樞密院副承旨。

［1］楊遵勗字益誡：【劉校】據中華點校本校勘記，遵勗又名興工。益誡，沈括《入國別録》作“益戒”。

［2］范陽：縣名。治所在今河北省涿州市。

［3］儒州：縣名。治所在今北京市延慶區。

咸雍三年爲宋國賀正使，還，遷都承旨。天下之事叢于樞府，簿書填委。遵勗一目五行俱下，剖決如流，敷奏詳敏，上嘉之。奉詔徵户部逋錢，得四十餘萬緡，拜樞密直學士，改樞密副使。大康初參知政事徙知樞密院事，兼門下侍郎、平章事，[1]拜南府宰相。耶律乙辛誣皇太子，詔遵勖與燕哥案其事，遵勖不敢正言，時議短之。尋拜北府宰相。

[1]平章事：即同中書門下平章事。唐制，大臣中有此名義者即爲事實上的宰相。遼襲唐制，在分設北南面官之後，以同中書門下平章事爲南面宰相。

大安中暴卒，年五十六。贈守司空，謚康懿。子晦，終昭文館直學士。

王棠，涿州新城人。博古，善屬文。重熙十五年擢進士。鄉貢、禮部、廷試對皆第一。

累遷上京鹽鐵使，[1]或誣以賄，無狀，釋之。遷東京户部使。大康二年遼東饑，[2]民多死，請賑恤，從之。三年入爲樞密副使，拜南府宰相。大安末卒。

[1]鹽鐵使：鹽鐵使司長官。
[2]大康：【靳校】原本作“太康”，今據中華點校本改。

棠練達朝政，臨事不怠，在政府修明法度，有聲。

論曰：孟子謂“民爲貴，社稷次之”。[1]司牧者當如何以盡心。公鼎奏罷完隄役以息民，拒公主假貸以守法，單騎行郡，化盜爲良，庶幾召杜之美。[2]文知易州，雨暘應禱，蝗不爲災。人望爲民不避囚繫，判度支，公私兼裕，亦卓乎未易及已。鐸魯斡吏畏民愛，[3]楊遵勖決事如流，真能吏哉。

[1]民爲貴，社稷次之：見《孟子·盡心章》：“孟子曰：民爲貴，社稷次之，君爲輕。是故得乎丘民而爲天子。”趙岐注：“君輕於社稷，社稷輕於民。丘，十六井也。天下丘民皆樂其政，則爲天子。殷湯、周文是也。”

[2]召杜之美：對地方官的讚譽之語。西漢召信臣和東漢杜詩，先後爲南陽太守，二人都有善政。故南陽人爲之語曰：“前有召父，後有杜母。”參《漢書·循吏召信臣傳》及《後漢書·杜詩傳》。

[3]鐸魯幹吏畏民愛：【劉校】《羅校》謂：“‘民’，元本誤作‘艮’。”明抄本、南監本、北監本和殿本均作“民”。中華點校本、修訂本和補注本徑改。今從改。

（李錫厚注　劉鳳蕎校）

遼史　卷一〇六

列傳第三十六

卓行

蕭札剌　耶律官奴　蕭蒲離不[1]

[1]"蕭札剌"至"蕭蒲離不"：【劉校】原本、明抄本、南監本、北監本和殿本無，據中華點校本補。

遼之共國任事，耶律、蕭二族而已。[1]二族之中有退然自足不淫於富貴，不訕於聲利，可以振頹風、激薄俗亦足嘉尚者，得三人焉。作《卓行傳》。

[1]耶律、蕭二族：耶律和蕭是契丹人的兩個姓氏。同姓並非一定同族。迭剌部、乙室部和突呂不部都有耶律氏，但非同族。蕭氏亦然。

蕭札剌字虛輦，北府宰相排押之弟。[1]性介特，不事生業。

[1]北府宰相：契丹部族官名。契丹可汗之下有北、南二府，各部族則分屬二府，故北宰相亦稱北府宰相，南宰相亦稱南府宰相。排押（？—1023）：即蕭排押。字韓隱，國舅少父房之後。統和二十二年（1004）與宋和議成，爲北府宰相。本書卷八八有傳。

保寧間以戚屬進，[1]累遷寧遠軍節度使。[2]秩滿里居，澹泊自適。統和末召爲南京馬步軍都指揮使，[3]以疾求退，不聽，遷夷离畢。[4]又以疾辭，許之，遂入頡山，杜門不出。上嘉其志，不復徵，札剌自是家于頡山。親友或過之，終日言不及世務；凡宴游相邀亦不拒。一歲山居過半，與世俗不偶。耶律資忠重之，[5]目"曰頡山老人"。卒。

[1]保寧：遼景宗耶律賢年號（969—979）。
[2]寧遠軍：遼代軍號。治貴德州，州城故址當在今遼寧省撫順市城北高爾山前。
[3]統和：遼聖宗耶律隆緒年號（983—1012）。　南京：遼五京之一。故址在今北京市。
[4]夷离畢：遼官名。爲執政官，相當於副宰相參知政事。後來官分南、北，北面官有夷离畢院，主要掌刑政。
[5]耶律資忠：系出仲父房。博學，工辭章。初，高麗臣服，遼取女直六部地賜高麗。後與高麗交惡，遼聖宗詔資忠前往索還六州舊地。高麗無歸地意。開泰三年（1014）再使高麗，被留。返回後，出知來遠城事，歷保安、昭德二軍節度使。本書卷八八有傳。《高麗史》卷四《顯宗世家》中的耶律行平即本書中的耶律資忠。

耶律官奴字奚隱，林牙斡魯之孫。[1]沉厚多學，詳於本朝世系。嗜酒好佚。

[1]林牙：契丹官名。掌文翰，相當於翰林學士。

初，徵爲宿直將軍，重熙九年以疾去官。上以官奴屬尊，欲成其志，乃許自擇一路節度使。官奴辭曰："臣愚鈍，不任官使。"加歸義軍節度使，輒請致政。

官奴與歐里部人蕭哇友善，哇謂官奴曰："仕不能致主澤民成大功烈，何屑屑爲也！吾與若居林下，以枕簟自隨，觴詠自樂，雖不官，無慊焉。"官奴然之。時稱"二逸"。乾統間官奴卒。[1]

[1]乾統：遼天祚帝耶律延禧年號（1101—1110）。

蕭蒲離不字梭懶，魏國王惠之四世孫。[1]父母蚤喪，鞠于祖父兀古匿。性孝悌。年十三兀古匿卒，自以早失怙恃，復遭祖喪，哀毀踰禮，族里嘉歎。嘗謂人曰："我於親不得終養，今誰爲訓者？苟不自勉，何以報鞠育恩！"自是力學，於文藝無不精。

[1]魏國王惠：即蕭惠（982—1056）。本書卷九三有傳。

乾統間以兀古匿之故召之，不應。常與親識游獵山水，奉養無長物、僕隸，欣欣如也。或曰："公胡不念以嗣先世功名？"答曰："自度不足以繼先業，年踰強仕，安能益主庇民！”累徵，皆以疾辭。

晚年，謝絶人事，卜居抹古山，[1]屏遠葷茹，潛心佛書，延有道者談論彌日。人問所得何如，但曰：“有深樂！惟覺六鑿不相攘，[2]餘無知者。”一日易服，無疾而逝。

[1]抹古山：山名。據《欽定遼金元三史國語解·遼史語解》卷四，“抹古”作“瑪古”，蒙古語爲不善之義。
[2]六鑿：指人的耳、目等六孔。

論曰：隱，固未易爲也，而亦未可輕以與人。若札剌謝職不談時務，官奴兩辭節鎮，蒲離不召而不赴，雖未足謂之隱，然在當時能知内外之分，甘於肥遯，不猶愈於求富貴利達而爲妻妾羞者哉？故稱卓行可也。

（李錫厚注　劉鳳翥校）

遼史　卷一〇七

列傳第三十七

列女

邢簡妻陳氏　　耶律氏常哥　　耶律奴妻蕭氏
耶律尤者妻蕭氏　　耶律中妻蕭氏[1]

　　[1]"邢簡妻陳氏"至"耶律中妻蕭氏"：原本、明抄本、南
監本、北監本和殿本無，據中華點校本補。

　　男女居室人之大倫，與其得烈女不若得賢女。天下
而有烈女之名，非幸也。《詩》讚衛共姜，[1]《春秋》
褒宋伯姬，[2]盖不得已，所以重人倫之變也。遼據北方
風化視中土爲踈，終遼之世得賢女二、烈女三，以見人
心之天理有不與世道存亡者。

　　[1]共姜：《詩·鄘風·栢舟序》："共姜自誓也。衛世子共伯早
死，其妻守義。父母欲奪而嫁之，誓而弗許。故作是詩以絶之。"

[2]伯姬：《漢書·五行志》："董仲舒以爲，伯姬如宋五年，宋恭公卒。伯姬幽居守節三十餘年，又憂傷國家之患禍，積陰生陽，故火生災也。"師古曰："伯姬，魯宣公女恭姬也。成九年歸於宋，十五年而宋公卒。今云如宋五年，則是傳寫誤。"

邢簡妻陳氏營州人，[1]父陘五代時累官司徒。

[1]邢簡：應州（今山西省應縣）人。邢抱朴之父，官至刑部郎中。參本書卷八〇《邢抱朴傳》。　營州：唐以前營州治柳城，而遼代營州州治在今河北省昌黎縣。阿保機以定州俘户置廣寧縣，是在今昌黎縣境内，是遼營州唯一屬縣。

陳氏甫笄，涉通經義，[1]凡覽詩賦輒能誦，尤好吟詠，時以女秀才名之。年二十歸於簡，孝舅姑，閨門和睦，親黨推重。有六子，陳氏親教以經。後二子抱朴、抱質皆以賢，[2]位宰相。統和十二年卒，睿智皇后聞之，[3]嗟悼，贈魯國夫人，刻石以表其行。及遷祔，遣使以祭。論者謂貞靜柔順，婦道母儀始終無慊云。

[1]甫笄：女子剛到可以出嫁的年齡。《史記》卷四《周本紀》："[厲王童妾]既笄而孕。"《正義》："笄，音雞。《禮記》：云'女子許嫁而笄。'鄭玄云：笄，今簪。"

[2]抱朴（？—1004）：即邢抱朴。應州（今山西省應縣）人。保寧初爲政事舍人、知制誥。統和四年（986）加户部尚書。遷翰林學士承旨，與室昉同修《實録》。十二年拜參知政事。改南院樞密使，二十二年卒，贈侍中。本書卷八〇有傳。　抱質：即邢抱質。聖宗時曾任知南院樞密使事，官至侍中。參本書卷八〇《邢抱

朴傳》。

　　[3]睿智皇后（953—1009）：蕭氏，諱綽，小字燕燕，北府宰相蕭思溫女。景宗即位，選爲貴妃。尋册爲皇后，生聖宗。景宗崩，尊爲皇太后，攝國政。統和元年，上尊號曰承天皇太后。本書卷七一有傳。

　　耶律氏，太師適魯之妹，小字常哥。幼爽秀，有成人風。及長，操行脩潔，自誓不嫁。能詩文，不苟作。讀《通曆》，[1]見前人得失，歷能品藻。

　　[1]《通曆》：書名。一名《通紀》。唐馬總撰。十卷。概述上古三代至隋歷代興亡事蹟的紀傳體通史性質的史學著作。今傳本缺前三卷。宋初佚名作者有續作。

　　咸雍間作文以述時政，[1]其略曰："君以民爲體，民以君爲心。人主當任忠賢，人臣當去比周，[2]則政化平、陰陽順。欲懷遠則崇恩尚德，欲強國則輕徭薄賦。"四端""五典"爲治教之本，[3]"六府""三事"寔生民之命。[4]淫侈可以爲戒，勤儉可以爲師。錯枉則人不敢詐，顯忠則人不敢欺。勿泥空門，[5]崇飾土木；勿事邊鄙，妄費金帛。[6]滿當思溢，安必慮危。刑罰當罪則民勸善，不寶遠物則賢者至。建萬世磐石之業，制諸部強橫之心。欲率下則先正身，欲治遠則始朝廷。"上稱善。

　　[1]咸雍：遼道宗耶律洪基年號（1065—1074）。
　　[2]人臣當去比周：爲人臣，當去除私下相近相親。《左傳·文公十八年》："醜類惡物，頑嚚不友，是與比周。"《正義》曰：

"醜亦惡也，物亦類也。指謂惡人等輩—重復而言之耳。""比"是相近，"周"是親密。"周"還有忠信之義。《論語·爲政》："子曰：君子周而不比；小人比而不周。"《正義》曰："此章明君子小人德行不同之事。忠信爲周，阿黨爲比。言君子常行忠信而不私相阿黨，小人則反是。"

[3]四端：宋代王積《節考集》卷二九《荀子》："孟子以仁、義、禮、智謂之四端。"　五典：漢孔安國《尚書序》："少昊、顓頊、高辛、唐、虞之書謂之五典，言常道也。"

[4]六府、三事：閻若璩《尚書古文疏證》第七九："六府、三事謂之九功。水、火、金、木、土、穀，謂之六府。正德、利用、厚生，謂之三事。"

[5]空門：佛教、佛門。宋代釋贊寧《宋高僧傳》卷二〇《唐洛京慧林寺圓觀傳》："釋圓觀，不知何許人也。居於洛宅，率性疎簡，或勤梵學而好治生，獲田園之利，時謂之空門猗頓也。"

[6]妄費金帛：【劉校】《羅校》謂："'費'，元本、南監本誤作'廢'。"明抄本和北監本亦誤作"廢"。殿本作"費"。中華點校本、修訂本和補注本據殿本徑改。今據改。

時樞密使耶律乙辛愛其才，[1]屢求詩，常哥遺以回文。乙辛知其諷己，銜之。大康三年皇太子坐事，[2]乙辛誣以罪，按無跡，獲免。會兄適魯謫鎮州，[3]常哥與俱，常布衣疏食。人問曰："何自苦如此？"對曰："皇儲無罪遭廢，我輩豈可美食安寢。"及太子被害，不勝哀痛。年七十，卒于家。

[1]耶律乙辛（？—1083）：五院部人。字胡覩袞。重熙中爲文班吏。道宗清寧五年（1059）爲南院樞密使，改知北院，封趙王。九年重元亂平，拜北院樞密使，進封魏王。咸雍五年（1069）

加守太師，勢震中外。大康元年（1075）誣皇后蕭觀音致死，三年又害死太子耶律濬。七年冬坐以禁物鬻入外國，幽於來州。九年謀奔宋及私藏兵甲事發，伏誅。本書卷一一〇有傳。

［2］大康：遼道宗耶律洪基年號（1075—1084）。

［3］鎮州：本古可敦城。置建安軍。州城故址在今蒙古國布爾干省青托羅蓋古城。陳得芝《耶律大石北行史地雜考》（《歷史地理》第二輯）説，遼朝統治漠北屬部的最高軍政機構是西北路招討司（又稱西北路都招討司）。遼聖宗統和十二年（994），因西北“阻卜”諸部作亂，以蕭撻凜爲西北路招討使，命隨皇太妃（齊王妃）出征，“屯西鄙臚駒兒河，西捍轄戛，盡降之”。蕭撻凜鑒於達旦諸部叛服不常，上表乞建三城以鎮之。統和二十二年三城完工，設置鎮、防、維三州。

耶律奴妻蕭氏，[1]小字意辛，[2]國舅駙馬都尉陶蘇斡之女。[3]母胡獨公主。意辛美姿容，年二十始適奴。事親睦族，以孝謹聞。嘗與娣姒會，[4]爭言厭魅以取夫寵，[5]意辛曰：“厭魅不若禮法。”衆問其故，意辛曰：“脩己以潔，奉長以敬，事夫以柔，撫下以寬，毋使君子見其輕易，此之爲禮法，自然取重於夫。以厭魅獲寵，獨不愧於心乎！”聞者大慙。

［1］耶律奴（1041—1098）：【劉注】人名。據契丹小字《耶律奴墓誌銘》，“奴”是契丹語小名公夾的音譯，其第二個名爲九夾雨伏（國隱寧）。橫帳仲父房人。曾祖老袞大王，爲遼太祖兄弟輩的人，初任五院部夷离堇，遼太宗時封燕王。祖父爲逊寧·休哥于越。父爲夾乔札札（確恩）郎君，母爲國舅大翁帳解里寧相公之女訛里本娘子。重熙十年（1041）二月十日生。清寧五年（1059）初仕惕隱。

轉赴牌印司任職。封率府副率之號。十年封率府率。咸雍元年
（1065）改拜彰愍、敦睦、延慶三宮之副宮使，七年拜延慶宮之都
宮使，授部署司同知。同年，封左監門衛上將軍之號，又賜玉器。
九年，拜郎君班□□（詳穩）。大康元年（1075）冬，封輔國大將
軍、樞密院同知。大康二年夏，出使宋國，歸，拜中京留守。壽昌
四年（1098）十二月四日，因病薨於公署，享年五十九歲。次年四
月二十八日，葬於迪里布山（今遼寧省阜新蒙古族自治縣大板鎮腰
衙門村北山）之陽，祔祖父宋國王之塋。一弟，某郎君。二妹：長
童子女，適大翁帳秀哥太保。次妹早亡。妻爲意辛夫人。生二子二
女。長子□□（國隱），娶妻安保寧，宣徽使蕭尚哥之女，是燕國王
（即後來的天祚帝）的表姐。次子名□□（帝德）。長女□□（德魯
斡），嫁國舅涅褐太師之子成治。小女□□（特梅妍）。

[2]意辛：【劉注】契丹語□□音譯詞，漢義爲“壽”。

[3]陶蘇斡：即蕭陶蘇斡。字乙辛隱，契丹突呂不部人。天慶
四年（1114）爲漢人行宮副部署。當時金兵初起，攻陷寧江州。陶
蘇斡主張大規模征發諸道兵，以威勢壓制女直。其計不被採用。本
書卷一〇一有傳。

[4]娣姒：【劉注】1.妯娌。兄妻爲姒，弟妻爲娣。《爾雅·釋
親》：“長婦謂稚婦爲娣婦，娣婦謂長婦爲姒婦。”郭璞注：“今相呼
先後，或云妯娌。”2.古代同夫諸妾互稱，年長的爲姒，年幼的爲
娣。《爾雅·釋親》：“女子同出，謂先生爲姒，後生爲娣。”郭璞
注：“同出，謂俱嫁事一夫。”郝懿行《義疏》：“娣姒即眾妾相謂之
詞，不關嫡夫人在內。”

[5]厭魅：亦作“厭媚”。謂用迷信方法祈禱鬼神以迷惑或傷
害別人。

　　初，奴與樞密使乙辛有隙。及皇太子廢，被誣奪

爵，没入興聖宮，[1]流烏古部。[2]上以意辛公主之女，欲使絶婚，[3]意辛辭曰：“陛下以妾葭莩之親，[4]使免流竄，實天地之恩。然夫婦之義，生死以之。妾自笄年從奴，一旦臨難，頓爾乖離，背綱常之道，於禽獸何異。幸陛下哀憐，與奴俱行，妾即死無恨！”帝感其言，從之。

[1]没入興聖宮：被籍没爲興聖宮的奴婢——宮分人。中國古代依照法律，登記罪犯所有的家産，予以没收，稱爲“籍没”。遼代的籍没之法，還包括將犯罪者親屬收爲官奴婢。

[2]烏古部：部族名。又稱嫗厥律、于厥律，居契丹西北。

[3]絶婚：【劉校】原本作“絶昏”，明抄本、南監本、北監本、殿本均作“婚”。中華點校本、補注本和長箋本徑改。今據改。修訂本仍舊。

[4]葭（jiā）莩（fú）之親：喻疏遠的親屬關係。《漢書》卷五三《景十三王傳》中山靖王劉勝曰：“今群臣非有葭莩之親、鴻毛之重，群居黨議，朋友相爲使。”師古曰：“葭，蘆也；莩者，其筩中白皮至薄者也。‘葭莩’喻著鴻毛，喻輕薄甚也。”

意辛久在貶所，親執役事，雖勞無難色。事夫禮敬，有加于舊。壽隆中上書乞子孫爲著帳郎君。[1]帝嘉其節，召舉家還。

[1]壽隆：遼道宗耶律洪基年號（1095—1101）。據遼代碑刻和錢幣，此年號本爲“壽昌”。元代修《遼史》時誤書爲“壽隆”。

子國隱，[1]乾統間始仕。保大中意辛在臨潢，[2]謂諸子曰：“吾度盧彦倫必叛，[3]汝輩速避，我當死之。”賊至，遇害。

[1]子國隱：【劉注】據契丹小字《耶律奴墓誌銘》，"國隱"是契丹語小名〔契丹字〕的音譯。契丹有父子連名的習俗。子連父名。其方法是把父親的第二個名中的詞尾 n 切掉，變成小名的形式。"國隱"就是把他父親耶律奴的第二名〔契丹字〕（國隱寧）中的尾音〔契丹字〕切掉而成的〔契丹字〕（國隱）。契丹語名字中的"第二個名字"被漢字文獻處理爲"字"。本書卷三《太宗本紀上》天顯十一年（936）九月晉安寨戰役中"夷离堇的魯與戰，死之。……以的魯子徒離骨嗣爲夷离堇，仍以父字爲名，以旌其忠"。"以父字爲名"就是把父親的"第二個名"改變爲小名。耶律奴和蕭意辛夫婦還有第二個兒子小名〔契丹字〕（帝德）。

[2]保大：遼天祚帝耶律延禧年號（1121—1125）。 臨潢：遼上京稱臨潢府，在今内蒙古自治區巴林左旗林東鎮。【劉注】"潢"原本誤作"漢"，《初校》謂："'漢'當作'潢'。"今據改。

[3]盧彦倫（1082—1151）：臨潢人。遼天慶初，授殿直、勾當兵馬公事。遼兵敗於出河店，還至臨潢，散居民家，令給養之，彦倫不滿。遼授彦倫團練使、勾當留守司公事。據《金史》卷七五本傳，天慶十年（1120）彦倫從上京留守撻不野出降。

耶律尤者妻蕭氏，小字訛里本，國舅孛菫之女。性端殻，[1]有容色，自幼與他女異。年十八歸尤者。謹裕貞婉，娣姒推尊之。

[1]性端殻：【劉校】"殻"，原本、南監本、北監本、明抄本同。《羅校》稱："'慤'，元本、南監誤'殻'。"中華點校本據殿本改作"慤"。中華修訂本仍從原本。

及居尤者喪，極哀毀。既葬，謂所親曰：“夫婦之道，如陰陽表裏。無陽則陰不能立，無表則裏無所附。妾今不幸失所天，且生必有死，理之自然。尤者早歲登朝，有才不壽。天禍妾身，罹此酷罰，復何依恃。儻死者可見則從，不可見則當與俱。”侍婢慰勉，竟無回意，自刃而卒。

耶律中妻蕭氏，小字挼蘭，韓國王惠之四世孫。[1]聰慧謹愿。年二十歸於中，事夫敬順，親戚咸譽其德。中嘗謂曰：“汝可粗知書，以前貞淑爲鑑。”遂發心誦習，多涉古今。

[1]韓國王惠：即蕭惠（982—1056）。契丹外戚，淳欽皇后弟阿古只五世孫。重熙十七年（1048）尚帝姊秦晉國長公主，拜駙馬都尉。本書卷九三有傳。

天慶中爲賊所執，[1]潛置刃於履，誓曰：“人欲汙我者，即死之。”至夜，賊遁而免。久之，帝召中爲五院都監，[2]中謂妻曰：“吾本無宦情，今不能免。我當以死報國，汝能從我乎？”挼蘭對曰：“謹奉教。”及金兵徇地嶺西盡徙其民，[3]中守節死。挼蘭悲戚不形於外，人怪之。俄躍馬突出，至中死所自殺。

[1]天慶：遼天祚帝耶律延禧年號（1111—1120）。
[2]五院：契丹部族名。天贊元年（922），以迭剌部強大難制，析五石烈爲五院，六爪爲六院，各置夷离堇。會同元年

（938），更夷离堇爲大王，部隸北府，以鎮南境。

[3]金兵徇地嶺西：事在保大三年（1123）。據本書卷三〇《天祚本紀附梁王雅里傳》：“保大三年，金師圍青塚寨，雅里在軍中。太保特母哥挾之出走，間道行至陰山。聞天祚失利趨雲内……天祚渡河奔夏，隊帥耶律敵列等劫雅里北走。至沙嶺，見蛇横道而過，識者以爲不祥。後三日，群僚共立雅里爲主。”所謂“陰山”，可能是指今内蒙古自治區境内的大青山。“雲内”，據陳得芝考證，應在天德軍以東，大黑河下游，即《古豐識略》所記歸化城西南八十里西白塔古城。因此，“徇地嶺西”，應是指金軍在今内蒙古自治區呼和浩特市附近追擊遼天祚帝。此事亦見《金史》卷七二《習古廼傳》：“遼梁王雅里在紇里水自立，不知果在何處，至是始知之。於是，徙遼降人於泰州，時暑未可徙，習古廼請姑處之嶺西。”

論曰：陳氏以經教二子，並爲賢相，耶律氏自潔不嫁，居閨閫之内而不忘忠其君，非賢而能之乎。三蕭氏之節，雖烈丈夫有不能者矣。

（李錫厚注　劉鳳翥校）

遼史　卷一○八

列傳第三十八

方技

直魯古　王白　魏璘　耶律敵魯　耶律乙不哥[1]

[1]"直魯古"至"耶律乙不哥"：【劉校】原本、明抄本、南監本、北監本和殿本無，據中華點校本補。

　　孔子稱"小道必有可觀"，[1]醫卜是已。醫以濟夭札，[2]卜以決猶豫，皆有補於國，有惠於民。前史録而不遺，故傳。

[1]小道必有可觀：此非孔子觀點。見《論語・子張》："子夏曰：雖小道必有可觀者焉。"《正義》曰："此章勉人，學爲大道、正典也。小道謂異端之説，百家語也。雖曰小道，亦必有少理可觀覽者焉。然致遠經，久則恐泥難不通，是以君子不學也。"
[2]夭札：遭疫病而早死。札，疫病。《周禮・地官・大司徒》："大荒大札，則令邦國移民。"鄭玄注："大札，大疫病也。"

直魯古，吐谷渾人。[1]初，太祖破吐谷渾，一騎士棄橐，反射不中而去。及追兵開橐視之，中得一嬰兒，即直魯古也。因所俘者問其故，乃知射橐者嬰之父也。世善醫，雖馬上視疾亦知標本。[2]意不欲子爲人所得，欲殺之耳。

[1]吐谷渾：古代部族名。即吐渾。據《新五代史》卷七四《四夷附錄第三》，吐渾"自後魏以來，名見中國，居於青海之上。當唐至德中，爲吐蕃所攻，部族分散，其内附者，唐處之河西。其大姓有慕容、拓拔、赫連等族。懿宗時，首領赫連鐸爲陰山府都督，與討龐勛，以功拜大同軍節度使。爲晉王所破，其部族益微，散處蔚州界中"。"晉高祖立，割雁門以北入于契丹，於是吐渾爲契丹役屬，而苦其苛暴"。另據《五代會要》卷二八《吐渾》："至開運中，捍虜於澶州，召承福等率其部衆從行，屬歲多暑熱，部下多死，復遣歸太原，移帳於嵐石州界。然承福馭下無法，多干軍令。其子族白可久，名在承福之亞，因牧馬率本帳北遁，契丹授以官爵，復遣潛誘承福。承福亦思叛去，事未果，漢高祖知之，乃以兵環其部族，擒承福與族白鐵櫃、赫連海龍等五家，凡四百有餘人，伏誅。籍其牛馬，命別部長王義宗統其餘屬。"

[2]標本：中國傳統醫學概念。金代劉完素《素問玄機原病式·寒類》："標本：標，上首也；本，根元也。故《經》言先病爲本，後病爲標。標本相傳，先以治其急者。又言六氣爲本，三陰、三陽爲標。故病氣爲本，受病經絡臟腑謂之標也。"

由是進於太祖，淳欽皇后收養之。[1]長亦能醫，專事鍼灸。太宗時以太醫給侍。嘗撰《脉訣》《鍼灸書》行于世。[2]年九十卒。

[1]淳欽皇后：遼太祖阿保機皇后述律氏的謚號。遼興宗重熙二十一年（1052）九月追謚。本書卷七一有傳。

[2]《脉訣》：【劉校】據中華點校本校勘記，“訣”原誤作“諸”。據《大典》卷二〇八八九改。今從。

王白冀州人，[1]明天文，善卜筮，晉司天少監，[2]太宗入汴得之。[3]

[1]冀州：州名。在宋境內，治所在今河北省衡水市冀州區。轄區在今河北省南部，統南宮、衡水、武邑、棗強等縣。

[2]晉：此指石敬瑭創立的後晉（936—946），五代第三個王朝。初，石敬瑭獲得契丹耶律德光支持，並向德光割地、稱臣、稱兒。少帝石重貴繼位後，與契丹交惡，爲契丹所滅。 司天少監：唐五代官名。《續通典·職官中》：“太史局令，至唐改爲司天監，設監一人，少監二人，掌察天文、稽曆數，凡日、月、星辰、風雲氣色之異，率其屬而占。”

[3]汴：古州名。北周時攻梁州置。治所在今河南省開封市。五代梁定都於此，昇爲開封府。五代晉、漢、周及北宋亦以此爲都。又稱汴梁、汴京。

應曆十九年王子只没以事下獄，[1]其母求卜，白曰：“此人當王，未能殺也，毋過憂！”[2]景宗即位釋其罪，封寧王，竟如其言。凡決禍福多此類。

[1]應曆：遼穆宗耶律璟年號（951—969）。 只没：即景宗第三子質睦，妃甄氏生，字和魯。景宗封爲寧王，保寧八年（976）奪爵。統和元年（983）皇太后稱制，詔復舊爵。應曆、保寧間又兩度奪爵。通契丹、漢字，能詩。詳見本書卷六四《皇子表》。

[2]毋過憂：【劉校】"毋"，原本、明抄本、南監本和北監本均作"母"，殿本作"毋"。《初校》謂："'母'，《百》、《南》作'毋'，是。"《百》、《南》不作"毋"，引文有誤。中華點校本、修訂本和補注本逕改。今從改。

保寧中歷彰武、興國二軍節度使。[1]撰《百中歌》行于世。

[1]保寧：遼景宗耶律賢年號（969—979）。　彰武：遼代軍號。治霸州，後陞興中府，在今遼寧省朝陽市。　興國：遼代軍號。治龍化州（今內蒙古自治區奈曼旗東北）。

魏璘，不知何郡人，以卜名世，太宗得于汴。天祿元年，[1]上命馳馬較遲疾以爲勝負問王白及璘孰勝，白奏曰："赤者勝。"璘曰："臣所見，驄馬當勝。"既馳，竟如璘言。上異而問之，白曰："今日火王，故知赤者勝。"璘曰："不然，火雖王，而上有煙。以煙察之，青者必勝。"上嘉之。五年，察割謀逆，[2]私卜于璘。璘始卜，謂曰："大王之數得一日矣，宜慎之！"及亂果敗。應曆中周兵犯燕，[3]上以勝敗問璘。璘曰："周姓柴也，燕分火也。柴入火必焚。"其言果驗。

[1]天祿：遼世宗耶律阮年號（947—951）。
[2]察割：即耶律察割（？—951）。遼皇族，其父即明王安端，爲阿保機同母弟。世宗即位，察割封泰寧王。天祿五年（951）九月，南伐途中行弒逆，隨即爲壽安王誘殺。本書卷一二〇有傳。
[3]周兵犯燕：事在應曆九年（959）。據《通鑑》卷二九四後

周世宗顯德六年（959）二月記事：周世宗下詔要"幸滄州"，開始秘密向北方調遣軍隊，緊接着就出其不意地攻寧州（遼乾寧軍，即今河北省青縣），刺史王洪舉城降周。然後周又大治水軍，以韓通、趙匡胤等分統水陸大軍繼續北進，隨即攻克了益津關和瓦橋關，遼在兩地的守將終廷輝和姚内斌分別以城降，莫州（今河北省任丘市）刺史劉楚信、瀛州（今河北省河間市）刺史高彦暉在大軍壓境的情況下，也都舉城降周，於是燕京以南地區盡入於周。周世宗要一鼓作氣，直取幽州。已令先頭部隊進據固安（今河北省固安縣）。但就在他準備對遼燕京發動攻擊時，突發重病，不得不罷兵南歸。

璘嘗爲太平王罨撒葛卜僭立事，[1]上聞之，免死流烏古部。[2]一日節度使召璘，適有獻雙鯉者，戲曰："君卜此魚何時得食？"璘良久答曰："公與僕不出今日有不測禍，奚暇食魚？"亟命烹之。未及食寇至，俱遇害。

[1]罨撒葛（934—972）：即阿鉢撒葛里。德光第二子，靖安皇后蕭氏生，會同二年（939）封太平王。穆宗在位時，因謀亂貶戍西北邊。景宗即位後釋罪，召還，以病卒。
[2]烏古部：部族名。又稱嫗厥律、于厥律，居契丹西北。

耶律敵魯字撒不椀。其先本五院之族，[1]始置宮分，[2]隸焉。

[1]五院：契丹部族名。天贊元年（922），以迭剌部強大難制，析五石烈爲五院，六爪爲六院，各置夷离堇。會同元年（938），更夷离堇爲大王，部隸北府，以鎮南境。
[2]宮分：即諸宮衛。早在契丹立國之前，宮衛制度就已經產

生了。遼朝建立後有遙輦九帳大常衮司之設，掌遙輦九世宮分之事，阿保機即位後繼續按照這種制度組建自己的宮衛。遼的十二宮及五京都管轄有若干漢人州縣，上京、中京及東京地區的漢人、渤海人多是俘掠來的。遙輦九世宮分即遙輦氏先後在位的九個可汗宮衛，同樣主要由契丹立國前俘掠來的漢人構成，並且歸屬於遙輦氏。宮衛又稱"宮院"，隸屬皇帝及攝政太后。

敵魯精于醫，察形色即知病原，雖不診候有十全功。統和初爲大丞相韓德讓所薦，[1]官至節度使。

[1]統和：遼聖宗耶律隆緒年號（983—1012）。　韓德讓（942—1011）：韓匡嗣第四子。統和初年承天稱制，韓德讓以南院樞密使的身份"總宿衛事"。統和十七年（999）北院樞密使、魏王耶律斜軫病故，承天皇太后以韓德讓兼知北院樞密使事，至此，遼朝的蕃漢軍政大權就集於其一身了。統和二十二年承天皇太后又賜韓德讓姓耶律，徙封晉王，並且仍舊爲大丞相，事無不統。次年十一月又詔德讓"出宮籍，屬於橫帳"。二十八年更名耶律隆運。

初，樞密使耶律斜軫妻有沉痾，[1]易數醫不能治。敵魯視之曰："心有蓄熱，[2]非藥石所及，當以意療。因其聵，聒之使狂，用泄其毒則可。"於是令大擊鉦鼓於前。翌日果狂，叫呼怒罵，力極而止，遂愈。治法多此類，人莫能測。年八十卒。

[1]耶律斜軫（？—999）：字韓隱，于越曷魯之孫。保寧初受命節制西南面諸軍，仍援河東。改南院大王。乾亨元年（979）秋，宋軍攻下河東，乘勝襲燕，高梁河一戰，他與耶律休哥分左右翼夾

擊，大敗宋軍。統和初，承天皇太后蕭綽稱制，益見委任，爲北院樞密使。四年（986）宋軍三路來攻，斜軫指揮擊退西路來攻的宋軍，以功加守太保。本書卷八三有傳。

[2]蓄熱：【劉校】諸本均作"畜熱"，據中華點校本改。中華修訂本仍從原本。

耶律乙不哥字習撚，六院郎君裏古直之後。[1]幼好學，尤長於卜筮，不樂仕進。

嘗爲人擇葬地曰："後三日有牛乘人逐牛過者，即啓土。"至期，果一人負乳犢引牸牛而過。其人曰："所謂'牛乘人'者，此也。"遂啓土。既葬，吉凶盡如其言。又爲失鷹者占曰："鷹在汝家東北三十里灤西榆上。"往求之，果得。當時占候無不驗。

[1]六院：契丹部族名。天贊元年（922），以迭剌部強大難制，析五石烈爲五院，六爪爲六院，各置夷离堇。會同元年（938），更夷离堇爲大王，部隸北府，以鎮南境。

論曰：方技，術者也。苟精其業而不畔于道，君子必取焉。直魯古、王白、耶律敵魯無大得失，録之宜矣。魏璘爲察割卜謀逆，爲罨撒葛卜僭立，罪在不貸，雖有寸長，亦奚足取哉。存而弗削，爲來者戒。

（李錫厚注　劉鳳翥校）

遼史　卷一〇九

列傳第三十九

伶官

羅衣輕

　　伶，官之微者也。《五代史》列鏡新磨於《傳》，[1]是必有所取矣。遼之伶官當時固多，然能因恢諧示諫以消未形之亂，[2]惟羅衣輕耳。孔子曰："君子不以人廢言。"[3]是宜傳。

　　[1]《五代史》列鏡新磨於《傳》：鏡，《新五代史》卷三七作"敬"。

　　[2]恢諧：同"詼諧"。滑稽諧趣之意。漢荀悦《漢紀·武帝紀二》："朔又上書自訟……文旨放蕩，頗復以恢諧。"宋人陳亮《衆祭潘用和文》："歲時無事，懷酒相命，劇談滿引恢諧笑謔，醉倒而不相責禮。"

　　[3]不以人廢言：見《論語·衛靈公》："子曰：君子不以言舉人，不以人廢言。"《正義》曰："此章言君子用人，取其善節也。

有言者不必有德，故不可以言舉人，當察言觀行，然後舉之。夫婦之愚，可以與知，故不可以無德而廢善言也。"

羅衣輕，不知其鄉里。滑稽通變，一時諧謔多所規諷。興宗敗於李元昊也，[1]單騎突出幾不得脱。先是，元昊獲遼人輒劓其鼻，有奔北者，惟恐追及。故羅衣輕止之曰："且觀鼻在否？"上怒，以毳索繫帳後，將殺之。太子笑曰："打諢底不是黃幡綽！"[2]羅衣輕應聲曰："行兵底亦不是唐太宗！"上聞而釋之。

[1]李元昊（1003—1048）：謚武烈皇帝，廟號景宗，陵號泰陵。小字嵬理，後更名曩霄，李德明長子。宋天聖九年（1031）李德明死後嗣位，宋授爲定難軍節度、夏銀綏宥靜等州觀察處置押蕃落使、西平王。遼封他爲夏國王。宋寶元元年（1038）十月他更名曩霄，建國號大夏，年號天授禮法延祚，自稱皇帝。進表宋朝，要求承認建國稱帝的既成事實，雙方隨即發生戰爭。七年後雙方重新談和。西夏國主稱臣，宋朝同意每年給予銀、絹、茶、綵共二十五萬五千兩、匹、斤。夏宋談和，夏遼矛盾隨之激化。西夏景宗與遼興平公主婚後失和，再加這時遼境内的党項部落多叛附西夏，糾紛益形擴大。遼興宗親征西夏，遭遇失敗。從此夏、宋、遼三方鼎峙的局勢形成。《宋史》卷四八五有傳。

[2]黃幡綽：唐玄宗時伶人。沈自南《藝林匯考·稱謂篇》卷九："《輟耕録》直以'參軍'爲後世'副''淨'。據云，開元中黃幡綽張野狐，善弄參軍，然則戲中孤酸，皆可名'參軍'也。豈必'副''淨'爲之哉。按'弄參軍'者，漢和帝免館陶令石耽罪，每讌樂令衣白夾衫，命優伶戲弄辱之。終年乃放，後爲'參軍戲'所由始矣。"

上嘗與太弟重元狎昵，[1]宴酣，許以千秋萬歲後傳位。重元喜甚，驕縱不法。又因雙陸，[2]賭以居民城邑。帝屢不競，前後已償數城。重元既恃梁孝王之寵，[3]又多鄭叔段之過，[4]朝臣無敢言者，道路以目。一日復博，羅衣輕指其局曰：“雙陸休癡，和你都輸去也！”帝始悟，不復戲。清寧間以疾卒。[5]

[1]重元（1021—1063）：原稱宗元，因避興宗諱，改重元，小字孛吉只，亦作孛己只，聖宗次子。太平三年（1023）封秦國王。聖宗死後，欽愛皇后稱制，曾密謀立重元。重元以所謀告於興宗，封爲皇太弟。賜以金券誓書。道宗即位，冊爲皇太叔，爲天下兵馬大元帥，復賜金券。清寧九年（1063）與其子涅魯古謀亂，失敗自殺。本書卷一一二有傳。

[2]雙陸：局如棋盤，是我國中古時代流行的一種博戲。

[3]梁孝王：名武，漢文帝子、景帝同母弟。有寵於其母竇太后，太后欲以梁孝王爲皇位繼承人，梁孝王亦謀取皇位，事敗，憂死。事見《史記》卷五八《梁孝王世家》及《漢書》卷四七《梁孝王傳》。

[4]鄭叔段：事蹟見《左傳·隱公元年》：“夏五月，鄭伯克段於鄢。初，鄭武公娶於申，曰武姜，生莊公及共叔段。莊公寤生，驚姜氏，故名曰‘寤生’，遂惡之，愛共叔段，欲立之，亟請於武公，公弗許。及莊公即位，爲之請制。公曰：‘制，巖邑也，虢叔死焉，他邑唯命。’請京，使居之，謂之京城大叔。”

[5]清寧：遼道宗耶律洪基年號（1055—1064）。

宦官

王繼恩　趙安仁

《周禮》"寺人掌中門之禁"。[1]至巷伯詩列于《雅》,[2]勃貂功著于晉,[3]雖忠於所事而非其職矣。漢、唐中世竊權蠹政,有不忍言者,是皆寵遇之過。遼宦者二人,其賢不肖皆可爲後世鑑,故傳焉。

[1]《周禮》:儒家經典。秦焚書之後,漢興,大收篇籍,廣開獻書之路。武帝時,河間獻王著錄《周禮》,於諸經之中其出最晚,其真僞問題,學者亦聚訟紛紜。有《周禮注疏》四十二卷,漢鄭玄注,唐代賈公彥疏。　寺人:《周禮·天官》:"寺人,王之正內五人。"注:"寺之言侍也。《詩》云寺人。孟子正內路寢。"疏釋曰:"在此者案,其職云掌王之內人及女宮之戒令,故在此。"又釋曰:"云'寺之言侍者'。欲取親近侍御之義,此閹人也。"

[2]巷伯:周幽王宮中的寺人。《詩經》以之作爲篇名。《詩·小雅·巷伯》序:"'巷伯',刺幽王也。寺人傷於讒,故作是詩也。"箋:"巷伯,奄官寺人,內小臣也。奄官上士四人,掌王后之命,於宮中爲近,故謂之'巷伯',與寺人之官相近,讒人譖寺人,寺人又傷其將及巷伯,故以名篇。"

[3]勃貂:晉文公的宦者寺人披。《後漢書》卷七八《宦者列傳序》:"然宦人之在王朝者,其來舊矣。將以其體非全氣,情志專良,通關中人,易以役養乎?然而後世因之,才任稍廣,其能者則勃貂、管蘇,有功於楚、晉。"注:"勃貂,即寺人披也,一名勃鞮,字伯楚。《左傳》曰:呂郤畏偪,將焚公宮,殺晉文公。寺人披見公以難告,遂殺呂郤。《新序》曰楚恭王有疾,告諸大夫曰管

蘇犯我以義，違我以禮，與處不安，不見不思，然而有得焉。吾死之後，爵之於朝也。"

王繼恩，棣州人。[1]睿智皇后南征，[2]繼恩被俘。

[1]棣州：州名。當時屬宋，治所在今山東省惠民縣。

[2]睿智皇后南征：【劉校】"智"原本作"知"，中華修訂本據本書卷一〇《聖宗本紀一》及卷二〇《興宗本紀三》重熙二十一年（1052）十一月丁未改。今從。睿智皇后（？—1009），蕭氏，諱綽，小字燕燕，北府宰相思溫女。景宗即位，選爲貴妃。尋册爲皇后，生聖宗。景宗崩，尊爲皇太后，攝國政。統和元年（983），上尊號曰承天皇太后。本書卷七一有傳。

初，皇后以公私所獲十歲已下兒容貌可觀者近百人，載赴涼陘，[1]並使閹爲豎，繼恩在焉。聰慧，通書及遼語。[2]擢内謁者、内侍左厢押班。[3]聖宗親政，累遷尚衣庫使、左承宣、監門衛大將軍、靈州觀察使、内庫都提點。[4]

繼恩好清談，不喜權利，每得賜賚，市書至萬卷，載以自隨，誦讀不倦。每宋使來聘，繼恩多充宣賜使。後不知所終。

[1]涼陘：遼帝夏季納涼處。遼、金、元皇帝夏季都到涼陘納涼、狩獵。

[2]遼語：即契丹語。

[3]内謁者、内侍左厢押班：均爲内侍省官員。

[4]靈州：州名。治所在今寧夏回族自治區靈武市。十一世紀

地屬西夏。據《宋史》卷四八五《夏國傳》咸平五年（遼統和二十年，1002）三月，繼遷大集蕃部，攻陷靈州，以爲西平府。

趙安仁字小喜，深州樂壽人，[1]自幼被俘。

[1]深州：【靳注】州名。當時屬宋。治所在今河北省深州市。樂壽：縣名。治所在今河北省獻縣。本隸瀛州，唐大曆中來屬，後又歸獻州。

統和中爲黃門令、秦晉國王府祇候。[1]王薨，授内侍省押班、御院通進。[2]開泰八年，[3]與李勝哥謀奔南土，爲游兵所擒。初，仁德皇后與欽愛有隙，[4]欽愛密令安仁伺皇后動靜，無不知者。仁德皇后威權既重，安仁懼禍，復謀亡歸。仁德欲誅之，欽愛以言營救。聖宗曰：“小喜言父母兄弟俱在南朝，每一念神魂隕越。今爲思親，冒死而亡，亦孝子用心，寔可憐憫。”赦之。

[1]統和：遼聖宗耶律隆緒年號（983—1012）。　秦晉國王：即隆緒同母弟隆慶（？—1016），統和中進封爲梁國王，拜南京留守，手握重兵，稱雄一方。統和十七年（999）南征，隆慶率軍爲先鋒，至瀛州（今河北省河間市），與宋將范廷召相遇，隆慶命蕭柳迎戰，將宋軍擊潰，並圍而殲之。十九年他復敗宋人於行唐（今河北省行唐縣）。開泰初更王晉國，後進王秦晉。他的權勢、地位不斷上升，威脅著遼聖宗。《宋朝事實類苑》卷七七引《乘軺録》稱其“調度之物，悉侈於隆緒”。

[2]御院通進：遼金官名。《金史》卷五六《百官志二》，“閤門”設御院通進四員，從七品。掌諸進獻禮物及薦享編次位序。

[3]開泰：遼聖宗耶律隆緒年號（1012—1021）。

[4]欽愛（？—1057）：姓蕭氏，小字耨斤，太祖淳欽皇后弟阿古只五世孫。爲聖宗元妃，生宗真。仁德皇后無子，取宗真而養之如己出。聖宗死後，宗真即位，耨斤自立爲皇太后，攝政，並殺害仁德皇后，謀廢興宗立重元。本書卷七一有傳。【劉注】“愛”原本作“哀”，據其本人的哀册篆蓋改。

重熙初欽愛攝政，[1]欲廢帝立少子重元。帝與安仁謀遷太后慶州守陵，[2]授安仁左承宣、監門衛大將軍，充契丹漢人渤海内侍都知兼都提點。會上思太后，親馭奉迎，太后責曰：“汝負萬死，我嘗營救，不望汝報，何爲離間我母子耶！”安仁無答。後不知所終。

[1]重熙：遼興宗耶律宗真年號（1032—1055）。

[2]慶州：州名。州城遺址在今内蒙古自治區巴林右旗索博日嘎鎮。

論曰：名器所以礪天下，[1]非賢而有功則不可授，況宦者乎。繼恩爲内謁者，安仁爲黄門令，似矣，何至溺於私愛而授以觀察使、大將軍耶？《易》曰：“負且乘，致寇至。”[2]此安仁所以不克有終，繼恩幸而免歟？

[1]名器：統治者的權柄。《通鑑》卷一“臣光曰”：名以命之，器以别之，然後上下粲然有倫，此禮之大經也。名器既亡，則禮安得獨在哉！昔仲叔、於奚有功於衛辭邑而請繁纓，孔子以爲不如多與之邑。惟名與器不可以假人，君之所司也。

[2]負且乘，致寇至：見《周易注疏》卷七：“六三負且乘，致

寇至，貞吝。”《正義》曰：“乘者，君子之器也；負者，小人之事也。施之於人，即在車騎之上而負於物也。故寇盜知其非己所有，於是競欲奪之。故曰負且乘，致寇至也。”

（李錫厚注　劉鳳翥校）

遼史　卷一一〇

列傳第四十

姦臣上[1]

耶律乙辛　張孝傑　耶律燕哥　蕭十三[2]

[1]列傳第四十姦臣上：【劉校】據中華修訂本校勘記，原作
"姦臣傳第四十"，明抄本、南監本同。今據北監本、殿本改。

[2]"耶律乙辛"至"蕭十三"：【劉校】原本、明抄本、南監
本、北監本、殿本無。今據中華點校本補。

《春秋》褒貶，[1]善惡並書，示勸懲也。故遷、固傳
佞幸、酷吏，[2]歐陽脩則并姦臣録之，[3]將俾爲君者知所
鑒，爲臣者知所戒。此天地聖賢之心，國家安危之機，
治亂之原也。遼自耶律乙辛而下姦臣十人，其敗國皆足
以爲戒，故列于《傳》。

[1]《春秋》褒貶：相傳《春秋》是孔子删定，往往以一字成

褒貶，後世稱爲"春秋筆法"。唐代劉知幾認爲修史就應承繼這種楷式。他的《史通·內篇·稱謂第十四》説："孔子曰'唯名不可以假人……'是知名之折中，君子所急。況復列之篇籍、傳之不朽者耶！昔夫子修《春秋》，吳、楚稱王而仍舊曰'子'，此則褒貶之大體，爲前修之楷式也。馬遷撰《史記》，項羽僭盜而'紀'之曰'王'，此則真僞莫分，爲後來所惑云云。"

[2]遷：指司馬遷。生當漢武帝時，字子長，夏陽（今陝西省韓城市南）人。所著《史記》一百三十篇（卷），上起遠古，下迄西漢武帝，是我國第一部紀傳體通史。　固：指班固。東漢人，字孟堅，扶風安陵（今陝西省咸陽市東北）人，生於東漢光武帝建武八年（32）。所著《漢書》一百二十卷，是我國第一部紀傳體斷代史。

[3]歐陽脩：北宋文學家、史學家。纂修《新唐書》《新五代史》等書，有《歐陽文忠集》傳世。

　　耶律乙辛字胡覩衮，[1]五院部人。[2]父迭剌家貧，服用不給，部人號"窮迭剌"。

[1]耶律乙辛字胡覩衮：【劉注】"乙辛"爲契丹語小名傘斫的音譯，漢義爲"壽"。"胡覩衮"爲契丹語第二個名斗荂伏的音譯，漢義爲"福"。

[2]五院部：契丹部族名。天贊元年（922），以迭剌部強大難制，析五石烈爲五院，六爪爲六院，各置夷离堇。會同元年（938），更夷离堇爲大王，部隸北府，以鎮南境。

　　初，乙辛母方娠，夜夢手搏殺羊，拔其角尾。既寤占之，術者曰："此吉兆也。羊去角尾爲王字，汝後有子當王。”及乙辛生，適在路無水以浴，廻車破轍忽見湧泉。迭剌自以得子，欲酒以慶，聞酒香，于草棘間得二榼，[1]因祭東焉。[2]

[1]榼（kē）：【靳注】古代盛酒或貯水的器具。

[2]祭東：本書卷一一六《國語解》：“國俗，凡祭皆東向，故曰祭東。”

乙辛幼慧黠，嘗牧羊至日昃，[1]迭剌視之，乙辛熟寢。迭剌觸之覺，乙辛怒曰：“何遽驚我！適夢人手執日月以食我，我已食月，啗日方半而覺，惜不盡食之。”迭剌自是不令牧羊。及長，美風儀，外和內狡。重熙中爲文班吏，[2]掌太保印，陪從入宮。皇后見乙辛詳雅如素宦令補筆硯吏，帝亦愛之，累遷護衛太保。道宗即位，以乙辛先朝任使，賜漢人戶四十，同知點檢司事，[3]常召決疑議，陞北院同知，歷樞密副使。清寧五年爲南院樞密使，[4]改知北院，封趙王。

[1]日昃：【劉校】 “昃”原本誤作“是”。《初校》謂：“‘昃’，《百》作‘是’，非。”明抄本、南監本、北監本和殿本均作“昃”。中華點校本、修訂本和補注本徑改。今從改。

[2]重熙：遼興宗耶律宗真年號（1032—1055）。

[3]同知點檢司事：即殿前都點檢，後周世宗設置殿前司，以都點檢、副都點檢爲正、副長官，位在都指揮使之上，爲禁軍統帥。宋初廢。遼設殿前都點檢，爲南面軍官，當係模倣後周制。

[4]清寧：遼道宗耶律洪基年號（1055—1064）。 樞密使：官名。樞密院長官。遼有北、南樞密院，爲遼朝的實際宰輔機構，分

別總領北、南面官。北樞密院又稱契丹樞密院，掌軍事、部族；南樞密院又稱漢人樞密院，掌漢人州縣之事。

九年耶律仁先爲南院樞密使，[1]時駙馬都尉蕭胡覩與重元黨，[2]惡仁先在朝，奏曰："仁先可任西北路招討使。"[3]帝將從之。乙辛奏曰："臣新參國政，未知治體。仁先乃先帝舊臣，不可遽離朝廷。"帝然之。重元亂平，拜北院樞密使，[4]進王魏，賜匡時翊聖竭忠平亂功臣。咸雍五年加守太師。[5]詔四方有軍旅，許以便宜從事，勢震中外，門下饋賂不絕。凡阿順者蒙薦擢，忠直者被斥竄。

[1]耶律仁先（1012—1072）：契丹皇族。孟父房之後。字糺鄰，小字查剌。清寧初爲南院樞密使。本書卷九六有傳。

[2]蕭胡覩（？—1063）：遼外戚。清寧九年（1063）七月參與重元叛亂，失敗投水死。五子，同日誅之。本書卷一一四有傳。

[3]西北路招討使：遼朝官名。西北路招討司長官。該機構是遼朝統治漠北屬部的最高軍政機構，又稱西北路都招討司。

[4]重元亂平，拜北院樞密使：【劉校】據中華點校本校勘記，本書卷二二《道宗本紀二》清寧九年七月，重元亂平後，以耶律仁先爲北院樞密使，乙辛爲南院樞密使。

[5]咸雍：遼道宗耶律洪基年號（1065—1074）。

大康元年皇太子始預朝政，[1]法度修明，乙辛不得逞，謀以事誣皇后。后既死，乙辛不自安，又欲害太子。乘間入奏曰："帝與后如天地並位，中宮豈可曠？"盛稱其黨駙馬都尉蕭霞抹之妹美而賢，上信之，納于宮，尋册爲皇后。時護衛蕭忽古知乙辛姦狀，[2]伏橋下欲殺之，俄暴雨壞橋，謀不遂。林牙蕭巖壽密奏曰：[3]“乙辛自皇太子預政，內懷疑懼，又與宰相張孝傑相附會，恐有異圖，不可使居要地。”出爲中京留守。[4]乙辛泣謂人曰：“乙辛無過，因讒見出。”其黨蕭霞抹輩以其言聞於上，上悔之。[5]無何，出蕭巖壽爲順義軍節度使，[6]詔近臣議召乙辛事，北面官屬無敢言者，[7]耶律撒剌曰：[8]“初以蕭巖壽奏出乙辛。若所言不當宜坐以罪，若當則不可復召。”累諫不從。乃復召爲北院樞密使。

[1]大康：遼道宗耶律洪基年號（1075—1084）。

[2]蕭忽古（？—1077）：道宗護衛，後爲乙辛所害。本書卷九九有傳。

[3]蕭巖壽（1028—1077）：道宗時任北面林牙，因反對耶律乙辛謀害太子，被誣“謀廢立”，於大康三年（1077）被處死。本書卷九九有傳。

[4]中京：遼五京之一。稱大定府，故址在今內蒙古自治區寧城縣大明鎮。

[5]上悔之：【劉校】“悔”原本誤作“海”。明抄本、南監本、北監本和殿本均作“悔”。中華點校本、修訂本、補注本和長箋本徑改。今據改。

[6]順義軍：遼代軍號。治朔州（今山西省朔州市）。

[7]北面官：遼中央官之一類。遼中央官分北、南面。皇帝殿帳東向，上朝時，契丹臣僚列於殿前之北面，漢官列於南面，分別稱爲北、南面官。北面官掌軍事、宮帳、部族；南面官掌漢人州縣。

[8]耶律撒剌：字董隱，南院大王磨魯古之孫。爲乙辛所害。

本書卷九九有傳。

　　時皇太子以母后之故憂見顏色。乙辛黨欣躍相慶，讒謗沸騰，忠良之士斥逐殆盡。乙辛因蕭十三之言，夜召蕭得裏特謀構太子，[1] 令護衛太保耶律查剌誣告耶律撒剌等同謀立皇太子。詔按無迹而罷。又令牌印郎君蕭訛都斡詣上誣首：[2] "耶律查剌前告耶律撒剌等事皆實，臣亦與其謀，本欲殺乙辛等而立太子。臣等若不言，恐事白連坐。" 詔使鞫劾，乙辛迫令具伏。上怒，命誅撒剌及速撒等。乙辛恐帝疑，引數人庭詰，各令荷重校，繩系其頸不能出氣，人人不堪其酷，惟求速死。反奏曰："別無異辭。" 時方暑，尸不得瘞，以至地臭。乃囚皇太子於上京，[3] 監衛者皆其黨。尋遣蕭達魯古、撒把害太子。乙辛黨大喜，聚飲數日。上京留守蕭撻得以卒聞。上哀悼，欲召其妻，乙辛陰遣人殺之，以滅其口。

　　[1] 蕭得裏特：其祖先是遙輦涅可汗時期的宮分人。清寧初年乙辛受重用執掌大權，得裏特甚受重用，累經陞遷爲北面林牙、同知北院宣徽使事。是乙辛謀害太子的同夥。本書卷一一一有傳。
　　[2] 蕭訛都斡：國舅少父房之後。咸雍中補牌印郎君。大康三年（1077）樞密使耶律乙辛令護衛太保耶律查剌誣告耶律撒剌等謀廢立。訛都斡希乙辛旨意，實其事。後與乙辛議論不合，被誅。本書卷一一一有傳。
　　[3] 上京：遼五京之一。前期都城，稱臨潢府，故址在今内蒙古自治區巴林左旗林東鎮波羅城。

　　五年正月上將出獵，乙辛奏留皇孫，上欲從之。同知點檢蕭兀納諫曰：[1]"陛下若從乙辛留皇孫，皇孫尚幼，左右無人，願留臣保護，以防不測。"遂與皇孫俱行。由是上始疑乙辛，頗知其姦。會北幸，將次黑山之平淀，[2]上適見扈從官屬多隨乙辛後，惡之，出乙辛知南院大王事。[3]及例削一字王爵，改王混同，意稍自安。及赴闕入謝，帝即日遣還，改知興中府事。[4]

[1]蕭兀納：六院部人。一名撻不也，字特免。大康初年爲北院宣徽使。當時乙辛已經陷害了太子，兀納護衛皇孫即後來的天祚皇帝，得免被乙辛所害。天祚即位後，兀納外放爲遼興軍節度使，加守太傅。本書卷九八有傳。

[2]黑山之平淀：本書卷三二《營衛志中》載，"黑山在慶州北十三里，上有池，池中有金蓮"。黑山近慶陵，故"道宗每歲先幸黑山，拜聖宗、興宗陵，賞金蓮，乃幸子河避暑"。另據本書卷三七《地理志一·慶州》："在州西二十里。有黑山、赤山、太保山、老翁嶺、饅頭山、興國湖、轄失濼、黑河。"

[3]南院大王：契丹官名。遼太祖析迭剌部爲五院部和六院部。北院大王和南院大王即是五院部和六院部的首領。

[4]興中府：遼六府之一。治所在今遼寧省朝陽市。

七年冬坐以禁物鬻入外國，下有司議，法當死。乙辛黨耶律燕哥獨奏當入八議，[1]得減死論，擊以鐵骨朵，[2]幽於來州。[3]後謀奔宋及私藏兵甲事覺，縊殺之。乾統二年發塚，[4]戮其屍。

[1]八議：唐律中關於對權貴犯罪應減免處罰的規定，爲"八議"。《唐律疏義》卷二《名例律》："議者，原情議罪，稱定刑之

律而不正決之"。

[2]骨朵：衛士手執的武器。亦用作刑具。宋代程大昌《演繁露》卷一二《骨朵》："宋景文公筆録謂俗以撾爲骨朵者，於古無稽。據國朝既名衛士執撾扈從者，爲骨朵子班，遂不可攷……然則謂撾爲骨朵，雖不雅馴，其來久也。"《遼史拾遺》卷一五引《燕北録》曰："鐵爪以熟鐵打作，八片虚合，或用柳木作柄，約長三尺，兩邊鐵裹。打數不過七。"

[3]來州：州名。遼聖宗時置。治來賓縣，在今遼寧省綏中縣西南前衛鎮。金天德三年（1151）改爲宗州。《武經總要》前集卷一六下《戎狄舊地》："來州，號歸德軍。女真國五部落相率來降，胡中因建州以居之。東至隰州七十里，西至遼州七十里，南至大海四十里，北至建州三百五十里。"

[4]乾統：遼天祚帝耶律延禧年號（1101—1110）。

張孝傑建州永霸縣人，[1]家貧好學，重熙二十四年擢進士第一。清寧間累遷樞密直學士。咸雍初坐誤奏事，出爲惠州刺史，[2]俄召復舊職兼知户部司事。三年參知政事，[3]同知樞密院事，加工部侍郎。八年封陳國公。上以孝傑勤幹，數問以事，爲北府宰相，[4]漢人貴幸無比。大康元年賜國姓。明年秋獵，帝一日射鹿三十，燕從官，酒酣，命賦《雲上于天》詩，詔孝傑坐御榻旁。上誦《黍離》詩：[5]"知我者謂我心憂，不知我者謂我何求。"孝傑奏曰："今天下太平，陛下何憂？富有四海，陛下何求？"帝大悦。三年，群臣侍燕，上曰："先帝用仁先、化葛，以賢智也。朕有孝傑、乙辛，不在仁先、化葛下，誠爲得人。"歡飲至夜乃罷。

[1]永霸縣：縣名。爲建州州治。治所在今遼寧省朝陽縣西南大平房鎮黃花灘。據鄧寶學等《遼寧朝陽遼趙氏族墓》（《文物》1983 年第 9 期）。1972、1977 和 1979 年，在遼寧朝陽縣先後發現三座遼代趙氏墓葬，即商家溝 1 號墓、趙匡禹墓和趙爲幹墓。《趙匡禹墓誌》還記載，匡禹“葬於州之南白楊口”。據《盧龍趙氏家傳》，匡禹之父延威（匡禹墓誌作延寧），“葬建州永霸縣白羊峪”，此城址應是遼聖宗時搬遷後的建州永霸縣故址。此墓誌的發現，進一步證實了黃花灘古城即是遼建州故址。

[2]惠州：州名。治所在今遼寧省建平縣北。《武經總要》前集卷一六下《中京四面諸州》：“惠州，阿保機所建，在鮮卑之地。本朝景德初，契丹入寇，河北德清軍失守，俘虜人民，於此置城居之。城方二里，之至低小，城內瓦舍、倉廩，人多漢服。”

[3]参知政事：官名。始見於唐前期，宋初作爲副宰相，至真宗以後，其地位更與宰相同平章事等。遼朝参知政事的地位類似宋朝的参知政事，與同中書門下平章事一樣，都是中書省長官，都是宰相。

[4]北府宰相：契丹部族官名。契丹可汗之下有北、南二府，各部族則分屬二府，故北宰相亦稱北府宰相，南宰相亦稱南府宰相。

[5]《黍離》：《詩·王風·序》：“《黍離》，閔宗周也。周大夫行役至於宗周，過故宗廟、宮室，盡爲禾黍。閔周室之顛覆，彷徨不忍去而作是詩也。”

是年夏，耶律乙辛譖皇太子，孝傑同力相濟。及乙辛受詔按皇太子黨人，誣害忠良，孝傑之謀居多。乙辛薦孝傑忠於社稷，帝謂孝傑可比狄仁傑，賜名仁傑，乃許放海東青鶻。[1]六年既出乙辛，上亦悟孝傑姦佞，尋出爲武定軍節度使。[2]坐私販廣濟湖鹽及擅改詔旨，[3]削爵，貶安肅州，[4]數年乃歸。大安中死於鄉。[5]乾統初剖棺戮屍，[6]以族産分賜臣下。

[1]海東青鶻：猛禽名。能撃殺天鵝。渤海國故地以東大海盛産珍珠，天鵝食蚌，珍珠藏於天鵝嗉内。契丹人放出海東青鶻撃殺天鵝，獲取珍珠。

[2]武定軍：遼代軍號。治奉聖州（今河北省涿鹿縣）。

[3]廣濟湖：據《武經總要》前集卷一六下《北番地理》，即大鹽泊，“大鹽泊周圍三百里，東至上京一千五百里，契丹中更名廣濟湖”。在今内蒙古自治區東烏珠穆沁旗西南達布蘇諾爾。

[4]安肅州：治所在今河北省保定市徐水區，不在遼境，宋置安肅軍。

[5]大安：遼道宗耶律洪基年號（1085—1094）。

[6]戮屍：刑罰的一種。陳屍示衆，以示羞辱。

　　孝傑久在相位，貪貨無厭，[1]時與親戚會飲，嘗曰：“無百萬兩黄金，不足爲宰相家。”初，孝傑及第詣佛寺，忽迅風吹孝傑幞頭與浮圖齊，[2]墜地而碎。有老僧曰：“此人必驟貴，然亦不得其死。”竟如其言。

[1]貪貨無厭：【劉校】“貪”，原本作一空格。《羅校》謂：“元本缺‘貪’。”中華修訂本據明抄本、南監本、北監本、殿本改作“貪”。中華點校本和補注本徑改。今據改。

[2]幞頭：中古時男子佩戴的頭巾。宋代沈括《夢溪筆談》卷一《故事》：“幞頭，一謂之‘四脚’，乃四帶也。二帶繫腦後垂之，折帶反繫頭上，令曲折附頂，故亦謂之‘折上巾’。唐制，唯人主得用硬脚。晚唐方鎮擅命，始僭用硬脚。本朝幞頭有直脚、局脚、交脚、朝天、順風凡五等，唯直脚貴賤通服之。又庶人所戴頭巾，

唐人亦謂之'四脚'，蓋兩脚繫腦後，兩脚繫頷下，取其服勞不脫也。無事則反繫於頂上。今人不復繫頷下，兩帶遂爲虛設。"《太平御覽》卷五〇八《逸民部》："又曰郭泰字林宗，太原人也。少事父母，以孝聞。身長八尺餘，家貧，郡縣欲以爲吏。歎曰：'丈夫何能執鞭斗筲哉！'乃辭母，與同郡宗仲至京師，從屈伯彥學《春秋》，博洽無不通。又審於人物，由是名著於陳、梁之間。步行遇雨，巾一角墊，衆人慕之，皆折巾角，士爭往從之。"是折巾、襆頭本流行於南朝士人間。　浮圖：佛教語。梵語 Buddha 的音譯。指佛教。此指佛塔。《吳都文粹》卷九陸絳《新建佛殿記》："姑蘇走百里有邑常熟，邑西偏有佛宇曰寶嚴，即梁天監中所建也。倚山面湖，秀若屏障。嘗有希辯師者心悟大乘，是焉棲處。錢氏伯國時以名聞，名歸餘杭，錢氏獻土，隨詔請見，賜紫方袍，號曰惠明大師。既而厭居京國，歸隱舊刹，錢氏以師人境俱勝，復施金五百兩造七級浮圖。"

　　耶律燕哥字善寧，季父房之後。[1]四世祖鐸穩太祖異母弟，[2]父曰豁里斯官至太師。

　　[1]季父房：契丹以玄祖之後爲皇族，分爲三房：孟父房、仲父房和季父房。德祖之元子是爲太祖天皇帝，謂之橫帳；次曰剌葛，曰迭剌，曰寅底石，曰安端，曰蘇，皆曰季父房。
　　[2]四世祖鐸穩：【劉校】據中華點校本校勘記，依下文，如燕哥與太子濬爲兄弟行，則鐸穩應是七世祖。　太祖異母弟：【劉注】據本書卷六四《皇子表》，太祖異母弟名蘇，字雲獨昆。鐸穩可能是雲獨昆的異譯。

　　燕哥狡佞而敏，清寧間爲左護衛太保。大康初，轉北面林牙。[1]初，耶律乙辛自中京留守復爲樞密使，以燕哥爲耳目，凡聞見必以告。乙辛愛而薦之，帝亦以爲賢，拜左夷离畢。[2] 及皇太子被誣，帝遣燕哥往訊之，太子謂燕哥曰：“帝惟我一子，今爲儲嗣復何求，敢爲此事！公與我爲昆弟行，當念無辜，達意於帝。”禱之甚懇。蕭十三聞之謂燕哥曰：“宜以太子言，易爲伏狀。”燕哥頷之，盡如所教以奏。及太子被逐，乙辛殺害忠良，多燕哥之謀，爲契丹行宮都部署。[3] 五年夏拜南府宰相，遷惕隱。[4]

[1]林牙：契丹官名。掌文翰，相當於翰林學士。

[2]夷离畢：遼官名。爲執政官，相當於副宰相參知政事。後來官分南、北，北面官有夷离畢院，主要掌刑政。

[3]契丹行宮都部署：遼北面行宮官。遼在北南面官系統中，分別設契丹行宮都部署和漢人行宮都部署，其上則有諸行宮都部署。行宮都部署完全是做中原王朝官制設置的，它不同於專管斡魯朵事務的某宮都部署的宮官。宋朝皇帝巡幸亦有行宮，且亦有行宮都部署之設。後避英宗趙曙名諱，改稱行宮都總管。

[4]惕隱：契丹官名。又稱梯里己，掌皇族政教。

大安三年爲西京留守，[1] 致仕。壽隆初以疾卒。[2]

[1]西京：遼五京之一。故址在今山西省大同市。

[2]壽隆：遼道宗耶律洪基年號（1095—1101）。據遼代碑刻和錢幣，此年號本爲“壽昌”。元代修《遼史》時誤書爲“壽隆”。

蕭十三，蔑古乃部人。父鐸魯斡歷官節度使。

十三辨點，善揣摩人意，清寧間以年勞遷護衛太保。大康初耶律乙辛復入樞府，益橫恣。時十三出入乙辛家，以朝臣不附者輒使出之，十三由宿衛遷殿前副點檢。

三年夏護衛蕭忽古等謀殺乙辛，事覺下獄。十三謂乙辛曰：“今太子猶在，臣民屬心。大王素無根柢之助，復有誣皇后之怨。若太子立，王置身何地？宜熟計之。”乙辛曰：“吾憂此久矣。”是夜，召蕭得裏特謀所以構太子事。十三計既行，尋遷殿前都點檢兼同知樞密院事。復令蕭訛都斡等誣首：耶律查剌前告耶律撒剌等事皆實。詔究其事，太子不服。別遣夷离畢耶律燕哥問太子，太子具陳所以見誣之狀。十三聞之，謂燕哥曰：“如此奏，則大事去矣！當易其辭爲伏款。”燕哥入，如十三言奏之。上大怒，廢太子。太子將出，曰：“我何罪至是！”十三叱令登車，遣衛卒闔車門。是年遷北院樞密副使，復陳陰害太子計，乙辛從之。

及乙辛出知南院大王事，亦出十三爲保州統軍使，[1]卒。乾統間剖棺戮屍。二子：的里得、念經，皆伏誅。

[1]保州：州名。治所在今朝鮮新義州市。《武經總要》前集卷一六下《戎狄舊地》：“保州，渤海古城，東控鴨綠江新羅國界，仍置榷場，通互市之利。東南至宣化軍四十里，南至海五十里，北至大陵河二十里。”

（李錫厚注　劉鳳翥校）

遼史　卷一一一

列傳第四十一

姦臣下[1]

蕭余里也　耶律合魯　蕭得裏特　蕭訛都斡　蕭達魯古
耶律塔不也　蕭圖古辭[2]

　　[1]列傳第四十一姦臣下：【劉校】原作"姦臣傳第四十一"，
明抄本、南監本同。今據北監本、殿本改。

　　[2]"蕭余里也"至"蕭圖古辭"：【劉校】原本、明抄本、南
監本、北監本、殿本無。今據中華點校本補。

　　蕭余里也字訛都椀，國舅阿剌次子。便佞滑稽，善
女工。重熙間以外戚進。[1]清寧初補祗候郎君，[2]尚鄭國
公主，[3]拜駙馬都尉，累遷南面林牙。[4]以父阿剌爲蕭革
所譖，[5]出余里也爲奉先軍節度使。[6]十年冬召爲北面
林牙。

[1]重熙：遼興宗耶律宗真年號（1032—1055）。

[2]清寧：遼道宗耶律洪基年號（1055—1064）。

[3]鄭國公主：興宗第二女斡里太，母爲仁懿皇后。初封鄭國公主，清寧間加長公主，壽隆間加大長公主。下嫁蕭余里也。

[4]林牙：契丹官名。掌文翰，相當於翰林學士。

[5]蕭革（？—1063）：契丹外戚。國舅房林牙蕭和尚之子。小字滑哥，字胡突堇。道宗即位後，與國舅蕭阿剌同掌朝政。帝訪群臣以時務，阿剌陳利病，言甚激切。革因譖阿剌“有慢上心”。道宗大怒，縊阿剌於殿下。本書卷一一三有傳。

[6]奉先軍：遼代軍號。治顯州（今遼寧省北鎮市）。

咸雍中，[1]會有告余里也與族人尤哲謀害耶律乙辛，[2]按無狀，出爲寧遠軍節度使。[3]自後余里也揣乙辛意，傾心事之，薦爲國舅詳穩。[4]大康初封遼西郡王。時乙辛擅恣，凡不附己者出之，乃引余里也爲北府宰相，[5]兼知契丹行宮都部署事。[6]及乙辛謀構皇太子，余里也多助成之，遂知北院樞密事，賜推誠恊贊功臣。以女姪妻乙辛子綏也，恃勢橫肆，至有無君之語，朝野側目。

[1]咸雍：遼道宗耶律洪基年號（1065—1074）。

[2]耶律乙辛（？—1083）：五院部人。字胡覩袞。道宗即位後爲南院樞密使。重元亂平，拜北院樞密使，進封魏王。咸雍五年（1069）加守太師。詔四方有軍旅，許以便宜從事，勢震中外。大康元年（1075）誣皇后蕭觀音致死，三年又害死太子耶律濬。本書卷一一〇有傳。

[3]寧遠軍：遼代軍號。治貴德州，州城故址當在今遼寧省撫

順市城北高爾山前。

[4]詳穩：遼朝軍官名。元帥府下設大詳穩司。本書卷一一六《國語解》：「詳穩，諸官府監治長官。」「詳穩」即漢語「將軍」的轉譯。【劉注】「詳穩」即漢語「將軍」的轉譯的說法似有值得商榷之處。在契丹小字中，「詳穩」作 （契丹字），「將軍」作 （契丹字），或 （契丹字）、 （契丹字）；在契丹大字中，「詳穩」作 （契丹字），「將軍」作 （契丹字）。「詳穩」不是漢語「將軍」的轉譯，而是音譯的契丹語，契丹語中「將軍」是漢語借詞。

[5]北府宰相：契丹部族官名。契丹可汗之下有北、南二府，各部族則分屬二府，故北宰相亦稱北府宰相，南宰相亦稱南府宰相。

[6]契丹行宮都部署：遼北面行宮官。遼在北南面官系統中，分別設契丹行宮都部署和漢人行宮都部署，其上則有諸行宮都部署。行宮都部署完全是做中原王朝官制設置的，它不同於專管斡魯朵事務的某宮都部署的宮官。宋朝皇帝巡幸亦有行宮，且亦有行宮都部署之設。後避英宗趙曙名諱，改稱行宮都總管。

帝出乙辛知南院大王事，[1]坐與乙辛黨，以天平軍節度使歸第。[2]尋拜西北路招討使。[3]以母憂去官，卒。

[1]南院大王：契丹官名。遼太祖析迭剌部爲五院部和六院部。北院大王和南院大王即是五院部和六院部的首領。

[2]天平軍：治鄆州（今山東省東平縣），不在遼境內。爲遙授。

[3]西北路招討使：遼朝官名。西北路招討司長官。該機構是遼朝統治漠北屬部的最高軍政機構，又稱西北路都招討司。

耶律合魯字胡都堇，六院舍利裏古直之後。[1]柔佞，喜苟合。仕清寧初。

[1]六院：契丹部族名。天贊元年（922），以迭剌部强大難制，析五石烈爲五院，六爪爲六院，各置夷离堇。會同元年（938），更夷离堇爲大王，部隸北府，以鎮南境。

時乙辛引用群小，合魯附之，遂見委任，俄擢南面林牙。乙辛譖皇太子，殺忠直，合魯多預其謀。弟吾也亦黨乙辛，時號“二賊”。乙辛薦爲北院大王，[1]卒。吾也亦至南院大王。

[1]北院大王：契丹官名。是五院部的首領，握有兵權。

蕭得裏特，遙輦洼可汗宮分人。[1]善阿意順色。清寧初乙辛用事，[2]甚見引用，累遷北面林牙、同知北院宣徽使事。[3]

[1]宮分人：有宮籍之人。宮籍起源甚早，遙輦氏時已經有宮分人存在。有宮籍的宮分人，多是統治者的私奴，但宮分人中也有契丹權貴。宮籍是世襲的，宮分人“出宮籍”需要經皇帝特許。如韓德讓，就是既貴並且賜姓耶律之後纔“出宮籍”的。繼韓德讓之後，興宗時的漢人宮分人姚景行出宮籍也是在其官至翰林學士、樞密副使、參知政事以後。漢臣梁援，累世在遼朝作官，同時也具有宮籍。壽昌七年（1101）正月，道宗死後，由他充玄官都部署，並撰諡册文。喪事既畢之後，始詔免其宮籍，而且“勅格餘人不以爲例，示特寵也”（《遼寧省博物館藏碑誌精粹》，文物出版社2000

年版，第 284—285 頁）。遼朝諸宮衛（斡魯朵）有所管轄人丁的統計數字，但奴婢不計算在內。遼亡之後，諸宮衛機構雖已不存，但那些宮戶、宮分人的身份並未改變；他們仍隸宮籍。於是，金朝始有宮籍監之設，用以管理這些宮戶，並依照新機構的名稱，稱他們爲"宮籍監戶"或"監戶"。遼朝一部分專門在皇帝身邊服役的"宮戶"又稱爲"著帳戶"。散居州縣當中的宮戶與民戶一樣要向國家交納賦稅，說明這些宮戶的身份已經發生了改變。宮戶所受剝削和壓迫定是相當沉重的，以至他們被迫逃亡。據壽昌二年（1096）的《孟有孚墓誌銘》載，"時朝廷命復慶陵之逋民，詔公乘驛以督之"（《全遼文》卷九）。

[2]清寧初：【劉校】據中華點校本校勘記，按"清寧初"應作"清寧末"。

[3]宣徽使：遼朝官名。遼設北、南宣徽使，分隸北、南樞密院之下。宣徽北院使常執行軍事使命。此外，宣徽使還掌領朝會、宴饗、禮儀、祭祀及御前祇應之事。

及皇太子廢，遣得裏特監送上京。[1]得裏特促其行，不令下車，起居飲食數加陵侮，至則築圍堵囚之。大康中遷西南招討使，[2]歷順義軍節度使，[3]轉國舅詳穩。

[1]上京：遼五京之一。前期都城，稱臨潢府，故址在今內蒙古自治區巴林左旗林東鎮波羅城。

[2]大康：遼道宗耶律洪基年號（1075—1084）。 西南招討使：西南面招討司長官。駐西京大同（今山西省大同市），負責對夏防務。

[3]順義軍：遼代軍號。治朔州（今山西省朔州市）。

壽隆五年，[1]坐怨望，以老免死，闔門籍興聖宮，[2]

貶西北統軍司，卒。二子：得末、訛里，乾統間以父與乙辛謀，伏誅。

[1] 壽隆：遼道宗耶律洪基年號（1095—1101）。據遼代碑刻和錢幣，此年號本爲“壽昌”。元代修《遼史》時誤書爲“壽隆”。

[2] 籍興聖宮：籍没入興聖宮爲奴。興聖宮是聖宗耶律隆緒宮分。

蕭訛都斡，國舅少父房之後。[1] 咸雍中補牌印郎君。

[1] 國舅少父房：據本書卷六七《外戚表序》：“契丹外戚，其先曰二審密氏：曰拔里，曰乙室己。至遼太祖，娶述律氏。述律，本回鶻糯思之後。大同元年，太宗自汴將還，留外戚小漢爲汴州節度使，賜姓名曰蕭翰，以從中國之俗，由是拔里、乙室己、述律三族皆爲蕭姓。拔里二房，曰大父、少父；乙室己亦二房，曰大翁、小翁；世宗以舅氏塔列葛爲國舅別部。”又本書卷四五《百官志一》不稱“房”，稱“帳”，各設常袞以治之。

大康三年樞密使乙辛陰懷逆謀，乃令護衛太保耶律查剌誣告耶律撒剌等廢立事，[1] 詔按無狀，皆補外。頃之，訛都斡希乙辛意欲實其事，與耶律塔不也等入闕誣首：“耶律撒剌等謀害乙辛、欲立皇太子事，臣亦預謀。今不自言，恐事泄連坐。”帝果怒，徙皇太子于上京。

[1] 耶律撒剌：南院大王磨魯古之孫。字董隱，爲乙辛所害。本書卷九九有傳。

訛都斡尚皇女趙國公主，[1]爲駙馬都尉。後與乙辛議不合，銜之，[2]復以車服僭擬人主，被誅。訛都斡臨刑語人曰："前告耶律撒剌事，皆乙辛教我。恐事彰，殺我以滅口耳！"

[1]訛都斡尚皇女趙國公主：【劉校】據中華點校本校勘記，按《公主表》：道宗第二女趙國公主嫁蕭撻不也，"撻不也坐昭懷太子事被害，其弟訛都斡欲逼尚公主，公主以訛都斡黨乙辛，惡之。未幾，訛都斡以事伏誅"。

[2]後與乙辛議不合，銜之：【劉校】"銜"，原本誤作"御"，《羅校》謂："'銜'，元本誤'御'。"明抄本、南監本、北監本、殿本均作"銜"。中華點校本、修訂本和補注本徑改。今從改。

蕭達魯古，遙輦嘲古可汗宮分人。[1]性姦險。

[1]遙輦嘲古可汗：本書卷四五《百官志一》作"昭古可汗"。是遙輦氏第六任可汗。

清寧間乙辛爲樞密使，竊權用事，陰懷逆謀。達魯古比附之，遂見獎拔，稍遷至旗皷拽剌詳穩。[1]乙辛欲害太子，以達魯古兇果可使，遣與近侍直長撒把詣上京，[2]同留守蕭撻得夜引力士至囚室，紿以有赦，召太子出，殺之，函其首以歸，詐云疾薨。以達魯古爲國舅詳穩。達魯古恐殺太子事白，出入常佩刀，有急召，即欲自殺。

[1]拽剌：契丹語"走卒"謂之"拽剌"，後爲軍官名。有掌

旗鼓者，稱“旗鼓拽剌”。軍中有拽剌司，專司偵候、探報等職。著帳局亦設拽剌官。

[2]近侍：皇帝身邊的奴僕。

乾統間詔樞密使耶律阿思大索乙辛黨人，[1]達魯古以賂獲免。後以疾卒。

[1]乾統：遼天祚帝耶律延禧年號（1101—1110）。　耶律阿思（1034—1108）：【劉注】字撒班。據漢字《耶律祺墓誌銘》殘石和契丹大字《耶律祺墓誌銘》，阿思爲契丹大字小名**正**求的音譯，確切的譯法應爲“阿思里”，第二個名爲**月丙**（撒班），漢名爲祺。清寧初補祗候郎君。重元之亂，與護衛蘇射殺涅魯古，賜號靖亂功臣，徙契丹行宫都部署。壽昌元年（1095）爲北院樞密使，監修國史。道宗崩，受顧命，加于越。受賂，包庇乙辛黨人。卒於乾統八年（1108）正月二十三日，享年七十五歲。本書卷九六有傳。

耶律塔不也，仲父房之後。[1]以善擊鞠幸於上，[2]凡馳騁鞠不離杖。

[1]仲父房：皇族中阿保機伯父釋魯一系。據本書卷四五《百官志一》：“玄祖伯子麻魯無後，次子巖木之後曰孟父房；叔子釋魯曰仲父房；季子爲德祖，德祖之元子是爲太祖天皇帝，謂之横帳；次曰剌葛，曰迭剌，曰寅底石，曰安端，曰蘇，皆曰季父房。”

[2]擊鞠：即打馬球，是當時流行的競技活動。因爲參賽者都在馬上擊球，奔馳的快馬有時會失控，因此具有一定的危險性。統和六年（988），一日承天太后觀看臣下擊鞠，她的寵臣韓德讓被胡里室衝撞墜馬，太后一怒之下，竟下令將胡里室斬首。今内蒙古自

治區敖漢旗皮匠溝 1 號遼墓墓門西側的穹隆頂下部，有一幅打馬球圖。現存寬 180 釐米、高 50 釐米。畫面有多處剝落，但仍大體可辨。

咸雍初補祗候郎君。與耶律乙辛善，故内外畏之。及太子被譖，按無迹，塔不也附乙辛，欲實其誣，與訛都斡等密奏："太子謀亂事本實，臣不首，恐事覺連坐。"帝信之，廢太子。改延慶宮副使。[1]壽隆元年爲行宮都部署。

[1]延慶宮：興宗耶律宗真宮分。

天祚嗣位，以塔不也黨乙辛，出爲特免部節度使。[1]及樞密使耶律阿思大索乙辛舊黨，塔不也以賂獲免。徙敵烈部節度使，[2]復爲敦睦宮使。[3]天慶元年出爲西北路招討使。[4]以疾卒。

[1]特免部：據本書卷三三《營衛志下》，有特里特免部，該部"初於八部各析二十户以戍奚，偵候落馬河及速魯河側，置二十詳穩。聖宗以户口蕃息，置爲部"。卷三二《營衛志中》稱其與稍瓦、曷术同爲"部而不族"。他們原本就是遼朝統治者以行政手段造成的部族。一部分人户或以諸宮衛及橫帳大族的奴隸構成，而並非由氏族組成的部落，朝廷更不賜予他們以"耶律"和"蕭"這樣的姓氏，所以是"部而不族"，這一類，較奚和室韋的地位低。
[2]敵烈部：遼金時北邊族名。又譯迪烈、敵烈德、迭烈德、達里底。遼時以遊牧、捕獵爲業，分佈於臚朐河（今克魯倫河）流域。有八部，稱爲八部敵烈或八石烈敵烈。與烏古部並稱爲北邊大

部。遼聖宗以敵烈部降人置迭魯敵烈部和北敵烈部。開泰四年
（1015），築董城於臚朐河北，安置敵烈、烏古降人。壽昌二年
（1096），徙敵烈、烏古於烏納水西。金末元初，敵烈人逐漸與女真
人、蒙古人等同化。

[3]敦睦宮：孝文皇太弟宮分。

[4]天慶：遼天祚帝耶律延禧年號（1111—1120）。

　　蕭圖古辭字何寧，褚特部人。[1]仕重熙中，以能稱，
累遷左中丞。

[1]褚特部：契丹部族名。阻午可汗以其營爲部。隸南府。

　　清寧初歷北面林牙，改北院樞密副使。辨敏，善伺
顏色，應對合上意。皇太后嘗曰：“有大事非耶律化哥、
蕭圖古辭不能決。”[1]眷遇日隆。知北院樞密使事。六年
出知黃龍府。[2]八年拜南府宰相。頃之爲北院樞密使，
詔許便宜從事。

[1]耶律化哥：字弘隱，孟父楚國王之後。統和十六年（998）
侵宋爲先鋒，以功遷南院大王，尋改北院樞密使。本書卷九四
有傳。

[2]黃龍府：遼六府之一。治所在今吉林省農安縣。

　　爲人姦佞有餘，好聚斂，專愎，變更法度。爲樞密
數月，所薦引多爲重元黨與，由是免爲庶人。後沒入興
聖宮，卒。

　　論曰：舜流共工，[1]孔子誅少正卯，[2]治姦之法嚴

矣。後世不是之察，反以爲忠而信任之，不至於流毒宗社而未已，道宗之於乙辛是也。當其留仁先討重元，若真爲國計者，不知包藏禍心，待時而發耳。一旦專權，又得孝傑、燕哥、十三爲之腹心，故肆惡而無忌憚。始誣皇后，又殺太子及其妃，其禍之酷，良可悲哉。嗚呼！君之所親，莫皇后、太子若也，姦臣殺之而不知，羣臣言之而不悟。一時忠讜廢戮幾盡，雖黑山親見官屬之盛，僅削一字王號。至私藏甲兵，然後誅之。呼！乙辛之罪，固非一死可謝天下，抑亦道宗不明無斷，有以養成之也。如蕭余里也輩，忘君黨惡，以饕富貴，雖幸而死諸牖下，其得免於遺臭之辱哉！

[1]舜流共工：《史記》卷一《五帝本紀》：“［三苗］數爲亂，於是舜歸而言於帝，請流共工於幽陵，以變北狄。”《集解》引馬融曰：“（幽陵）北裔也。”《正義》引《神異經》云：“西北荒有人焉，人面、朱髮、蛇身、人手足，而食五穀禽獸，頑愚，名曰共工。”《索隱》曰：“變，謂變其形及衣服，同於夷狄也。”《正義》言：“四凶流四裔，各於四夷放共工等爲中國之風俗也。”按，帝堯試共工掌刑法，然共工淫辟，故舜請流共工開幽陵，用改變北逖，以從中國風俗。

[2]孔子誅少正卯：《史記》卷四七《孔子世家》：定公十四年，孔子年五十六，由大司寇行攝相事。有喜色。門人曰：“聞君子禍至不懼，福至不喜。”孔子曰：“有是言也，不曰‘樂其以貴下人乎！’”於是誅魯大夫亂政者少正卯，與聞國政三月。《孔子家語・始誅第二》：“子貢進曰：‘夫少正卯，魯之聞人也。今夫子爲政而始誅之，或者爲失乎？’孔子曰：‘居吾語汝以其故，天下有大惡者五，而竊盜不與焉：一曰心逆而險，二曰行僻而堅，三曰言僞

而辯，四曰記醜而博（醜謂非義），五曰順非而澤。此五者，有一於人則不免君子之誅，而少正卯皆兼有之，其居處足以撮徒成黨（撮，聚），其談說足以飾褒榮衆，其強御足以反是獨立，此乃人之姦雄者也，不可以不除。'"

（李錫厚注　劉鳳翥校）

遼史　卷一一二

列傳第四十二

逆臣上

耶律轄底　迭里特　耶律察割　耶律婁國　耶律重元
涅魯古　耶律滑哥[1]

[1] "耶律轄底"至"耶律滑哥"：【劉校】原本、明抄本、南
監本、北監本、殿本無，今據中華點校本補。

　　《易》曰："天尊地卑，乾坤定矣；[1]卑高以陳，貴
賤位矣。"貴賤位而後君臣之分定，君臣之分定而後天
地和，天地和而後萬化成。五帝三王之治，用此道也。
三代而降，臣弒其君者有之，子弒其父者有之。孔子作
《春秋》以寓王法，[2]誅死者於前，懼生者於後，其慮深
遠矣。歐陽脩作《唐書》，創《逆臣傳》，[3]蓋亦《春
秋》之意也。遼叛逆之臣二十有二，迹其事則又有甚焉
者，然豈一朝一夕之故哉。列于《傳》，所以公天下之

貶，以示夫戒云。

[1]天尊地卑，乾坤定矣：見《周易·繫辭上》："天尊地卑，乾坤定矣（韓康伯注：乾坤，其易之門户。先明天尊地卑，以定乾坤之體）。卑高以陳，貴賤位矣（天尊地卑之義既列，則涉乎萬物，貴賤之位明矣）。"

[2]孔子作《春秋》以寓王法：《史記》卷一二一《儒林列傳》序："仲尼干七十餘君無所遇，曰'苟有用我者，期月而已矣。'西狩獲麟，曰'吾道窮矣'。故因史記作《春秋》，以當王法，其辭微而指博，後世學者多録焉。"按此言《春秋》是根據當時歷史文獻創作，言雖簡而寓義深遠。《孟子·滕文公下》："昔者禹抑洪水而天下平，周公兼夷狄、驅猛獸而百姓寧。孔子成《春秋》而亂臣賊子懼（抑，治也。周公兼懷夷狄之人，驅害人之猛獸也。言亂臣賊子懼《春秋》之貶責也）。"

[3]歐陽脩作《唐書》，創《逆臣傳》：《新唐書》由歐陽脩、宋祁等負責修撰，全書共二百二十五卷，包括本紀十卷，志五十卷，表十五卷，列傳一百五十卷。其中《逆臣傳》見該書卷二四六至卷二四八。

轄底字涅烈袞，肅祖孫夷离堇怗刺之子。[1]幼黠而辯，時險佞者多附之。

[1]肅祖：遼太祖耶律阿保機四代祖耨里思的廟號，重熙二十一年（1052）七月追封。耶律儼《紀》云，唐玄宗天寶年間，太祖四代祖耨里思爲迭剌部夷离堇，曾遣將只里姑、括里，大敗范陽安禄山於潢水。　夷离堇：契丹部族官名。源於突厥語官名"俟斤"（Irkin）。突厥各部的最高元首稱"可汗"（Qaghan），其他各部酋長則稱爲俟斤。初，契丹"其君大賀氏，有勝兵四萬，臣於突

厥，以爲俟斤"（《新唐書》卷二一九《契丹傳》）。後，契丹首領自立爲可汗，其下所屬各部酋長則稱爲"俟斤"，亦即夷离堇。契丹立國後，大部族之夷离堇稱王，小部族之夷离堇則稱爲節度使。舉凡一部之軍政、民政皆由其統掌。參韓儒林《穹廬集》（上海人民出版社1982年版，第314—316頁）。

遙輦痕德堇可汗時，[1]異母兄輨古只爲迭剌部夷离堇。[2]故事，爲夷离堇者得行再生禮。[3]輨古只方就帳易服，轄底遂取紅袍、貂蟬冠乘白馬而出，乃令黨人大呼曰："夷离堇出矣！"衆皆羅拜，因行柴册禮，[4]自立爲夷离堇。與于越耶律釋魯同知國政。[5]及釋魯遇害，轄底懼人圖己，挈其二子迭里特、朔刮奔渤海，[6]僞爲失明。後因毬馬之會，與二子奪良馬奔歸國。益爲姦惡，常以巧辭獲免。

[1]遙輦痕德堇：遙輦氏第九任可汗。
[2]迭剌部：契丹部族名。據本書卷三二《營衛志中·部族上》，遙輦氏時期，原來耶律（即世里）有七部，後合併爲一，成爲迭剌部。
[3]再生禮：契丹傳統禮儀之一。據本書卷一一六《國語解》載，依契丹故俗，此種禮儀每隔十二年纔舉行一次，而且祇有皇帝、太后、太子及夷离堇得行此禮。這是與選汗儀式同時舉行的禮儀，禮儀十分煩瑣。先期，候選者入一帳中，"再生母后"入帳搜索，並與在場衆人反復問答。
[4]柴册禮：此禮源於中國傳統的"燔柴告天"，是古代天子祭天之禮。據《爾雅·釋天》："祭天曰燔柴。"行禮時，積薪於壇，取玉及牲置於柴上焚燒。此禮與契丹的再生禮合併舉行，是爲契丹

部落聯盟選汗和遼建國後新皇帝即位舉行的禮儀。相傳遙輦氏阻午可汗始制此儀，遼朝建國後有所增飾。

[5]于越：契丹語官名。爲契丹貴官，非有大功德者不授。位在北、南大王之上。　耶律釋魯：玄祖勻德實第三子，阿保機的伯父。據本書卷六四《皇子表》：賢而有智，爲迭剌部于越時教民種樹桑麻。年五十七，爲子滑哥所弒。重熙中追封爲隋國王。《耶律仁先墓誌》稱他爲"述剌・實魯于越"。《耶律慶嗣墓誌》稱他爲"于越蜀國王述列・實魯，即太祖天皇帝之伯父也"。"述瀾""述剌""述列"爲同一個契丹語單詞的不同音譯。"釋魯"和"實魯"亦爲同一個契丹語單詞的不同音譯。由此看來，契丹人的名字一般由兩個單詞組成。"釋魯"僅是此人名字中的一個單詞，其全名應爲"述瀾・釋魯""述剌・實魯"或"述列・實魯"。

[6]渤海：靺鞨粟末部在今中國東北地區建立的政權。唐武后聖曆元年（698），靺鞨粟末部首領大祚榮建立振國（亦稱震國）。唐玄宗先天二年（713，當年十二月改元"開元"）遣使封大祚榮爲左驍衛大將軍、渤海郡王，又設置忽汗州，加授大祚榮爲忽汗州大都督，並改稱渤海。寶應元年（762）晉爲國。天顯元年（926）爲遼所滅，改稱東丹。【劉注】渤海國最初的國號爲"靺鞨"，不爲"震國"或"振國"。《新唐書》卷二一九《渤海傳》："睿宗先天中（應爲'玄宗先天二年'），遣使拜祚榮爲左驍衛大將軍、渤海郡王。以所統爲忽汗州，領忽汗都督，自是始去靺鞨之號，專稱渤海。"這裏不稱"始去震國之號，專稱渤海"，而稱"始去靺鞨之號，專稱渤海"。可見，稱"大祚榮建立震國"是混淆了封號與國號的區別。《新唐書》卷二一九《渤海傳》稱"武后封乞四比羽爲許國公，乞乞仲象（大祚榮之父）爲震國公。""許國公"和"震國公"都是封號，並不意味着有"許國""震國"等政權。乞乞仲象死後。他兒子大祚榮繼承了"震國公"的封號，但他不滿足"公"級別，所以"自號震國王"。"震國王"僅僅是封號，並不意味着有"震國"。少數民族往往以其民族名爲國號，如"契丹"

"蒙古"等。渤海也應如此。

太祖將即位，讓轄底，轄底曰："皇帝聖人由天所命，臣豈敢當！"太祖命爲于越。及自將伐西南諸部，[1]轄底誘剌葛等亂，[2]不從者殺之。車駕還至赤水城，轄底懼，與剌葛俱北走，至榆河爲追兵所獲。[3]太祖問曰："朕初即位嘗以國讓，叔父辭之，今反欲立吾弟，何也？"轄底對曰："始臣不知天子之貴，及陛下即位衛從甚嚴，與凡庶不同，臣嘗奏事心動，始有窺覦之意。度陛下英武必不可取，諸弟懦弱，得則易圖也。事若成，豈容諸弟乎。"太祖謂諸弟曰"汝輩乃從斯人之言耶！"迭剌曰："謀大事者須用如此人，事成亦必去之。"轄底不復對。囚數月，縊殺之。

[1]西南諸部：指歷史上活動於今陝西、寧夏、内蒙古、甘肅一帶的党項、回鶻、吐蕃等部族。

[2]剌葛：阿保機兄弟，排行第二。關於他與諸弟謀作亂事，《通鑑》卷二七○後梁均王貞明四年（918）於事後追述此事："初，契丹主之弟撒剌阿撥號北大王，謀作亂於其國。事覺，契丹主數之曰：'汝與吾如手足，而汝興此心，我若殺汝，則與汝何異！'乃因之期年而釋之。撒剌阿撥帥其衆奔晉，晉王厚遇之，養爲假子，任爲剌史。"天祐十五年（918），晉軍渡河攻汴州，與梁戰於胡柳，失利，撒剌攜妻子奔梁。另據本書卷六四《皇子表》，剌葛後南竄。所謂"撒剌阿撥"可能就是剌葛，爲後唐莊宗李存勗所殺。《通鑑》卷二七二後唐莊宗同光元年（923）（冬十月）詔："契丹撒剌阿撥叛兄棄母，負恩背國，宜與［趙］巖等並誅於市。"

[3]榆河：河流名。流經今遼寧省西南部，入大靈河。

將刑，太祖謂曰：“叔父罪當死，朕不敢赦。事有便國者宜悉言之。”轄底曰：“迭剌部人衆勢強，故多爲亂，宜分爲二，以弱其勢。”子迭里特。

迭里特字海隣。有膂力，善馳射，馬躓不仆。尤神于醫，視人疾若隔紗覩物，莫不悉見。太祖在潛已加眷遇，[1]及即位，拜迭剌部夷离堇。太祖嘗思鹿醢解酲，[2]以山林所有，問能取者。迭里特曰：“臣能得之。”乘內厩馬逐鹿射其一，欲復射，馬跌而斃，迭里特躍而前，弓猶不弛，復獲其一。帝歡甚曰：“吾弟萬人敵！”會帝患心痛，召迭里特視之。迭里特曰：“膏肓有瘀血如彈丸，[3]然藥不能及，必鍼而後愈。”帝從之。嘔出瘀血，痛止。帝以其親，每加賜賚，然知其爲人，未嘗任以職。後從剌葛亂，與其父轄底俱縊殺之。

[1]在潛：即位之前。皇帝即位前的住所稱“潛邸”。

[2]鹿醢（hǎi）：鹿肉製成的醬。《孔子家語·六本》：“曾子從孔子之齊，齊景公以下卿之禮聘曾子，曾子固辭。將行，晏子送之曰：‘吾聞之，君子遺人以財，不若善言。今夫蘭本三年，湛之以鹿酯，既成噉之，則易之匹馬。非蘭之本性也。所以湛者，美矣。願子詳其所湛者。’”此言鹿肉醬味美，三年之蘭湛之，貴可易馬。晏子以此喻曾子，欲其明白，自己身份所以尊貴，祇是因爲有同行的孔子。　酲（chéng）：醉酒，神志不清狀。

[3]膏肓：深度疾患，喻絕症。《後漢書》卷三五《鄭玄傳》：“時任城何休好公羊學，遂著《公羊墨守》《左氏膏肓》《穀梁廢疾》；玄乃發《墨守》，針《膏肓》，起《廢疾》。休見而歎曰：‘康成入吾室，操吾矛，以伐我乎！’”注：“言公羊義理深遠，不可

駁難，如墨翟之守城也。《説文》曰：肓，隔也。心下爲膏，喻左氏之疾不可爲也。"

察割字歐辛，[1]明王安端之子。[2]善騎射。貌恭而心狡，人以爲懦。太祖曰："此兒頑，非懦也。"其父安端嘗使奏事，太祖謂近侍曰："此子目若風駝，面有反相。朕若獨居，無令入門。"

[1]歐辛：【劉校】據中華點校本校勘記，本書卷三八《地理志二》作"漚里僧王"。

[2]安端：在阿保機兄弟中排行第五，也曾參與"謀反"。世宗天禄初，賜號"明王"，成爲東丹國的統治者。

世宗即位于鎮陽，[1]安端聞之欲持兩端。察割曰："太弟忌刻，若果立豈容我輩！永康王寬厚，且與劉哥相善，[2]宜往與計。"安端即與劉哥謀歸世宗。及和議成，以功封泰寧王。

[1]鎮陽：即鎮州，治所在今河北省正定縣。

[2]劉哥：阿保機弟寅底石之子。字明隱。本書卷一一三有傳。

會安端爲西南面大詳穩，[1]察割佯爲父惡，陰遣人白於帝，即召之。既至上前，泣訴不勝哀，帝憫之，使領女石烈軍。[2]出入禁中，數被恩遇。帝每出獵，察割託手疾不操弓矢，但執鍊鎚馳走。屢以家之細事聞於上，上以爲誠。

[1]詳穩：遼朝軍官名。元帥府下設大詳穩司。本書卷一一六《國語解》："詳穩，諸官府監治長官。""詳穩"即漢語"將軍"的轉譯。【劉注】"詳穩"即漢語"將軍"的轉譯的説法似有值得商榷之處。在契丹小字中，"詳穩"作 ，"將軍"作 ，或 、 ；在契丹大字中，"詳穩"作 ，"將軍"作 。"詳穩"不是漢語"將軍"的轉譯，而是音譯的契丹語，契丹語中"將軍"是漢語借詞。

[2]使領女石烈軍：【劉校】據中華點校本校勘記，本書卷三八《百官志二》有女古烈詳穩司，似源於此。女石烈、女古烈，未知孰是。

察割以諸族屬雜處，不克以逞，漸徙廬帳迫於行宮。[1]右皮室詳穩耶律屋質察其姦邪，[2]表列其狀。帝不信，以表示察割。察割稱屋質疾己，哽咽流涕。帝曰："朕固知無此，何至泣耶！"察割時出怨言，屋質曰："汝雖無是心，因我過疑汝，勿爲非義可也。"他日屋質又請於帝，帝曰："察割捨父事我，可保無他。"屋質曰："察割於父既不孝，於君安能忠！"帝不納。

[1]行宮：亦稱行帳，即遼代皇帝轉徙隨行的車帳組成的朝廷，契丹語稱"捺鉢"，遼中葉逐漸形成"四時捺鉢"制度。

[2]皮室：契丹軍名。意爲"金剛"。初爲阿保機所置，稱"腹心部"。後有南、北、左、右皮室及黄皮室等，皆掌精甲。 耶律屋質（916—973）：遼宗室，字敵輦，會同間爲惕隱。太宗死後，世宗初立，屋質調解太后與世宗的矛盾，得以避免大規模内戰。天禄二年（948）助世宗挫敗天德、蕭翰等謀反。三年又表列泰寧王察割陰謀事，世宗不聽。後平定察割之亂及立穆宗，皆有功。本書

卷七七有傳。

天禄五年七月帝幸太液谷,[1]留飲三日,察割謀亂不果。帝伐周,[2]至詳古山,太后與帝祭文獻皇帝于行宮,[3]群臣皆醉。察割歸見壽安王,[4]邀與語,王弗從。察割以謀告耶律盆都,[5]盆都從之。是夕,同率兵入弑太后及帝,因僭位號,百官不從者執其家屬。至夜閱内府物,[6]見碼磂盌曰:“此希世寶,今爲我有!”詫于其妻,妻曰:“壽安王、屋質在,吾屬無噍類,此物何益!”察割曰:“壽安年幼,屋質不過引數奴詰旦來朝,固不足憂。”其黨矧斯報壽安、屋質以兵圍于外,察割尋遣人弑皇后於柩前,倉惶出陣。壽安遣人諭曰:“汝等既行弑逆,復將若何?”有夷离堇劃者委兵歸壽安王,餘衆望之,徐徐而往。察割知其不濟,乃繫群官家屬,執弓矢脅曰:“無過殺此曹爾!”叱令速出。時林牙耶律敵獵亦在繫中,[7]進曰:“不有所廢,壽安王何以興。籍此爲辭,猶可以免。”察割曰:“誠如公言,誰當使者?”敵獵請與罨撒葛同往説之,[8]察割從其計。

[1]天禄:遼世宗耶律阮年號(947—951)。

[2]周:朝代名。五代時,郭威繼後漢稱帝,國號周,史稱後周(951—960)。

[3]文獻皇帝:遼太祖耶律阿保機長子。漢名倍,契丹名圖欲(突欲,898—936),生母爲淳欽皇后述律氏。遼天顯元年(926),遼滅渤海建東丹國,突欲被册爲人皇王,主東丹國政。阿保機死後,其母述律氏立德光,突欲被迫浮海投奔後唐。後唐明宗賜其姓

名李贊華。後晉清泰三年（遼天顯十一年，936）石敬瑭率軍攻入洛陽，後唐末帝李從珂約倍與之同死，倍不從，遇害。世宗即位，謚讓國皇帝，陵曰顯陵。統和中，更謚文獻。重熙二十年，增謚文獻欽義皇帝，廟號義宗。

[4]壽安王：名述律（931—969），遼太宗耶律德光長子，生母爲靖安皇后蕭氏。會同二年（939）封壽安王。天祿五年（951）即皇帝位，改元應曆，群臣上尊號曰天順皇帝。應曆十九年（969）遇弑。廟號穆宗。

[5]耶律盆都：劉哥之弟。

[6]内府：皇室的倉庫。

[7]林牙：契丹官名。掌文翰，相當於翰林學士。　耶律敵獵：字烏輦，六院夷离菫尤不魯之子。本書卷一一三有傳。

[8]罨撒葛（934—972）：即阿鉢撒葛里，德光第二子，靖安皇后蕭氏生，會同二年（939）封太平王。穆宗在位時，因謀亂貶戍西北邊。景宗即位後釋罪，召還，以病卒。

壽安王復令敵獵誘察割，臠殺之。諸子皆伏誅。

婁國字勉辛，文獻皇帝之子。天祿五年遙授武定軍節度使。[1]及察割作亂，穆宗與屋質從林牙敵獵計，誘而出之，婁國手刃察割，改南京留守。[2]

[1]武定軍：遼代軍號。治奉聖州（今河北省涿鹿縣）。

[2]南京：遼五京之一。故址在今北京市。

穆宗沉湎，不恤政事，婁國有覬覦之心，誘敵獵及群不逞謀逆。事覺，按問不服。帝曰：“朕爲壽安王時，卿數以此事説我，今日豈有虛乎？”婁國不能對。及餘黨盡服，遂縊於可汗州西谷，[1]詔有司擇絕後之地以葬。[2]

[1]可汗州：州名。治所在今河北省懷來縣。據本書卷四一《地理志五·西京道》，媯州改稱可汗州是在阿保機之先。“五代時，奚王去諸以數千帳徙媯州，自別爲西奚，號可汗州，太祖因之”。

[2]絕後之地：【靳注】風水術數之語。葬於此地使其子嗣斷絕。

重元小字孛吉只，亦作孛己只，聖宗次子。材勇絕人，眉目秀朗，寡言笑，人望而畏。

太平三年封秦國王。[1]聖宗崩，欽愛皇后稱制，[2]密謀立重元。重元以所謀白於上，上益重之，封爲皇太弟。歷北院樞密使、南京留守、知元帥府事。[3]重元處戎職，未嘗離輦下。先是契丹人犯法，例須漢人禁勘，受枉者多。重元奏請五京各置契丹警巡使，[4]詔從之，賜以金券誓書。[5]道宗即位，冊爲皇太叔，免拜不名，爲天下兵馬大元帥，[6]復賜金券、四頂帽、二色袍，尊寵所未有。

[1]太平：遼聖宗耶律隆緒年號（1021—1031）。

[2]欽愛皇后（？—1057）：姓蕭氏，小字褥斤，太祖淳欽皇后弟阿古只五世孫。爲聖宗元妃，生宗真。仁德皇后無子，取宗真而養之如己出。聖宗死後，宗真即位，褥斤自立爲皇太后，攝政，並殺害仁德皇后，謀廢興宗立重元。本書卷七一有傳。【劉注】愛，

原本作“哀”，據其本人的哀册篆蓋改　稱制：此是北方民族傳統。
大汗死後，在選立新汗之前，由大汗之妻權決軍國事。

[3]歷北院樞密使：【劉校】據中華點校本校勘記，本書卷一
八《興宗本紀一》重熙七年（1038）十二月作“判北南院樞密使
事”，本書卷四六《皇子表》作“歷南、北院樞密使”。　元帥府：
主持遼朝南邊防務的機構。遼朝往往以皇位繼承人出任天下兵馬大
元帥，早年德光、李胡都曾具有大元帥頭銜。後來，大元帥在燕京
開府。余靖《武溪集》卷一七《契丹官儀》説：“胡人之掌兵者，
燕中有元帥府，雜掌番漢兵，太弟總判之……大抵胡人以元帥府守
山前，故有府官，又有統軍，掌契丹、渤海之兵。馬軍步軍一，掌
漢兵。以乙室王府守山後，又有雲、應、蔚、朔、奉聖等五節度營
兵，逐州又置鄉兵。”

[4]警巡使：遼於諸京設警巡院、軍巡院，負責維持治安。其
長官稱警巡使、軍巡使。

[5]金券：鐵券的美稱。鐵券即鐵契。《續古今考》卷五：“後
世賜鐵券，謂不死。”《長編》卷七九宋真宗大中祥符五年（1012）
冬十月己酉載：以主客郎中知制誥王曾爲契丹國主生辰使，宮苑使
榮州刺史高繼勳副之。“契丹使邢祥接伴，祥詫其國中親賢賜鐵券，
曾折之曰：‘鐵券者，衰世以寵權臣，用安反側，豈所以待親賢
耶。’祥愧不復語。”《宋朝事實類苑》卷九：“祥符中王沂公奉使契
丹，館伴邢祥頗肆談辨，深自衒鬻，且矜賜鐵券。公曰：‘鐵券蓋
勳臣有功高不賞之懼，賜之以安反側耳。何爲輙及？’邢祥大沮。”

[6]天下兵馬大元帥：遼尊號。天贊元年（922）十一月，太
祖以皇子堯骨（耶律德光）爲天下兵馬大元帥，後繼位。此後，遼
朝歷代皇帝立皇儲，多加此號，成爲皇帝以下的最高尊稱。

清寧九年車駕獵灤水，[1]以其子涅魯古素謀，與同
黨陳國王陳六、知北院樞密事蕭胡覩等凡四百餘人，[2]

誘脅弩手軍陣于帷宮外。將戰，其黨多悔過効順，各自
奔潰。重元既知失計，北走大漠，[3]歎曰："涅魯古使我
至此！"遂自殺。

[1]清寧：遼道宗耶律洪基年號（1055—1064）。 灤水：即灤
河，發源於今河北省張家口市境內，流經該省北部，至灤州市、樂
亭縣分道入海。

[2]蕭胡覩（？—1063）：遼外戚。字乙辛。重熙中尚秦國長
公主，授駙馬都尉，以不諧離婚，復尚齊國公主，爲北面林牙。清
寧中歷北、南院樞密副使，清寧九年（1063）七月參與重元叛亂，
失敗投水死。五子，同日誅之。本書卷一一四有傳。

[3]大漠：指我國北部一帶的廣大沙漠地區。

先是重元將舉兵，帳前雨赤如血，識者謂敗亡之
兆。子涅魯古。

涅魯古小字耶魯縮，性陰狠。興宗一見，謂曰：
"此子目有反相。"

重熙十一年，封安定郡王。[1]十七年進王楚，爲惕
隱。[2]清寧三年出爲武定軍節度使。[3]七年知南院樞密使
事，説其父重元詐病，誘車駕臨問因行弑逆。

[1]重熙：遼興宗耶律宗真年號（1032—1055）。

[2]惕隱：契丹官名。又稱梯里己，掌皇族政教。

[3]清寧三年出爲武定軍節度使：【劉校】據中華點校本校勘
記，"三"原誤"二"。"按《紀》在清寧三年二月，據改"。今從。

　　九年秋獵，[1]帝用耶律良之計，[2]遣人急召涅魯古。涅魯古以事泄，遽擁兵犯行宮。南院樞密使許王仁先等率宿衛士討之。涅魯古躍馬突出，爲近侍詳穩渤海阿厮、護衛蘇射殺之。[3]

　　[1]秋獵：即秋捺鉢，主要活動是狩獵。聖宗以後，其主要地點是在慶州（今内蒙古自治區巴林右旗索博日嘎鎮）西部諸山。

　　[2]耶律良（？—1065）：著帳郎君之後，字習撚，小字蘇。重熙中補寢殿小底，尋爲燕趙國王近侍。清寧中爲敦睦宮使，兼權知皇太后宮諸局事。良聞重元與子涅魯古謀亂，密言於皇太后。太后託疾，召帝白其事。亂平，以功遷漢人行宮都部署。咸雍初同知南院樞密使事，爲惕隱，出知中京留守事。未幾卒。本書卷九六有傳。

　　[3]近侍詳穩渤海阿厮：【劉校】據中華點校本校勘記，“阿厮”，本書卷九六本傳作“阿思”。“近侍詳穩渤海”，本傳作“渤海近侍詳穩”，檢卷四五《百官志一》有“渤海近侍詳穩司”，此處“渤海”與“近侍詳穩”互倒。

　　滑哥字斯懶，隋國王釋魯之子。[1]性陰險。初烝其父妾，懼事彰，與剋蕭臺哂等共害其父，歸咎臺哂，滑哥獲免。

　　[1]隋國王釋魯：即耶律釋魯。年五十七，爲子滑哥所弒。重熙中追封爲隋國王。《耶律仁先墓誌》稱他爲“述剌·實魯于越”。《耶律慶嗣墓誌》稱他爲“于越蜀國王述列·實魯，即太祖天皇帝之伯父也”。“述瀾”“述剌”“述列”爲同一個契丹語單詞的不同的音譯。

太祖即位，務廣恩施，雖知滑哥兇逆，姑示含忍，授以惕隱。六年滑哥預諸弟之亂。事平，群臣議其罪，皆謂滑哥不可釋，於是與其子痕只俱陵遲而死，[1]勅軍士恣取其產。帝曰：“滑哥不畏上天，反君弒父，其惡不可言。諸弟作亂，皆此人教之也。”

[1]陵遲：死刑的一種。明人周祈《名義考》卷七：宋代趙與時《賓退録》卷八：“律文，罪雖甚重，不過絞、斬而已。凌遲一條，五季方有之，至今俗稱爲‘法外’云。”明人丘濬《大學衍義補》卷一〇四：“自隋唐以來，除去前代慘刻之刑，死罪惟有斬、絞二者。至元人，又加之以凌遲處死之法焉。所謂凌遲處死，即前代所謂剐也，前代雖於法外有用之者，然不著於刑書。著於刑書，始於元焉。”

（李錫厚注　劉鳳翥校）